责任云研究院 数据分析

乡村振兴蓝皮书2020

XIANGCUN ZHENXING LANPISHU 2020

邓国胜　钟宏武◎主编

经济管理出版社
ECONOMY & MANAGEMENT PUBLISHING HOUSE

图书在版编目（CIP）数据

乡村振兴蓝皮书2020/邓国胜，钟宏武主编．—北京：经济管理出版社，2021.1（2021.11重印）
ISBN 978－7－5096－7749－0

Ⅰ.①乡… Ⅱ.①邓… ②钟… Ⅲ.①农村—社会主义建设—研究报告—中国 Ⅳ.①F320.3

中国版本图书馆CIP数据核字(2021)第025674号

组稿编辑：高　娅
责任编辑：高　娅
责任印制：黄章平
责任校对：陈晓霞

出版发行：经济管理出版社
（北京市海淀区北蜂窝8号中雅大厦A座11层　100038）
网　　址：www.E－mp.com.cn
电　　话：（010）51915602
印　　刷：北京虎彩文化传播有限公司
经　　销：新华书店
开　　本：720mm×1000mm/16
印　　张：15
字　　数：269千字
版　　次：2021年1月第1版　　2021年11月第4次印刷
书　　号：ISBN 978－7－5096－7749－0
定　　价：78.00元

编委会名单

目　录

总论篇

第一章　我国乡村振兴发展的现状 ………………………………………… 3

一、背景 ……………………………………………………………………… 3
二、乡村振兴发展水平的指标体系 ………………………………………… 4
三、乡村振兴综合水平分析——宏观视角 ………………………………… 7
四、我国乡村振兴发展的综合水平分析 …………………………………… 13

第二章　企业参与乡村振兴的现状 ……………………………………… 21

一、鼓励企业参与乡村振兴的相关政策 …………………………………… 21
二、媒体对企业参与乡村振兴的报道情况 ………………………………… 23
三、企业参与乡村振兴的情况及特点 ……………………………………… 27
四、企业参与乡村振兴的影响因素研究 …………………………………… 40

第三章　社会组织参与乡村振兴的现状分析 …………………………… 52

一、社会组织参与乡村振兴的基本概念与类型 …………………………… 52
二、我国社会组织参与乡村振兴的现状 …………………………………… 54
三、我国社会组织参与乡村振兴面临的问题 ……………………………… 58
四、加快培育乡村社会组织，致力乡村振兴 ……………………………… 62

分论篇

第四章　我国百强城市乡村振兴指数分析 …… 67

一、我国 GDP 百强城市乡村振兴指数排名 …… 67
二、百强城市乡村振兴指数排名特点分析 …… 69
三、乡村振兴指数排名表现差异的原因分析 …… 73

第五章　我国百强企业参与乡村振兴的现状分析 …… 75

一、百强国企参与乡村振兴的现状分析 …… 76
二、百强民企参与乡村振兴的现状分析 …… 81
三、国企与民企通过基金会在“狭义乡村振兴”与脱贫攻坚领域捐赠比较分析 …… 87

第六章　百强基金会参与乡村振兴的现状分析 …… 90

一、我国基金会参与乡村振兴概况 …… 90
二、基金会开展乡村振兴的典型项目简介 …… 93

案例篇

第七章　典型城市乡村振兴案例分析 …… 103

一、杭州乡村振兴案例分析 …… 103
二、东莞乡村振兴案例分析 …… 110
三、成都乡村振兴案例分析 …… 119
四、郑州乡村振兴案例分析 …… 128
五、武汉乡村振兴案例分析 …… 134
六、大连乡村振兴案例分析 …… 142

第八章　企业参与乡村振兴的典型案例分析 …… 150

一、碧桂园集团：“4 + X”助力乡村振兴 …… 150

二、华润集团：创建希望小镇，助力乡村振兴 …… 157
三、中国旅游集团：黄岗村百美村宿项目 …… 162
四、亿联集团：温商回归，“反哺”乡梓 …… 165
五、中国三星：打造分享村庄，助推乡村振兴 …… 173
六、温氏股份：“公司＋农户”模式，以富民产业振兴美好乡村 …… 179

第九章　社会组织参与乡村振兴的典型案例分析 …… 185

一、郝堂村乡村振兴的探索 …… 185
二、陪伴式乡建：沙溪镇马坪关乡村振兴案例 …… 194
三、内蒙古喀喇沁小农生计可持续发展项目的探索 …… 209

附　录 …… 222

后　记 …… 228

总论篇

第一章　我国乡村振兴发展的现状

一、背景

党的十九大首次提出实施乡村振兴战略，这是以习近平同志为核心的党中央着眼党和国家事业全局，深刻把握现代化建设规律和城乡关系变化特征，顺应亿万农民对美好生活的向往，对“三农”工作做出的重大决策部署，是决胜全面建成小康社会、全面建设社会主义现代化国家的重大历史任务，是新时代做好“三农”工作的总抓手。在随后的中央农村工作会议中，进一步明确了我国乡村振兴战略的实施将分三步走：到 2020 年，乡村振兴取得重要进展，制度框架和政策体系基本形成；到 2035 年，乡村振兴取得决定性进展，农业农村现代化基本实现；到 2050 年，乡村全面振兴，农业强、农村美、农民富全面实现。

为贯彻落实党的十九大、中央经济工作会议、中央农村工作会议精神和政府工作报告要求，描绘好战略蓝图，强化规划引领，科学有序推动乡村产业、人才、文化、生态和组织振兴，根据《中共中央、国务院关于实施乡村振兴战略的意见》，中央农村工作领导小组办公室编制了《国家乡村振兴战略规划（2018—2022 年）》，提出到 2020 年，乡村振兴的制度框架和政策体系基本形成，各地区各部门乡村振兴的思路举措得以确立，全面建成小康社会的目标如期实现。到 2022 年，乡村振兴的制度框架和政策体系初步健全。国家粮食安全保障水平进一步提高，现代农业体系初步构建，农业绿色发展全面推进；农村三次产业融合发展格局初步形成，乡村产业加快发展，农民收入水平进一步提高，脱贫攻坚成果得到进一步巩固；农村基础设施条件持续改善，城乡统一的社会保障制度体系基本建立；农村人居环境显著改善，生态宜居的美丽乡村建设扎实推进；城乡融合发展体制机制初步建立，农村基本公共服务水平进一步提升；乡村优秀传统文化得以传承和发展，农民精神文化生活需求基本得到满足；以党组织为核心的农村基层组织建设明显加强，乡村治理能力进一步提升，现代乡村治理体系初步构建。探索形成一批各具特色的乡村振兴模式和经验，乡村振兴取得阶段性成果。

在《国家乡村振兴战略规划（2018—2022 年）》发布后，各地政府纷纷制定了本地的乡村振兴战略规划，积极推动各地乡村振兴工作。

二、乡村振兴发展水平的指标体系

改革开放以来，我国“三农”工作取得了很大成效。特别是党的十九大提出乡村振兴战略规划之后，各地乡村振兴工作如火如荼。为了更好地衡量我国各地乡村振兴的综合水平，课题组尝试构建了乡村振兴综合水平的测量指标体系，并根据指标体系对各地乡村振兴的发展水平进行了评价。

（一）指标选取

我国乡村振兴战略的总目标是实现我国农业农村的现代化，具体的建设目标是党的十九大报告中提出的实施乡村振兴战略的“二十字”方针，即“产业兴旺、生态宜居、乡风文明、治理有效、生活富裕”。因此，课题组从产业兴旺、生态宜居、乡风文明、治理有效和生活富裕五个维度选取了评价指标，采用熵值法评价各地乡村振兴的综合发展水平。

然而，由于到目前为止，在各类统计年鉴能够查询到的省级指标较多，但具体到各城市有关乡村振兴的指标非常有限，可供选择的指标也非常有限，最终选用的指标为 15 个。这也使构建的指标体系具有很大的局限性，难以系统全面、客观地反映各地乡村振兴的水平。

选择的指标如下：①产业兴旺。选取农林牧渔总产值、农林牧渔业服务业占农林牧渔总产值的比重、单位耕地面积农业机械动力作为评价指标，均为正向指标。②生态宜居。选取地区植被覆盖率、各市单位面积耕地化肥使用量和空气中 PM2.5 含量三个指标衡量，其中后两个为负向指标。植被覆盖率选用 NDVI 指数，其数值越大则表明区域植被生长情况越好，生态化水平越高。③乡风文明。乡风问题是个区域性问题。区域内乡风不良，则乡村风气也会受到影响，因此本书选取农村教育文化娱乐支出占消费支出比率、地级市人均公共图书馆藏书量和平均每个教师负担中学生数作为乡风文明的衡量指标，三者均为正向指标。④治理有效。公共服务重心下移是完善村庄基层治理体系的重要手段之一。[①] 此外，城乡收入差距也是体现乡村治理能力高低的指标之一，城乡收入差距越小，表明区域内均衡发展水平较高，是治理有效的一个重要标志。[②] 因此，本书选取万人拥有医院床位数和城乡收入差距作为衡量指标。⑤生活富裕。选取农村居民人均可支配收入、农村居民人均消费支出、农村居民恩格尔系数和城镇化率作为衡量指标（见表1-1）。

表1-1　乡村振兴发展评级指标体系

准则层	目标层	指标层	单位	指向性
乡村振兴	产业兴旺	农林牧渔总产值	亿元	正向
		农林牧渔业服务业占农林牧渔总产值的比重	%	正向
		单位耕地面积农业机械动力	万千瓦/千公顷	正向
	生态宜居	各市单位面积耕地化肥使用量	万吨/千公顷	负向
		植被覆盖率	%	正向
		空气中PM2.5含量	ug/m^3	负向
	乡风文明	教育文化娱乐占消费支出比率	%	正向
		地级市人均公共图书馆藏书量	册/人	正向
		平均每个教师负担中学生数	人	正向
	治理有效	万人拥有医院床位数	张/万人	正向
		城乡收入差距	倍	负向
	生活富裕	农村居民人均可支配收入	元	正向
		农村居民人均消费支出	元	正向
		农村居民恩格尔系数	%	负向
		城镇化率	%	正向

① 黄兰芳：《农村自治重心下移改革生效了吗——以广东清远为考察对象》，《甘肃行政学院学报》2016年第6期。

② 张挺、李闽榕、徐艳梅：《乡村振兴评价指标体系构建与实证研究》，《管理世界》2018年第8期第34卷。

指标的数据来源于各省市统计年鉴（2018 年）和《中国城市统计年鉴》（2018 年），其中北京、上海、重庆和天津为直辖市的汇总数据，不细分到各区县。此外，西藏、中国香港、中国澳门以及中国台湾由于数据的缺失未纳入计算，共有 289 个地级市纳入计算范畴，基本覆盖了我国地级市，代表性较强。

（二）权重计算

权重是一个相对的概念，是针对某一项指标而言的，用以表明其在总体评价分析中的重要程度。目前计算权重的方法主要有主观赋权法、客观赋权法和组合赋权法。主观赋权法是根据专家主观上对各属性的重视程度来确定属性权重的方法，常用的主观赋权法包括专家咨询法（Delphi 法）、AHP 层次分析法等。专家咨询法是由多位专家讨论共同决定各指标的权重值情况，而 AHP 层次分析法也是利用专家打分，并且使用数据计算过程最终生成各指标权重值。客观赋权法是根据原始数据之间的关系通过一定的数学方法来确定权重，其判断结果不依赖于人的主观判断，有较强的数学理论依据。常用的客观赋权法包括因子分析法、熵值法等，因子分析法和熵值法直接使用收集的数据进行数据计算，最终生成指标权重值。组合赋权法则针对主、客观赋权法各自的优缺点，研究人员可以综合使用两种方法，同时基于指标数据之间的内在规律和专家经验对决策指标进行赋权。

乡村振兴综合水平评价应秉持客观、科学、合理的原则，尽量排除主观因素所导致的偏差，因此本书采用客观赋权法中的熵值法来估计乡村振兴各子系统指标的权重。熵值法能够有效避免主观因素对结果的影响。具体计算过程如下：

第一，数据标准化处理：

$$x_{ij}=\frac{A_{ij}-\min(A_{ij})}{\max(A_{ij})-\min(A_{ij})}\text{（正向指标）},\quad x_{ij}=\frac{\max(A_{ij})-A_{ij}}{\max(A_{ij})-\min(A_{ij})}\text{（负向指标）}$$

（$i=1, 2, 3, \cdots, m$；$j=1, 2, 3, \cdots, n$）m 为样本个数，n 为指标个数。

第二，比重变换：$s_{ij}=\dfrac{x_{ij}}{\sum_{i=1}^{n}x_{ij}}$，$x_{ij}$为标准化后的数值。

第三，熵值计算：$h_j=-\dfrac{1}{\ln m}\sum_{i=1}^{m}s_{ij}\ln s_{ij}$。

第四，熵值逆行化：$a_{ij}=\max h_j/h_j$（$a_{ij}\geqslant 1$）。

第五，各指标权重的计算：$p_j=\dfrac{a_j}{\sum_{j=1}^{n}a_j}$。

第六，综合得分计算：$U_i = \sum_{j=1}^{n} p_j A_{ij}$，$p_j$ 为指标权重，A_{ij}为指标的原始数值，为了消除逆向指标的负面影响，在此对其取倒数。

三、乡村振兴综合水平分析——宏观视角

（一）乡村振兴综合水平

本部分主要探讨了我国和分地区乡村振兴综合水平的现状和发展趋势，并采用标准差分析法和变异系数分析法，分析了我国各地区乡村振兴综合水平的差异情况。

1. 乡村振兴综合水平和增速分析

本部分采用熵值法，根据表 1 –1 测算的各指标权重，测评了我国地级市乡村振兴总体发展水平，直观展现了我国乡村振兴各子系统的发展水平（见表 1 –2）。

表 1 –2　全国和分地区乡村振兴综合水平

年份	2007	2009	2011	2013	2014	2015	2016	2017
全国	816.80	759.12	1097.42	1200.38	1200.17	1717.39	1716.47	1903.40
东部	1116.89	1049.28	1362.67	1567.89	1514.43	2228.06	2133.46	2312.86
中部	671.75	646.78	932.03	1054.92	1124.40	1561.85	1602.49	1699.48
西部	669.77	585.90	978.20	959.15	974.79	1400.79	1441.95	1748.83
东北	770.81	729.32	1116.46	1226.64	1157.63	1596.12	1628.18	1735.56

如表 1 –2 所示，我国乡村振兴综合水平呈逐年上升趋势，其中东部地区平均水平最高，高于全国平均水平；相反，中部、西部包括东北地区乡村振兴综合水平虽也逐年提高，但是仍低于全国平均水平。为进一步考察我国各地区乡村振兴变化趋势，进一步计算出了近十多年我国各地区乡村振兴变化趋势。

从图 1 –1 可以看出，我国乡村振兴综合水平呈现逐年上升趋势，乡村振兴步伐正逐年加快。其中西部地区的增速最高，明显高于全国和其他地区的增速。此外，从图 1 –1 还能看出，我国乡村振兴综合水平增速存在两个峰值期，第一个是 2010 年，其主要原因在于 2008 年自然灾害以及金融危机双重影响，2009 年

农业经济受到影响，呈下滑趋势，2010 年则回归正常，因此 2010 年较 2009 年有较大增幅。2014 年出台了《关于全面深化农村改革加快推进农业现代化的若干意见》，是我国深化农业改革的开局之年，提出了以改革为动力，推动中国特色农业现代化，实现高产高效与资源生态永续利用协调兼顾。2015 年，进一步出台了《关于加大改革创新力度加快农业现代化建设的若干意见》，提出应加大深化农业改革力度，2015 年则正逢我国经济发展进入新常态，也是我国农业发展转型的关键时期。随着一系列农业政策的出台，2015 年农业改革红利初现，是乡村振兴综合水平增速初现峰值的主要原因。

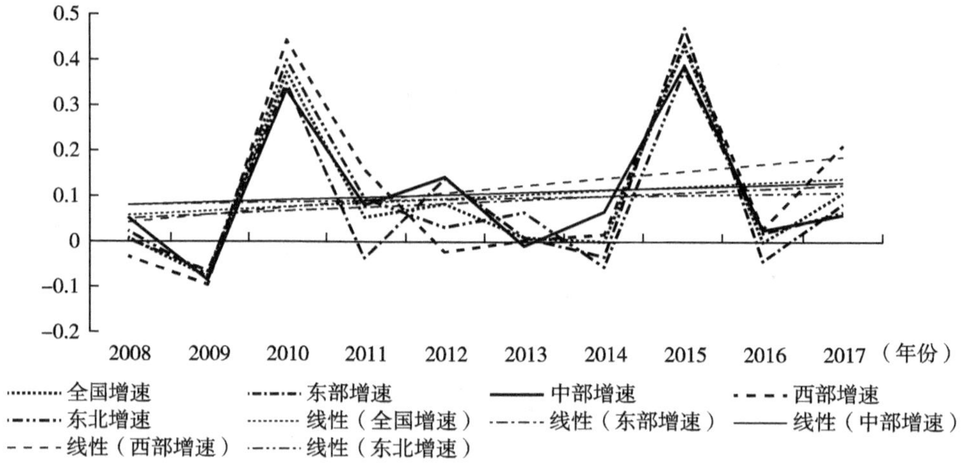

图 1－1　各地区乡村振兴综合水平变化趋势

2. 乡村振兴综合水平差异分析

本部分采用标准差分析法和变异系数法，进一步考察了我国各地区乡村振兴综合水平的差异性，标准差和变异系数都是反映数据离散程度的绝对值。标准差分析最早由英国数学家卡尔·皮尔逊引入统计分析中，其在概率统计中常用来测量统计分布程度，被定义为方差的算术平方根，用于反映组内个体间的离散程度，数值越大则表明离散程度越高。当需要比较几组数据离散程度的大小时，若测量单位与平均数相同，则可以采用标准差来比较；若单位和平均数不同时，则无法采用标准差分析，而应采用标准差和平均值的比值（相对值）来比较。标准差和平均值的比值则为变异系数。变异系数可以消除单位和平均数不同对两个或多个资料变异程度比较的影响。

由表 1－3 可知，我国各地区乡村振兴内部差异化程度较高，其中东部地区最高，明显高于全国平均水平和其他地区，东北地区内部差异化程度最低，表明东北地区乡村振兴综合水平较为平均。本节引入了变异系数法，进一步对比分析了我国各地区间乡村振兴综合水平的内部差异及其变化程度。

表 1－3　各地区乡村振兴综合水平内部差异分析（标准差）

年份	2007	2009	2011	2013	2014	2015	2016	2017
全国	428.03	334.66	460.99	431.59	391.93	575.46	543.57	572.86
东部	576.47	419.45	562.15	561.29	509.30	734.63	743.92	774.00
中部	139.38	137.69	175.43	199.63	211.66	278.04	273.11	257.87
西部	346.23	209.51	491.16	215.95	226.86	310.66	304.22	430.37
东北	148.63	155.90	177.09	151.50	100.43	124.45	122.10	140.46

表 1－4 表明我国乡村振兴综合发展水平的内部差异逐年缩小，其中东部地区的内部差异最大，其次为西部，东北地区最小，进一步验证了标准差分析的结果。

表 1－4　各地区乡村振兴综合水平内部差异分析（变异系数）

年份	2007	2009	2011	2013	2014	2015	2016	2017
全国	0.5240	0.4408	0.4201	0.3595	0.3266	0.3351	0.3167	0.3010
东部	0.5161	0.3998	0.4125	0.3580	0.3363	0.3297	0.3487	0.3347
中部	0.2075	0.2129	0.1882	0.1892	0.1882	0.1780	0.1704	0.1517
西部	0.5169	0.3576	0.5021	0.2251	0.2327	0.2218	0.2110	0.2461
东北	0.1928	0.2138	0.1586	0.1235	0.0868	0.0780	0.0750	0.0809

（二）我国乡村振兴水平的分领域分析

1. 产业兴旺水平和差异分析

产业兴旺既是推动乡村振兴的核心动能，也是实现乡村振兴的关键因素。随着我国进入新时代，我国社会的主要矛盾已转变为人民日益增长的美好生活需要与不平衡、不充分发展之间的矛盾。其中不平衡主要体现为城乡发展不平衡，不充分则主要表现为农业发展不充分、农村发展不充分以及农民发展不充分，其中产业兴旺是解决农业发展滞后的主要手段。本小节将进一步分析我国各地区产业兴旺水平及其差异。

从表 1－5 可以看出，我国产业兴旺水平也呈逐年上升趋势，从 2007 年的 14.49 增长到 2017 年的 38.26，年复合增长率达 9.3%。从综合发展水平来看，东部地区乡村产业发展水平明显高于其他地区和全国平均水平。其他地区则呈现差异化特征，从 2007 年数据来看，东北地区要高于中西部地区，但是到 2017 年，中部地区已明显优于东北地区。从复合增长率层面来看，中部地区农村产业发展的复合增长率最高，年均达到 10.6%，其次为西部地区，年均为 10%。东北地区 2015 年之前农村产业发展水平一直强于中部地区，但是 2015 年之后则逐年下降，导致其 2007～2017 年的年均复合增长率仅为 8.07%，低于全国平均水平。

表 1－5　全国和分地区产业兴旺水平

年份	2007	2009	2011	2013	2014	2015	2016	2017
全国	14.49	17.52	23.61	28.10	33.95	34.20	34.24	38.26
东部	19.55	23.06	30.30	34.14	42.02	40.83	41.52	46.13
中部	12.61	15.95	21.21	27.92	34.99	33.85	34.44	38.38
西部	11.21	13.11	18.01	21.16	23.35	26.88	27.03	32.07
东北	14.41	18.44	26.61	31.04	38.24	37.01	33.84	33.83

2. 生态宜居水平和差异分析

生态宜居既是乡村振兴的基础要求，良好的生态环境是守住乡村劳动力、实现乡村可持续发展的关键，也是构建良好的乡村人居环境的核心要求。乡村作为农民生产、生活的基本载体，建设生态宜居的家园既是吸引外流人口回乡创业的保障之一，也是践行习近平总书记“金山银山不如绿水青山”思想的核心所在。实现乡村可持续发展是乡村振兴战略的核心之一，其具有长期性特征，不仅要求乡村经济社会发展，更要求乡村形成和谐、绿色和生态的生产生活理念，拒绝以破坏生态环境为代价实现的短视性、不可持续的发展路径。此外，生态是一个区域系统概念，一个村庄及其环境无法构成生态系统，只有在一定地域范围内才能构建起自然和人文相契合的生态系统。

为此本小节将围绕生态宜居展开分析，着重探讨我国各地区乡村生态发展水平，选取各市单位面积耕地化肥使用量、植被覆盖率和空气中 PM2.5 含量三个指标衡量。

从表 1－6 可以看出，我国乡村生态宜居水平呈逐年上升趋势，年复合增长率达到 9.3%，其中东部地区绝对值和增长率均最高。相反，东北地区乡村生态宜居水平则呈逐年下降趋势，从 2007 年的 0.1810 下降到 2017 年的 0.1484。

表1-6 全国和分地区生态宜居水平

年份	2007	2009	2011	2013	2015	2016	2017
全国	0.1421	0.1631	0.4433	0.1676	0.0600	0.0516	0.3772
东部	0.2260	0.2305	0.9435	0.1237	0.0685	0.0453	0.8240
中部	0.0515	0.0858	0.1808	0.1061	0.0468	0.0462	0.1631
西部	0.1266	0.1429	0.2264	0.2115	0.0656	0.0628	0.2186
东北	0.1810	0.2244	0.3425	0.3111	0.0546	0.0517	0.1484

3. 乡风文明水平和差异分析

乡村振兴除了提高村民物质生活水平以外，如何满足村民精神层面的需求也非常重要。因此，加强乡风建设，实现传统文化与现代文明的有效结合显得尤为必要。其中，传统文化和特色文化是乡风文明的内核，传承和重塑传统文化有助于促进乡村从淳朴、自然的文化中重拾自信。乡土文化能够塑造出有别于城市的生活氛围，实现村民之间的互帮互助，让良好乡风成为乡村发展的“魂”。此外，还应加强乡村文化设施建设，将乡村的传统文化和特色文化与现代文明结合起来，组合推进。

乡土文化是乡村历代人持之以恒、反复凝练而成的宝贵财富，是最能体现乡村人生产生活方式的表象器物。同时，乡风也是整个县域或者市域内乡村优秀传统文化所蕴含的道德风尚、民俗规范以及精神价值等，是一个地方村民利用本村的自然禀赋、文化资源形成的亘古不变的民俗，拥有鲜明的地域特色，是世代相传的乡愁；是传统文化与社会主义核心价值观、现代人文精神和科学知识相结合的产物。因此，乡风文明在一定程度上也是区域性的，乡村风气不是孤岛，其受到区域内文化的渗透。本小节将着重探讨我国分地区乡村文明水平及其差异。

从表1-7可以看出，我国乡村文明水平呈上升趋势，从2007年的0.5140上升到2017年的0.6277，年均增长1.8%。其中，东部地区水平最高，高于全国平均水平，东北地区最低。从增幅来看，东部地区也明显高于其他区域。

表1-7 全国和分地区乡村乡风文明水平

年份	2007	2009	2011	2013	2014	2015	2016	2017
全国	0.5140	0.3618	0.3804	0.9380	0.5180	0.4493	0.4461	0.6277
东部	0.5509	0.3986	0.4435	1.0276	0.5863	0.5279	0.5193	0.7072
中部	0.4975	0.3417	0.3401	0.8869	0.4664	0.4000	0.3741	0.5978
西部	0.5129	0.3608	0.3690	0.9676	0.5296	0.4459	0.4659	0.6136
东北	0.4613	0.3173	0.3434	0.7528	0.4341	0.3732	0.3771	0.5315

4. 乡村治理有效水平和差异分析

根据中共中央办公厅、国务院办公厅印发的《关于加强和改进乡村治理的指导意见》，乡村治理要建立以基层党组织为领导、村民自治组织和村务监督组织为基础、集体经济组织和农民合作组织为纽带、其他经济社会组织为补充的村级组织体系。乡村治理应依照治理事务性质的不同，在基层党组织的领导下，由不同的治理主体共同参与，发挥不同治理主体的特色优势和专业技能，并发挥村民的主体性。梁漱溟先生曾在乡村建设实践中指出，乡村建设和乡村治理问题的解决“非乡村自身生出一个力量来”，“单靠某一方面的外力绝对不行”。乡村应构建以自治为核心内容、以法治为保障、以德治为支撑的“三治融合”的乡村治理体系。在构建乡村治理体系过程中，还应加大能人的培养，打造一支懂农业、爱农村和爱农民的干部体系，充分发挥其带头引领作用。目前来看，衡量乡村治理能力的指标少之又少，市域的指标更是稀少。从可获得的指标中，乡村治理有效与否可从产出角度衡量，即乡村是否做到老有所养、病有所医、幼有所教。此外，城乡收入差距是否得到缩小也是衡量乡村治理水平的重要指标，较大的城乡收入差距会对乡村治理产生负面作用，其会吸引更多的农业人口进城务工，导致更多“空心村”的出现，不利于乡村实现可持续发展。

5. 生活富裕水平和差异分析

乡村振兴的最终目标在于保证农民过上富裕的生活。其要求农民摆脱之前单一的收入来源，依靠现代农业与工商业相结合，提高农民的收入来源，改变农民的收入结构，其中应逐步加大资产性收入和工资性收入的比重。目前来看，随着我国实施新农村建设以及精准扶贫政策，农村居民的生活条件得到有效改善，生活水平得到提升，大多数农民已逐步趋向小康，经济发达的东部沿海地区的农村甚至已经实现小康。但是我国农村仍然存在很多问题，仍有近 2 亿农民以小农方式从事着生产经营活动，生产效率低下，生产条件恶劣，一个农业劳动力的年收入还不足农民工一两个月的收入。多数农户家庭呈城乡分离，家中青壮年均进城务工，将老人和孩子留在农村，家庭呈割裂状态，导致农民的幸福感极其低下。此外，目前我国农民的社会保障水平较低、生活风险大。生活富裕不仅仅体现在当前收入上，还体现于是否有健全的社会保障体系。综上可知，虽然近些年农民收入逐年提高，农民生活得到有效改善，但是与生活富裕和幸福还有较大差距。为了进一步考察我国乡村振兴过程中农民生活富裕水平如何，本小节选取农村居民人均可支配收入、农村居民人均消费支出、农村居民恩格尔系数以及各地市的城镇化率作为衡量我国农村生活富裕水平的指标，选取 2007 ~ 2017 年的数据，测评了我国农村居民生活富裕水平。

表1-8可以看出，我国乡村生活富裕水平呈现逐年上升，从2007年的799.27上升到2017年的1862.81，年均增幅8%。东部地区乡村生活富裕水平最高，从年均增幅角度来看，东部地区增幅最低，远低于其他地区，年均仅为6.8%，西部地区乡村生活富裕水平增幅最快，达到9.1%，2007年西部地区乡村生活富裕水平低于东中部和东北地区，到2017年西部地区乡村生活富裕水平已超过中部和东北地区。可知，近十年西部地区乡村呈现快速发展，村民生活水平提高速度较为迅速。

表1-8　2007~2017年全国和分地区乡村生活富裕水平

年份	2007	2009	2011	2013	2014	2015	2016	2017
全国	799.27	738.72	1070.39	1168.94	1162.89	1679.32	1679.68	1862.81
东部	1094.05	1023.13	1328.23	1530.28	1468.91	2183.20	2089.30	2263.97
中部	656.48	628.27	907.95	1023.97	1086.36	1524.45	1565.72	1659.09
西部	655.65	570.01	957.07	934.58	948.13	1370.05	1412.35	1714.53
东北	752.69	707.51	1086.18	1192.00	1115.77	1554.86	1591.58	1699.46

四、我国乡村振兴发展的综合水平分析

前文从分区域和分领域角度考察了我国不同地区乡村振兴发展水平，其主要侧重于从宏观视角进行分析，为了进一步探究我国乡村振兴发展过程中的深层次问题，本小节将从微观的城市视角展开分析，探讨不同城市乡村振兴的现状及存在的问题。

（一）我国各城市乡村振兴发展综合水平分析

乡村振兴过程中，问题区域的识别是完善区域政策的前提和保障。基于乡村振兴各领域的综合指数，建立问题区域识别规则，若某一地级市符合其中一项或几项则将其界定为问题区域。①产业兴旺指数低于全国中位数的60%；②生态宜居指数低于全国中位数的60%；③乡风文明指数低于全国中位数的60%；④治理有效指数低于全国中位数的60%；⑤生活富裕指数低于全国中位数的

60%；⑥乡村振兴综合指数低于全国中位数的60%。本小节基于上述识别规则，对2017年我国289个城市乡村振兴存在的问题及其变迁进行分析。结果发现，产业兴旺指数较低的城市共有81个，生态宜居指数较低的城市共有28个，乡风文明指数普遍较高，均超过了中位数的60%，治理有效指数较低的城市有18个，生活富裕指数较低的城市有10个，乡村振兴综合指数较低的城市有10个。可知，乡村产业发展、乡村生态改造以及乡村治理能力是目前制约我国乡村振兴战略的主要阻力，其中乡村产业发展尤其显著。

将问题区域进行汇总分析，并将其分为以下几种类型：①产业基础薄弱导致的综合问题型，主要表现为由于乡村产业发展滞后，导致居民生活水平较低，影响了乡村振兴综合水平。共涉及15个地级市，主要集中于中部的黄土高原及其周边地区。②乡村产业滞后型，共涉及64个地级市，主要分布于中西部地区。③乡村生态滞后型，共涉及24个地级市，主要分布于我国东部沿海和内陆边境地区。④乡村治理滞后型，共涉及14个地级市，主要集中于我国中部地区，平行于“胡焕庸线”从东北向西南延伸（见表1-9）。

表1-9 我国乡村振兴问题分类

产业基础薄弱导致的综合问题型	产业滞后型	生态滞后型	乡村治理滞后型
白银市、吕梁市、定西市、固原市、陇南市、石嘴山市、吴忠市、忻州市、银川市、中卫市、潮州市、三亚市、攀枝花市、海东市、河源市	鞍山市、巴中市、白山市、包头市、本溪市、池州市、大庆市、大同市、东莞市、防城港市、抚顺市、广元市、哈密市、海口市、鹤壁市、淮北市、黄山市、黄石市、佳木斯市、嘉峪关市、金昌市、晋城市、景德镇市、酒泉市、莱芜市、兰州市、乐山市、丽水市、辽阳市、辽源市、马鞍山市、眉山市、牡丹江市、内江市、盘锦市、平凉市、萍乡市、七台河市、庆阳市、衢州市、深圳市、十堰市、双鸭山市、朔州市、太原市、天水市、通化市、铜川市、铜陵市、吐鲁番市、乌海市、乌鲁木齐市、西宁市、新余市、雅安市、阳泉市、鹰潭市、张家界市、张掖市、长治市、中山市、珠海市、资阳市、自贡市	保山市、赤峰市、福州市、鹤岗市、黑河市、呼伦贝尔市、揭阳市、昆明市、临沧市、龙岩市、梅州市、宁德市、莆田市、普洱市、曲靖市、泉州市、三明市、厦门市、汕头市、汕尾市、伊春市、玉溪市、漳州市、昭通市	吉林市、鄂州市、亳州市、六盘水市、六安市、揭阳市、汕尾市、宿州市、贵港市、崇左市、抚州市、宜春市、荆门市、贺州市

（二）分地区不同城市乡村振兴发展水平分析

本小节分别对东部、中部、西部和东北地区展开分析，分别分析各个区域乡村振兴综合水平及其分领域水平的差异情况。分析过程中分别选取各个地区排名前十和后十的城市，展开对比分析，从而能够较为直观地展现各地区的内部差异。

1. 乡村振兴综合水平城市间差异分析

城市作为区域内资源和要素的集聚地，具有较强的区域性。乡村振兴作为我国未来的长期战略，其也具有区域性特征。我国幅员辽阔，各地区的乡村振兴路径应充分发挥本地资源禀赋，从比较优势的角度展开路径设定，坚持大的方向不能变，各地区可根据区域特点有的放矢，制定相应的扶持政策。

图 1－2 可以看出，我国乡村振兴综合水平排名前十和排名后十城市间的差异逐年下降，但总体差距仍然较大，2017 年前十城市与后十城市间乡村振兴综合指数的差距仍达 3 倍以上。其中，东北地区城市间差异最低，更进一步验证了前文的分析结果，即东北地区城市间乡村振兴水平较为平均，2017 年东北地区乡村振兴指数前十城市与后十城市的差距仅为 1.02。2007～2011 年，西部地区城市间乡村振兴指数差距呈现上升趋势，其中 2011 年达到峰值，达到 3.8 倍，且在此期间，其远高于东部、中部和东北地区。2011 年后，西部城市间乡村振兴水平的差距逐步下降，低于东部地区，2017 年下降为 2.25。相反，2011 年后，东部地区前十城市和后十城市乡村振兴水平的差距最高，2017 年为 2.4 倍。

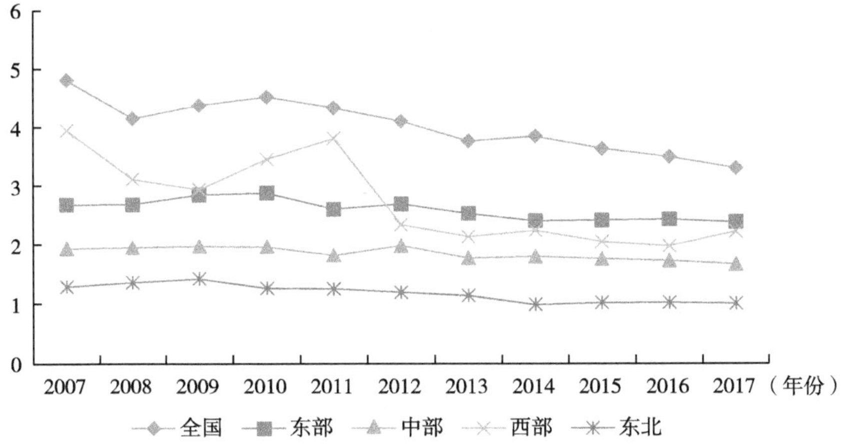

图 1－2　各地区排名前十和后十城市间差异化程度

为进一步探讨我国城市间乡村振兴水平的差异，本小节分别选取东部、中部、西部以及东北地区乡村振兴前十和后十的城市展开分析（见表 1－10）。东部地区乡村振兴水平前十的城市主要分布于长三角和珠三角地区，长三角地区城市的乡村振兴水平整体较高，明显高于其他地区。中部地区乡村振兴水平前十的城市除郑州外，主要分布于长江中游或临近长三角的地区，如马鞍山、芜湖以及合肥等。西部地区乡村振兴水平较高的地区主要位于成都盆地、河套平原以及河西走廊一带。东北地区乡村振兴综合水平前十的城市则主要分布于哈大高铁沿线。同时，各地区排名后十的城市有个共同的特征，经济发展水平在本地区较为落后，由此可知，不能孤立地看待乡村振兴，而应将其与区域经济发展相融合，从区域协调发展的视角考察乡村振兴。

表 1-10　2017 年我国各地区乡村振兴综合水平前十和后十城市

	东部	中部	西部	东北
前十	杭州、东莞、嘉兴、宁波、中山、苏州、绍兴、无锡、湖州、上海	长沙、郑州、武汉、马鞍山、合肥、芜湖、荆州、焦作、襄阳、荆门	成都、鄂尔多斯、乌海、呼和浩特、银川、嘉峪关、石嘴山、巴彦淖尔、眉山、呼伦贝尔	大连、牡丹江、哈尔滨、鸡西、沈阳、盘锦、营口、鞍山、佳木斯、绥化
后十	日照、保定、聊城、沧州、菏泽、临沂、衡水、邢台、张家口、承德	濮阳、朔州、平顶山、临汾、商丘、赣州、周口、运城、大同、吕梁、忻州	安顺、河池、遵义、海东、铜仁、庆阳、平凉、天水、白银、定西、陇南	四平、阜新、朝阳、辽源、葫芦岛、七台河、通化、松原、白山、白城

2. 乡村振兴综合水平典型城市分析

为进一步讨论城市内部乡村振兴水平的差异化程度，本节分别从东中西和东北地区选取杭州、东莞、郑州、武汉、成都和大连六个城市，着重分析其乡村振兴综合水平及其变化趋势。

（1）杭州乡村振兴综合水平及其变化。杭州作为长三角地区的中心城市之一，也是浙江经验的缔造城市。近些年，杭州积极响应国家乡村振兴的号召，多管齐下发展乡村，乡村振兴发展水平逐年提升，是我国乡村振兴的排头兵城市之一。

从图 1-3 可知，2007～2017 年，杭州乡村振兴综合水平呈现逐年上升，乡村振兴综合评分从 2007 年的 1623.31 分上升到 2017 年的 3787.47 分，翻了 1 倍以上，年均增长 8%。在全国的排名也从 2007 年的第五位上升到 2017 年的第一位。

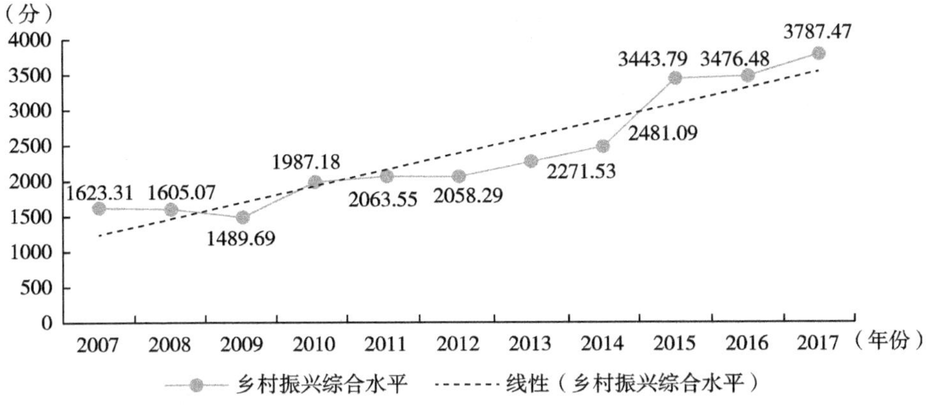

图1－3　杭州乡村振兴综合水平及其发展趋势

（2）东莞市乡村振兴综合水平及其变化。东莞作为珠三角的中心城市之一，近些年大力发展农村集体经济，整治农村生态环境，全域农村居民生活水平逐年提升，其农村集体经济发展水平位于我国前列，农村集体经济总量占广东的30%，占全国集体经济总量的5%。

如图1－4所示，东莞市近些年加大农村建设力度，乡村振兴总体水平逐年提升，乡村振兴综合评分从2007年的1498.8分上升到2017年的3717.0分，排名也上升到全国第二，乡村振兴成效显著。

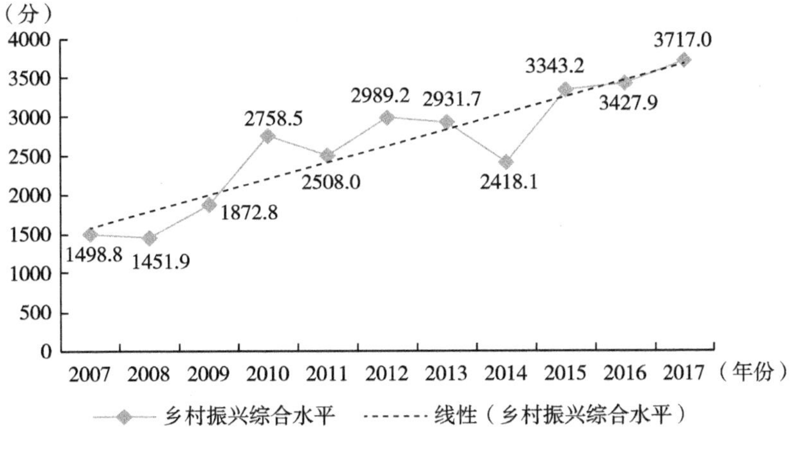

图1－4　东莞乡村振兴综合水平及其变化趋势

（3）郑州乡村振兴综合水平及其变化。郑州作为中部中心城市之一，2018年以来出台了一系列政策措施扶持乡村发展，乡村发展成效显著，在中部地区乡村振兴水平位居前列。

如图1－5所示，郑州乡村振兴水平呈现逐年上升趋势，乡村振兴综合评分从2007年的1005.87分上升到2017年的2515.86分，年均增长8.7%。全国排名从2007年的44位上升到2017年的27位，乡村振兴水平一直处于中部地区前列。

图1－5　郑州乡村振兴综合水平及其变化趋势

（4）武汉乡村振兴综合水平及其变化。武汉作为长江中下游中心城市之一，向来注重乡村建设工作，2017年开始开展“三乡工程”，倡导和号召市民下乡、能人回乡和企业兴乡，在“三乡工程”的推动下，武汉乡村振兴水平在中部地区名列前茅，既为我国乡村振兴塑造了一个典型的案例，也为我国乡村实现全面振兴提供了丰富的经验。

从图1－6可以看出，武汉乡村振兴综合水平逐年提升，乡村振兴综合评分从2007年的824.62分上升到2017年的2375.95分，年均增长10%，全国综合排名也从2007年的80多位提高到2017年的36位。

（5）成都乡村振兴综合水平及其变化。成都作为我国西部中心城市之一，近些年在乡村振兴领域大做文章，开辟出一条富有特色的乡村振兴道路，即以项目为支撑，以生态建设为切入点，通过建设特色小镇，推动乡村发展，成效较为显著。

由图1－7可知，成都乡村振兴综合水平呈逐年上升趋势，乡村振兴综合评分从2007年的958.99分上升到2017年的2543.25分，年均增长9.3%，全国排名从54位上升到25位，在西部地区居首位。

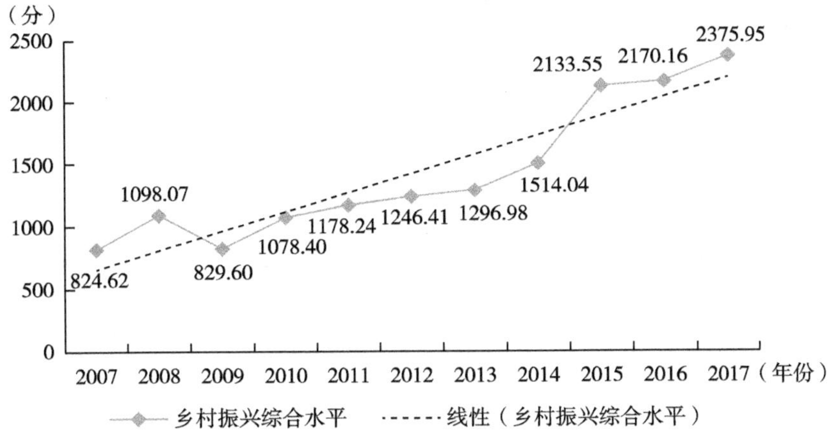

图1－6　武汉乡村振兴综合水平及其变化趋势

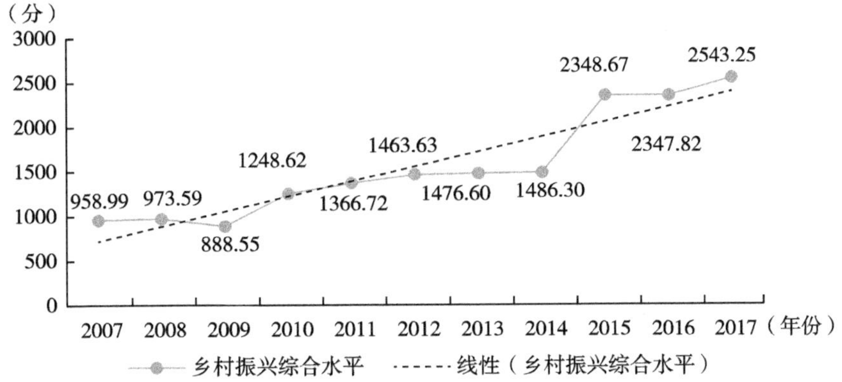

图1－7　成都乡村振兴综合水平及其变化趋势

（6）大连乡村振兴综合水平及其变化。大连作为东北地区的中心城市之一，充分发挥本地资源禀赋，大力发展都市现代农业，围绕海洋产业大做文章，构筑现代化的农业产业体系。此外，大连充分利用大连商品交易所的辐射作用，推动农业实现规模化和产业化发展。随着近些年东北振兴战略的推出以及哈大高铁的建设，大连乡村发展日益提速，乡村振兴水平逐年提升。

如图1－8所示，大连乡村振兴综合水平逐年提升，乡村振兴综合评分从2007年的1332.87分提高到2017年的2062.76分，但不难看出，受到东北地区经济衰退的影响，大连乡村振兴虽逐年提升，但是增幅明显慢于其他五个城市。

随着《大连市乡村振兴战略规划》的出台，以及东北振兴战略的推进，大连乡村未来将得到快速发展。

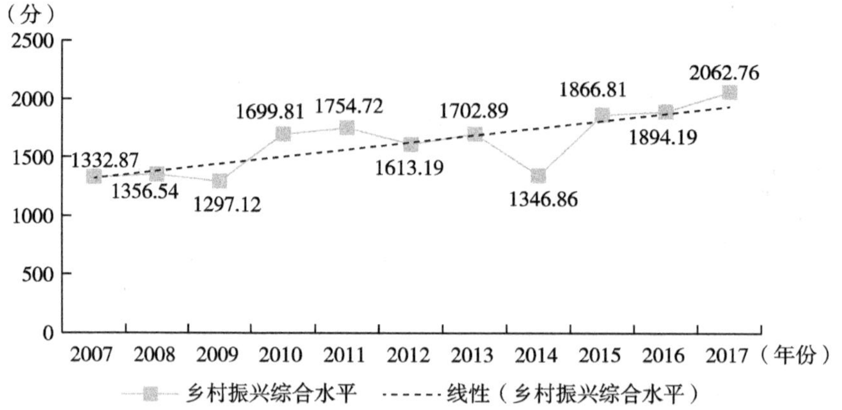

图 1-8　大连乡村振兴综合水平及其变化趋势

第二章 企业参与乡村振兴的现状

2018年9月，中共中央、国务院印发了《乡村振兴战略规划（2018—2022年）》。按照产业兴旺、生态宜居、乡风文明、治理有效、生活富裕的总要求，为实施乡村振兴战略擘画了时间表、路线图。实施乡村振兴战略，离不开资本的参与。《中共中央 国务院关于实施乡村振兴战略的意见》明确提出，要加快制定鼓励引导工商资本参与乡村振兴的指导意见，充分发挥财政资金的引导作用，撬动社会资本更多地投向乡村振兴战略，为实现产业兴旺、生态宜居、乡风文明、治理有效、生活富裕的美丽乡村奠定更坚实的基础。

由于目前还缺乏企业参与乡村振兴的权威统计数据，本部分基于媒体对央企和部分骨干样本民企参与乡村振兴的报道，分析我国企业参与乡村振兴的现状。课题的数据来源于智慧星光大数据平台存储的可用数据库，检索时间范围从2018年1月1日到2019年11月20日。经过课题组的人工筛选和核验，结合人工智能，最终筛选的媒体对企业参与乡村振兴的报道信息确定为1993条。其中，央企参与乡村振兴的有关报道1147条，骨干样本民营企业相关的媒体报道信息833条。依据媒体报道的相关信息，课题组进一步深入分析了企业在乡村振兴中的参与情况，以及不同企业在乡村振兴中的关注焦点及行动路径。

一、鼓励企业参与乡村振兴的相关政策

党的十九大报告提出实施乡村振兴战略，要求加快推进农业农村现代化，培育新型农业经营主体，促进农村三次产业融合发展。实施乡村振兴战略的重大部署首次将农业农村工作上升为国家战略，标志着我国乡村发展将进入一个崭新的

阶段，也预示着一个以乡村振兴为基础的新时代即将到来。2017 年 12 月召开的中央农村工作会议提出，要鼓励引导工商资本参与农村振兴，鼓励社会各界人士投身乡村建设。

2018 年 1 月 2 日，中共中央、国务院发布的《中共中央　国务院关于实施乡村振兴战略的意见》正式实施。明确强调要“鼓励社会各界投身乡村建设。吸引支持企业家等通过下乡担任志愿者、投资兴业、包村包项目、行医办学、捐资捐物、法律服务等方式服务乡村振兴事业”。同时，要“加快制定鼓励引导工商资本参与乡村振兴的指导意见，落实和完善融资贷款、配套设施建设补助、税费减免、用地等扶持政策”。

2018 年 4 月 19 日，文化和旅游部、财政部发布《关于在旅游领域推广政府和社会资本合作模式的指导意见》（文旅发〔2018〕3 号），意见指出，优先支持符合意见要求的全国优选旅游项目、旅游扶贫贷款项目等存量项目转化为旅游 PPP 项目。

乡村振兴战略的实施，为民间资本进入农业农村提供了更有力的政策环境和更广阔的发展空间。同时，民间资本的进入也将为乡村振兴战略提供更充裕的资金保障，为实现产业兴旺、生态宜居、乡风文明、治理有效、生活富裕的美丽乡村奠定更坚实的基础。2018 年 6 月 19 日，包括李彦宏、李书福、刘强东、雷军、张近东、周海江在内的 34 位知名企业家共同向广大民营企业家发起了《民营企业积极参与乡村振兴战略倡议书》。这份倡议指出，实施乡村振兴战略，需要社会各界共同参与，民营企业家义不容辞。

为贯彻落实党的十九大、中央经济工作会议、中央农村工作会议精神和政府工作报告要求，2018 年 9 月，中共中央、国务院特编制《乡村振兴战略规划（2018—2022 年）》。强调“引导激励社会各界更加关注、支持和参与脱贫攻坚。鼓励工商资本到农村投资适合产业化、规模化经营的农业项目，提供区域性、系统性解决方案，与当地农户形成互惠共赢的产业共同体”。

2018 年 9 月 27 日，财政部印发《贯彻落实实施乡村振兴战略的意见》（财办〔2018〕34 号），意见提出，公共财政将更大力度向“三农”倾斜，落实涉农税费减免政策，鼓励地方政府在法定债务限额内发行一般债券用于支持乡村振兴、脱贫攻坚领域的公益性项目。确保投入力度不断增强、总量持续增加。2018 年 9 月 30 日，农业农村部办公厅印发《乡村振兴科技支撑行动实施方案》，方案还提出将打造 1000 个乡村振兴科技引领示范村（镇）；而科技部结合《关于创新驱动乡村振兴发展的意见》，正着手编制《乡村振兴科技创新专项规划

(2018—2022年)》,以细化实化政策措施,分类有序推进创新驱动乡村振兴实施。

2018年10月12日,国家发展改革委印发《促进乡村旅游发展提质升级行动方案(2018年—2020年)》,方案提出,要补齐乡村建设“短板”,加大对贫困地区旅游基础设施建设项目推进力度,鼓励和引导民间投资通过PPP、公建民营等方式参与有一定收益的乡村基础设施建设和运营等规划,扩展乡村旅游经营主体融资渠道等。

2019年1月,江苏省政府办公厅率先出台了《关于引导社会资本更多更快更好参与乡村振兴的意见》,“明确社会资本重点投资的方向,明确细化支持政策,健全社会资本投资服务平台”,这不仅为企业参与乡村振兴提供了行动指南,也为国家和其他省市更大力度推进社会资本参与乡村振兴积极探路。

2019年2月,中央一号文件《中共中央、国务院关于坚持农业农村优先发展做好“三农”工作的若干意见》提出,聚力精准施策,决战决胜脱贫攻坚。重大工程建设项目要继续向深度贫困地区倾斜。完善县乡村物流基础设施网络,支持产地建设农产品贮藏保鲜、分级包装等设施,鼓励企业在县乡和具备条件的村建立物流配送网点。

2019年9月,中央农办、农业农村部等11个部门和单位联合印发《关于开展农民合作社规范提升行动的若干意见》,对开展农民合作社规范提升行动做出总体部署。提出支持金融机构结合职能定位和业务范围,对农民合作社提供金融支持。鼓励全国农业信贷担保体系创新开发适合农民合作社的担保产品,加大担保服务力度,着力解决农民合作社“融资难、融资贵”问题。

2019年11月,国务院办公厅印发《关于切实加强高标准农田建设提升国家粮食安全保障能力的意见》。意见指出,要发挥政府投入引导和撬动作用,采取投资补助、以奖代补、财政贴息等多种方式支持高标准农田建设。鼓励地方政府有序引导金融和社会资本投入高标准农田建设。

二、媒体对企业参与乡村振兴的报道情况

乡村要振兴,媒体责无旁贷。媒体要当好乡村振兴的政策宣传员、通讯报道员、信息服务员、文化建设者,做好民生报道、书写乡村振兴美丽画卷,为推进

乡村振兴战略做出更大贡献。要助力乡村振兴，就要在全媒体的传播中融入乡村，融入农业，融入农民当中去。2018 年 8 月 21 ~22 日，习近平总书记在全国宣传思想工作会议上发表重要讲话，指出“要扎实抓好县级融媒体中心建设，更好引导群众、服务群众”，从国家战略层面提出了县级融媒体建设的发展方向。县级融媒体中心建设是加速乡村振兴战略进程、加快农村脱贫步伐、加强农村精神文明建设的重要抓手。

2018 年 11 月 24 日，由新华报业传媒集团携手江苏省农业资源开发学会联合主办、《扬子晚报》承办的“2018 江苏乡村振兴百镇高峰论坛”在南京举行。同时，由《扬子晚报》倡议发起的“乡村振兴全国主流媒体宣传联盟”也在此次论坛上正式成立，联盟得到《齐鲁晚报》《钱江晚报》《大河报》《华西都市报》《羊城晚报》《新安晚报》《新民晚报》以及腾讯网、新浪网等多家媒体的大力支持。主流媒体的影响力、公信力和传播力，为实施乡村振兴战略营造良好的舆论氛围，提供了强大的精神动力。

2019 年 1 月 25 日，中央政治局在人民日报社就全媒体时代和媒体融合发展举行第十二次集体学习。这次学习把“课堂”设在了媒体融合发展的第一线。在人民日报社“中央厨房”的移动报道指挥平台前，习近平主席和在河北省承德市滦平县平坊满族乡于营村采访的记者以及扶贫驻村第一书记进行连线交流，了解这个村脱贫攻坚工作的进展情况，这是媒体参与并见证乡村振兴的真实写照。

因此，各级媒体要切实重视全媒体在乡村振兴战略中发挥的作用，真正把乡村振兴纳入媒体融合发展的重要环节、纳入从中央到地方各个媒体融合发展的战略规划中，依循国家在乡村振兴战略中的总体规划。把自身摆进去、融进去，引入新思想、新手段、新平台来推动、引领、补位，促进乡村振兴战略的实施。

研究数据显示，截至 2020 年 3 月，我国农村网民规模为 2.55 亿人，占网民整体的 28.2%，较 2018 年底增长 3308 万人。城镇网民规模为 6.49 亿人，占网民整体的 71.8%，较 2018 年底增长 4200 万人。① 从媒体融合角度看，全媒体传播在农村将有广阔的前景和坚实的阵地。

2019 年 8 月，《农民日报》依托自身的优势设立“中国乡村振兴研究院”（官方微信公众号：乡村振兴思想家），旨在搭建智库型媒体和媒体型智库，为乡村振兴提供权威、专业、可靠、管用的信息服务，成为乡村振兴的“智慧之

---

① 第 45 次《中国互联网络发展状况统计报告》，2020 年 4 月 28 日。

源”“得力参谋”和“决策助手”。

（一）关注企业参与乡村振兴的媒体类型及平台

根据课题组采集的数据发现，按媒体的类别进行分类，关注企业参与乡村振兴的新闻信息来自网站的比例最大，占42%，报纸、APP和微信公众号所占比例平分秋色，分别为22%、20%和16%（见图2－1）。进一步研究发现，网站的占比之所以最高，是因为地方的门户网站和地方政府的官网关注度占了非常大的比例。基于地缘因素，地方门户网站更为关注本地的发展，对企业参与本地乡村振兴建设往往也更为关注。与此同时，地方政府也基于脱贫攻坚和乡村振兴的现实考量和宣传需要，对有关招商引资和企业投资建设方面的信息也更为看重，因而会在官网上报道相关信息。

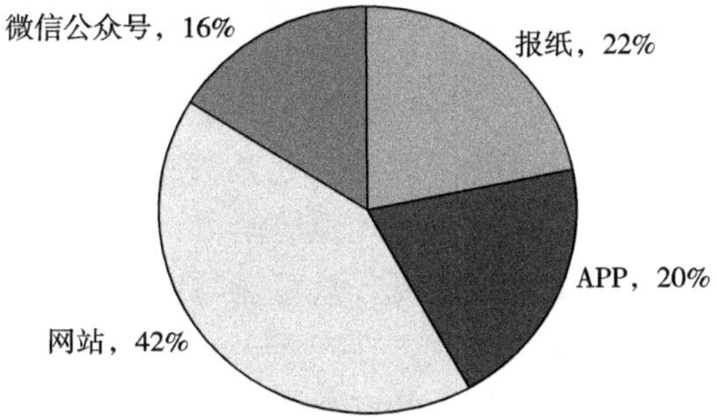

图2－1　关注企业参与乡村振兴的媒体类型占比

随着媒体格局和传播方式的变化，客户端成为人们获取资讯的重要渠道。根据新闻来源媒体进行词频统计发现，今日头条、趣头条、网易新闻、新浪新闻等媒体对企业参与关注乡村振兴的关注度最高（见图2－2）。

得益于“人工智能＋海量信息”的优势，今日头条全面覆盖“三农”政策、农业技术、农资农机、农贸行情、农产购销、惠农服务等资讯类别。一方面，可以凭借精准的信息分发，帮助特色农产品找到需要的消费者，从而创造经济价值；另一方面，可以通过“三农”专家带动技术下乡，让“三农”广大用户平等免费获取“三农”技术和知识。

据今日头条官方发布的最新数据显示，2019年，今日头条“三农”创作者数量达4.3万人，同比增长43%，累计粉丝增长超过2亿人，发文总量高达460万篇，年阅读量预计达700亿次。

图 2－2　关注企业参与乡村振兴的媒体情况

（二）不同媒体对乡村振兴不同维度的关注情况

在乡村振兴二十字方针中，媒体对企业参与“产业兴旺”的报道居首位。统计发现，无论是纸质媒体、APP、网站，还是微信公众号，四大媒体类型中，对产业兴旺的关注度均最高，生态宜居均位居第二，比较而言，各类媒体对企业参与治理有效、乡风文明的关注度最低，这可能与企业在产业兴旺、生态宜居领域的投入有关，也与企业的专长有关。在产业兴旺领域，企业比政府、社会组织更擅长，更有优势，在这一领域投入的资金与精力多，因此，被媒体报道的频率也高，而在乡风文明与治理有效方面，企业并没有特长，更多扮演的是补充性、辅助性的角色，参与的程度相对更低，因此被不同类型媒体报道的频率较低（见图 2－3）。

（三）媒体对参与乡村振兴企业的关注情况

近年来，不少企业积极响应党和国家号召，参与精准扶贫，主动通过投资带动当地经济发展，并吸引其他企业进驻贫困地区，形成可持续发展的产业。在乡村振兴战略大背景之下，越来越多的企业积极投身于“三农”领域。通过词云图可以发现，2018～2019 年，农行、碧桂园、京东、阿里巴巴、华侨城集团、建行、华润集团、华为、中邮集团、国开行、新希望集团、温氏集团、恒大等企业在乡村振兴领域的表现十分活跃（见图 2－4）。

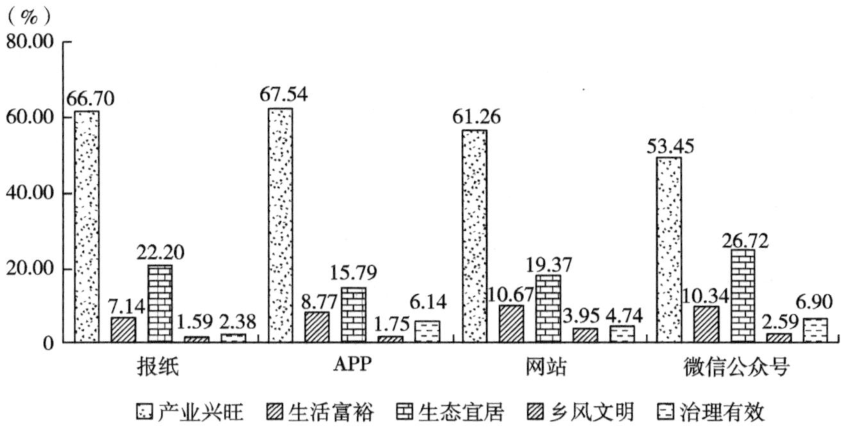

图 2-3　不同媒体类型对乡村振兴不同维度的关注情况

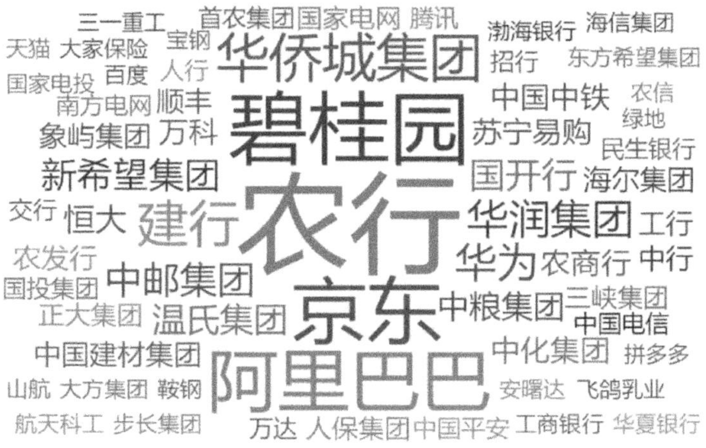

图 2-4　媒体对参与乡村振兴的企业关注度

三、企业参与乡村振兴的情况及特点

（一）企业参与乡村振兴的总体概况

通过以乡村振兴作为关键词进行检索，可以发现企业参与乡村振兴最多的地区依次是广东、山东、江苏、山西、福建、湖北、黑龙江、内蒙古、四川、山西、河南、辽宁、浙江、贵州等地。

依据所有活跃企业对乡村振兴不同维度的关注度，结合其在全国的分布情况绘制共现关系图（见图 2－5），结果显示，阿里巴巴、京东、农行、碧桂园、华侨城集团这些大型企业最活跃，在乡村振兴领域表现最为抢眼，它们基本都关注了乡村振兴所有的维度。从省份来看，广东的乡村振兴是企业参与程度最高的省份，其次是山东、江苏以及福建等沿海地区。可以说，越发达的地区，企业参与乡村振兴的程度越高、投资力度更大、项目更多、覆盖面更广。

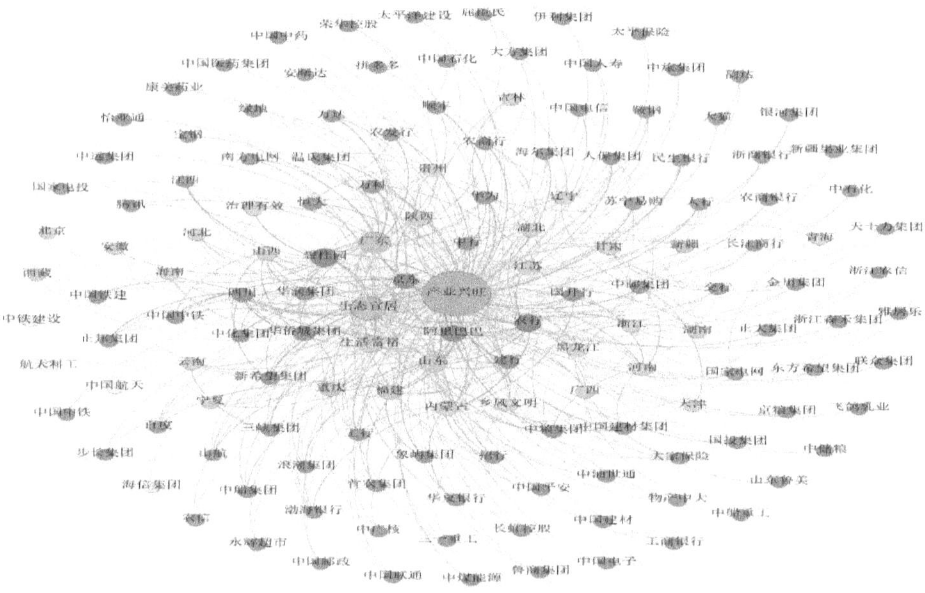

图 2－5　不同企业在不同地区参与乡村振兴的共现关系

从地域来看，华东地区企业参与乡村振兴的程度最高，其次是华南地区。所有地区对产业兴旺这个维度最为重视。比较而言，东北、华东、西北和西南这四个区域主要关注产业兴旺和生态宜居；华北地区关注的依次是产业兴旺、生态宜居和生活富裕；华南地区主要关注产业兴旺、生态宜居和治理有效（见图 2－6）。

根据企业参与的具体情况，再进一步分类与编码，可以绘制出企业参与乡村振兴的具体行动词云图。如前所述，在乡村振兴中，金融、电商和房企这三个领域的企业表现最为活跃，参与度也最高。总体而言，企业以项目的形式参与比例最高，其次是金融领域的贷款、投资。电商领域则在平台和物流方面发挥作用，各扬其长，各美其美。

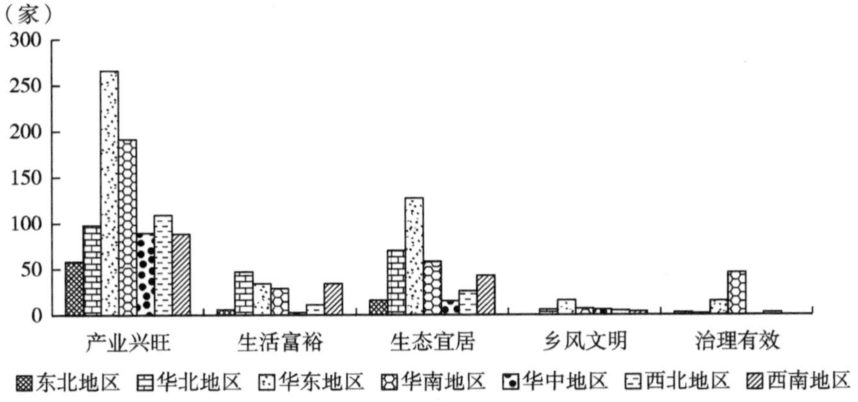

图 2－6　企业在不同地区对乡村振兴的关注维度

（二）企业参与乡村振兴的“三驾马车”：金融、电商、房企

1. 金融领域企业

解决城乡发展不平衡、不协调问题，金融是重要助力。党的十八大以来，中央农村工作会议多次提出，要“加快农村金融创新，健全农村创业创新机制”“健全适合农业农村特点的农村金融体系，强化金融服务方式创新，提升金融服务乡村振兴能力和水平”“把‘三农’作为财政优先保障领域和金融优先服务领域”。随着国家乡村振兴战略的深入实施，推动农村三次产业加速融合，涉农新主体、新业态不断涌现。农村经济运转、农民生产生活和农业加工流通的网络化变革促进了各类新主体互联网化的金融需求，为金融机构提供了坚实的客户基础。

2019 年 2 月，为切实提升金融服务乡村振兴效率和水平，人民银行、银保监会、证监会、财政部、农业农村部联合印发《关于金融服务乡村振兴的指导意见》，强调要以习近平新时代中国特色社会主义思想为指导，紧紧围绕党的十九大关于实施乡村振兴战略的总体部署，坚持以市场化运作为导向、以机构改革为动力、以政策扶持为引导、以防控风险为底线，聚焦重点领域，深化改革创新，建立完善金融服务乡村振兴的市场体系、组织体系、产品体系，促进农村金融资源回流。

根据统计，金融企业参与产业兴旺被媒体报道的频率最高，占金融企业乡村振兴报道总量的61.13%，其次是生态宜居和生活富裕，分别占26.68%和10.29%。金融企业参与乡风文明和治理有效两个维度被媒体报道的比例最低（见图2-7）。金融企业在产业兴旺这个维度被媒体报道的程度之所以高，部分原因在于无论是企业其他投资还是项目建设，都需要金融的支持。

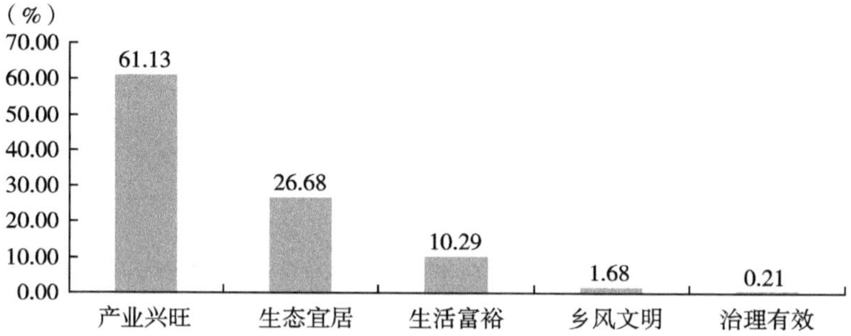

图2-7 金融领域对乡村振兴不同维度的关注程度

• 中国农业银行

中国农业银行（以下简称农行）作为“三农”金融服务的国家队和主力军，服务好“乡村振兴”战略是义不容辞的政治责任。2018年2月，农行出台了《关于全面做好乡村振兴金融服务工作的意见》，全面对接中央实施乡村振兴战略阶段目标任务，制定了农业服务乡村振兴战略的总体目标和具体工作目标，提出了实施金融服务乡村振兴七大行动：一是实施金融服务农村产业融合行动；二是实施金融服务农村产权制度改革行动；三是实施金融服务国家粮食安全行动；四是实施金融脱贫攻坚行动；五是实施金融服务美丽宜居乡村行动；六是实施金融服务县域幸福产业行动；七是实施金融服务“三农”绿色发展行动。

作为肩负服务“三农”使命的国有大行，农行在乡村振兴、脱贫攻坚中的表现可圈可点。农行通过聚焦精准扶贫、深度贫困地区扶贫和定点扶贫这三大重点领域，积极探索“小额信贷扶贫模式”“特色产业扶贫模式”“互联网金融扶贫模式”“政府增信扶贫模式”等金融扶贫模式。

根据在乡村振兴中的具体实践分析发现，农行参与乡村振兴，被媒体关注度较大的领域依次是：乡村产业、基础设施建设、农村金融、乡村旅游、项目贷款、产业扶贫、农业发展、绿色发展、农村改革、城乡融合、农房改造和养老等领域（见图2-8）。

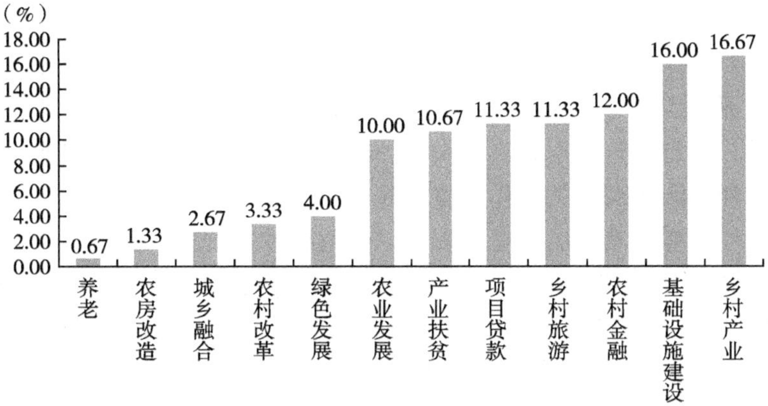

图2－8　中国农业银行在不同领域被媒体报道的比例

● 国家开发银行

2018年1月，中共中央、国务院印发的《关于实施乡村振兴战略的意见》要求明确国家开发银行（以下简称国开行）、中国农业发展银行在乡村振兴中的职责定位，强化金融服务方式创新，加大对乡村振兴中长期信贷支持。

在乡村振兴的实践中，国开行以打赢脱贫攻坚战、农业农村基础设施补短板、推动农业供给侧结构性改革为重点，加强融资模式创新，切实发挥开发性银行在支持乡村振兴中的主力银行作用。

通过发挥自身“融资、融智、融制”的优势和作用，国开行积极探索实施开发性金融支持乡村振兴战略新模式、新方法，有力地支持产业扶贫、脱贫攻坚、乡村产业、绿色发展、基础设施等领域（见图2－9）。

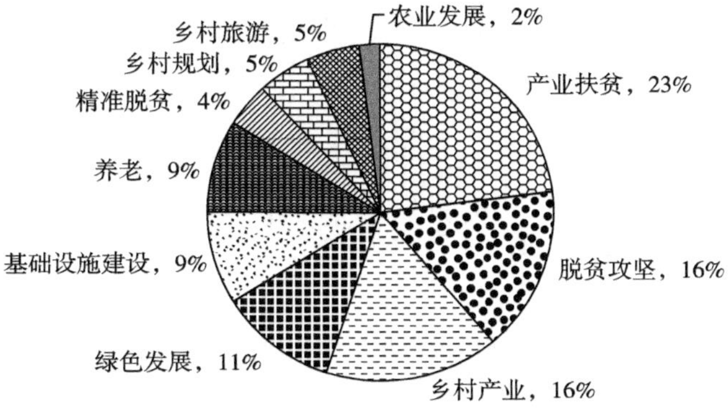

图2－9　国家开发银行在不同领域被媒体报道的比例

• 中国建设银行

在支持乡村振兴上，作为中国四大银行之一的中国建设银行（以下简称建行）通过“从上至下”形式积极参与乡村振兴。建行总行与农业农村部签订战略合作协议，各省分行也与省农业农村厅签署战略合作，市、区层面协议也签订协议，通过加强源头部门的合作，整合各方资源支持乡村振兴战略。

建行从城乡融合发展的角度出发，以金融科技为支撑，创新金融产品，跨界整合资源，搭建乡村服务平台，引入城乡服务场景，推进普惠金融，精准滴灌“三农”，走出了一条可持续、可推广的特色发展之路。运用“农业大数据 + 金融科技”，通过整合涉农数据与信息平台功能，创新贷款产品，实现贷款全流程线上办理，大幅降低涉农贷款融资成本，成为破解农村小微企业和农户“融资难、融资贵”的有效途径。运用“互联网思维”，在县域乡镇农村地区“裕农通”助农金融服务点，打通金融服务“最后一公里”。依托自有善融商务电商平台，以开辟绿色通道、减免相关费用等措施大力开展电商精准扶贫，带动建档立卡贫困人口稳定增收脱贫。通过对农村赋信、农民赋能、农业赋值，将极大地推动精准扶贫的落实。

研究数据显示，在乡村振兴的实践中，建行最关注的几大领域依次是：乡村产业、农村金融、农业发展、基础设施建设、绿色发展、乡村旅游和产业扶贫等（见图 2 - 10）。

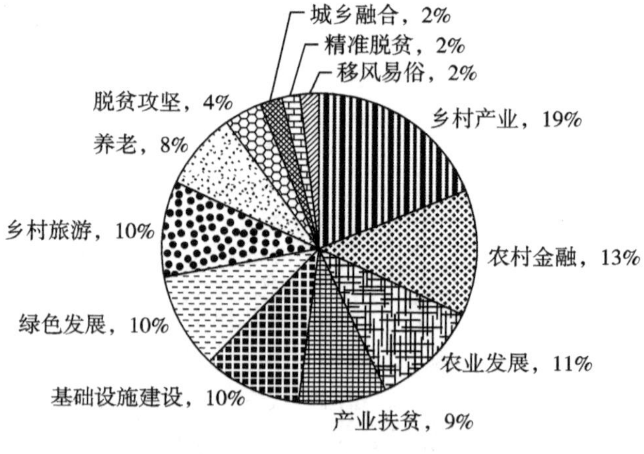

图 2 - 10　中国建设银行在不同领域被媒体报道的比例

“哪里有建设，哪里就有建设银行”，在乡村振兴的实践中，建设正以自身的实际行动践行作为国有大行的责任和使命。

2. 电商领域企业

电商企业是农村电商发展的关键推动者，是促进农村经济发展的重要角色，在推进脱贫攻坚和乡村振兴方面可以发挥巨大作用。目前农村电商主体主要有阿里巴巴、京东、苏宁和拼多多等电商企业。研究发现，电商企业参与乡村振兴被媒体报道最多的领域就是产业兴旺，占所有媒体报道的57.91%；其次是生态宜居，占21.49%；生活富裕和乡风文明旗鼓相当，分别为10.75%和9.55%；治理有效最低，仅占0.30%（见图2－11）。可见，电商企业参与乡村治理有效方面的工作较少，被媒体报道也最少，而电商企业参与产业兴旺、生态宜居、生活富裕、乡风文明的程度相对较高，被媒体报道的频率也较高。

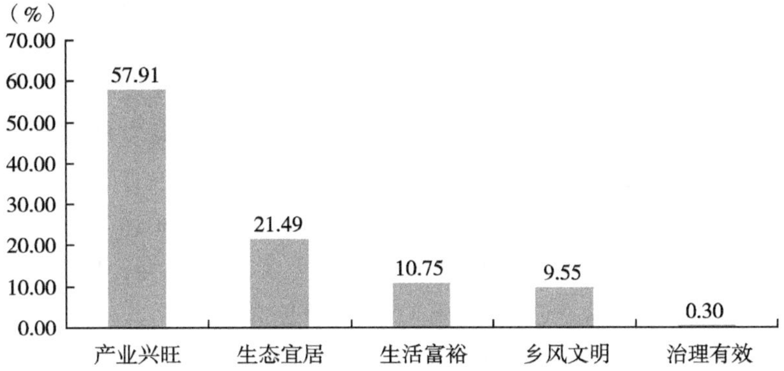

图2－11　电商企业在不同领域被报道的比例

2018年3月14日，山东省商务厅与供销、邮政、阿里巴巴、京东、苏宁共同发布《发展农村电商助推乡村振兴倡议书》。倡议书提出，“一是勇于担当，做发展电商助力乡村振兴的参与者。二是突出重点，做发展电商助力乡村振兴的实践者。三是创新驱动，做发展电商助力乡村振兴的引领者。四是优化环境，做发展电商助力乡村振兴的服务者”。①

2018年8月，在商务部电子商务和信息化司指导下，中华思源工程扶贫基金会与阿里巴巴、京东等18家单位共同发起成立中国电商扶贫联盟，致力于挖掘贫困地区优质农特产品，打造农特产品明星品牌，促进农特产品产销对接，助推贫困地区农特产品生产与加工的转型升级，帮助贫困地区脱贫致富。目前，中国电商扶贫联盟成员单位共计29家。

2019年，中国电商扶贫联盟发挥各成员单位平台广、类型多、专业化等优

① 参见齐鲁网报道，http：//news.iqilu.com/shandong/yuanchuang/2018/0315/3860507.shtml。

势，与地方商务主管部门深度合作，年度对接帮扶及销售贫困地区农产品超过28亿元，覆盖22个省（市、区）478个贫困县842家企业，带动农户8万户，其中建档立卡贫困户超5.6万户；免费为14个省份533家企业开展“三品一标”认证培训，资助120家企业获得“三品一标”认证证书，产品包括米面杂粮、蔬菜水果、禽畜药材等农作物60余种。①

2019年4月30日，财政部、商务部、国务院扶贫办联合颁发《关于开展2019年电子商务进农村综合示范工作的通知》，鼓励各地优先采取以奖代补、贷款贴息等支持方式，通过中央财政资金引导带动社会资本共同参与农村电子商务工作。2019年，全国共有215个县（市）上榜，其中，江苏、浙江共有9个县（市）上榜；福建、安徽示范县数量也达5个以上，依次是山西4个，河北、内蒙古、辽宁、吉林和黑龙江各3个。2019年8月，国务院办公厅印发了《关于加快发展流通促进商业消费的意见》，指出要扩大电子商务进农村覆盖面，优化快递服务和互联网接入，培训农村电商人才，提高农村电商发展水平，扩大农村消费。

最新数据显示，2019年，全国2083个县域网络零售额达30961.6亿元，同比增长23.5%，其中832个贫困县网络零售额达1076.1亿元，同比增长31.2%；县域农产品网络零售额达2693.1亿元，同比增长28.5%，其中832个贫困县农产品网络零售额为190.8亿元，同比增长23.9%，县域农业农村电子商务保持高速增长。②

- 阿里巴巴

阿里巴巴运用“新零售”促进乡村振兴、“新金融”支撑乡村振兴、“新技术”驱动乡村振兴、“新农人”服务乡村振兴，要建设数字时代的“新乡村基础设施”。阿里巴巴集团农村淘宝数量持续增长（见图2－12），迄今已在全国30个省份（自治区、直辖市）、近900个县域落地，其中包括217个国家级贫困县，上线了500多个兴农扶贫产品，建设了33个淘乡甜种植示范基地。2017年8月22日，开始上线兴农扶贫服务站。2018年3月，阿里巴巴升级农村淘宝兴农扶贫业务，并启动“亩产一千美金计划”，该计划将覆盖全国800个贫困县。截至2019年2月22日，阿里兴农扶贫帮扶了全国25个省的559个县域，孵化品牌超2500个，产业覆盖贫困县人口超过300万人，带动贫困县就业超20万人。

---

① 《中国电商扶贫联盟部署2020年助力脱贫攻坚工作》，中国电商扶贫联盟官网，http://www.ds-fp.com.cn/index/index/show/id/306.html。

② 《2020全国县域数字农业农村电子商务发展报告》，农业农村部信息中心，2020年4月30日。

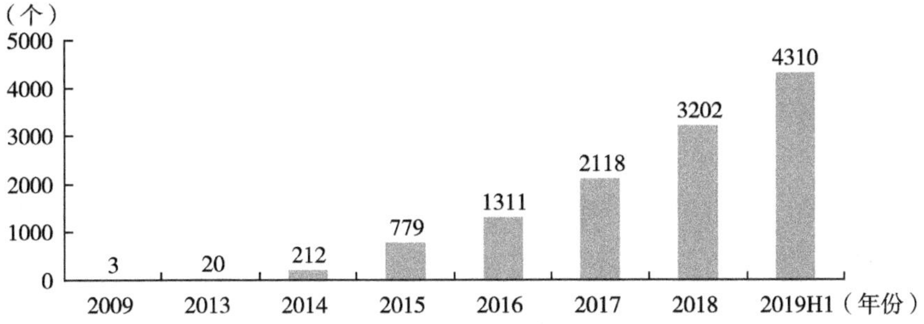

图 2－12 2009～2019 年中国淘宝村数量变化

2019 年，阿里巴巴“村播计划”累计举办 160 多万场公益直播，为农民主播提供培训课程，通过不同形式已经培育涉农主播达 10 万名。目前，“村播”计划已覆盖全国 27 个省份，计划在百县落地脱贫直播，形成综合性、规划、可持续的为农服务体系，打造农产品上行最高效平台，提升农民生产、服务能力，推动农业现代化建设。

研究发现，作为几大电商企业之一，阿里巴巴在其最擅长的领域表现最为耀眼，作为电商平台被媒体报道的比例最高，占阿里巴巴参与乡村振兴媒体报道的 51.95%；其次是产业扶贫，16.23%；最后是乡村物流、农村金融、农业发展、精准扶贫和乡村产业，分别为 9.74%、6.82%、5.84%、4.87% 和 4.55%。

- 京东

作为国内电商行业的引领者，京东集团通过发展农村电商，推进智慧物流和智慧农场，全方位助力乡村振兴。京东将“原产地直采＋自营”模式与打造“互联网＋扶贫”示范区相结合，利用平台优势助力贫困地区企业品牌的发展。由京东、地方政府和当地企业三方共建的地方特产馆，已成为农特产向外输出的特色平台，有效地衔接了农产品的售前、售中和售后三个环节，帮助贫困地区构建起农产品输出的特色产业链。

截至 2019 年上半年，京东线上扶贫馆已累计达到 204 家，上线特色产品数万个。[①] 扶贫特产馆的经验模式，有效地实现了信息流到商流再到资金流的转变，准确地切中了地方农业发展的“任督二脉”，在如何盘活贫困地区农业产业链、全线激发生产活力与品牌势能上蹚出一条可供借鉴的路径。

2018 年 4 月 9 日，京东宣布将以无人机农林植保服务为切入，整合京东集团

---

① 京东大数据研究院：《2019 产业互联网扶贫报告》，2019 年 12 月。

物流、金融、生鲜、大数据等能力，搭建智慧农业共同体，与地方政府、农业上下游龙头企业、农业领域专家等共同合作，构建开放、共生、共赢的农业合作平台，同时打造旗下首个农场品牌“京东农场”。

研究发现，在参与乡村振兴的实践中，京东表现最显眼的自然是其优势领域——销售平台。产业扶贫、智慧物流、塑造品牌、现代农业、农村金融、精准扶贫和乡村旅游的关注度较低（见图2－13）。

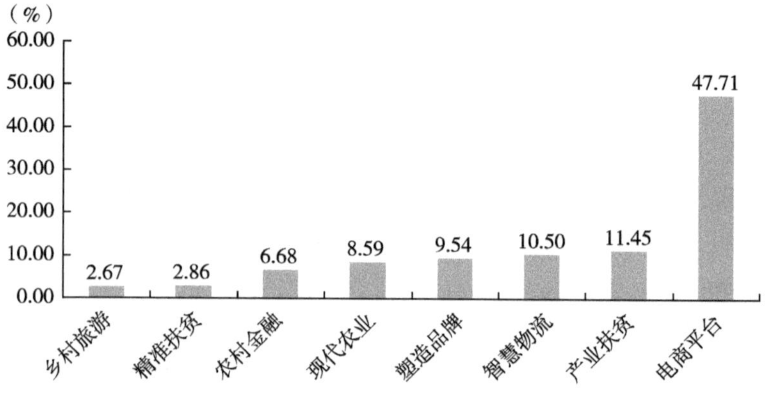

图2－13　京东参与乡村振兴不同领域被媒体报道的比例

目前，京东农场已经在全国范围内完成了17家高标准合作示范农场的建设，京品源旗舰店也在京东商城主站上线，在2019年重点扶持了以“呼伦贝尔呼垦源芥花油”“五常大米”“蒙清小香米”“辛集皇冠梨”“陕西黄陵桥山红苹果”等为代表的一批高品质农产品品牌，取得了丰硕成果。京东农场项目利用京东集团在人工智能、大数据、物联网、区块链等方面的技术能力、营销渠道能力和品牌建设能力，正在积极推动以数字化、智能化、绿色化、生态化为代表的农业可持续发展之路。

京东旗下除了7FRESH、生鲜、干货食品、新通路等零售业务和京东企业业务直接支持农产品全渠道销售之外，更拓展出京东农牧、京东数字农贷、京东众筹、京东农场、京东农业云等众多业务板块，分别从互联网种养殖、互联网金融、数字产业园、农业大数据产业联盟等入手，以产业互联网手段为农业提供技术赋能。

- 拼多多

作为利用互联网技术把农产品从农村生产地销售到全国各地的第一大平台，拼多多以“拼购”模式迅速裂变并聚集消费需求，通过商品流和社交裂变对接产需。在供给端，通过 C2B 预售聚集海量订单分拆给产区，精准到贫困户，并提高流通效率；在需求端，3 亿用户接力分享的社交力量，让农货订单实现裂变式增长。2018 年 4 月 25 日，拼多多正式启动“一起拼农货”计划，在全国范围内投入 100 亿元的营销资源，挑选 500 处农产品产地，扶持 1 万人成为“新农人”，解决农业供应链的货源与交付难题。2019 年 4 月，拼多多创新扶贫助农模式“多多农园”，计划在未来 5 年内在云南等 8 个省份落地 1000 个多多农园示范项目，主要覆盖西南和西北两大区域。这被认为是一场互联网巨头助力中国农业变革的创新实验。

2019 年，拼多多进一步提出“两台四网”目标，将创建中国最大的农产品上行平台以及中国最大的互联网农业数据平台，以“市场 + 科技”为核心，探索更契合中国现代化农业发展需求的完整体系。截至 2019 年底，拼多多平台注册地址为 584 个国家级贫困县的商家数量达 36 万家，年订单总额达 372.6 亿元。其中，注册地址为“三区三州”地区（西藏、新疆南疆四地州和四省藏区；甘肃临夏州、四川凉山州、云南怒江州）的商家数量达 157152 家，较上年同比增长 540%；年订单总额达 47.97 亿元，较上年同比增长 413%。[①]

- 苏宁

作为全国领先的智慧零售企业，苏宁一直聚焦农村市场发展，把助力乡村振兴列为核心的战略工作之一。依托智慧零售的模式优势和资源优势，苏宁围绕乡村振兴逐步形成了“一二三四五”发展战略（一个目标：聚焦乡村振兴、聚力精准扶贫；二轮驱动：“输血、造血”结合、线上线下联动；三化兴农：农业产业化、农品品牌化、农人专业化；四扶脱贫：产业扶贫、就业扶贫、教育扶贫、捐资扶贫；五当落地：投资、纳税、就业、服务、造富在当地），打造“七位一体”电商精准扶贫（一是中华特色馆：打通贫困县特色商品上行新通路；二是拼基地：渠道创新拓销路，促农产品上行；三是苏宁易购零售云门店：拉动贫困县县域经济繁荣；四是村级加盟服务站：实现精准到户的扶贫目标；五是物流云：打通贫困县市场服务的“最后一公里”；六是农村电商学院：解决贫困地区电商人才缺失痛点；七是电商扶贫实训店：真正从“授人以鱼”到“授人以渔”）。

截至 2019 年 11 月，苏宁全国从事扶贫工作的人员超过 1000 人，用于公益慈善扶贫事业的累计投入超 17 亿元。2019 年，苏宁在 112 个国家级贫困县开设 116 个苏宁易购扶贫实训店，解决了 5000 多名贫困人员就业；线上开设约 400 家

---

① 拼多多《2019 年农产品上行发展报告》，2020 年 4 月 21 日。

中华特色馆，惠及了1082个县市，全渠道累计助农销售近115亿元。此外，聚焦县镇市场的苏宁零售云店也成为苏宁深耕“三农”市场、服务乡村振兴的主力产品，目前门店数突破4400家。①

2019年12月26日，苏宁对外发布面向未来十年的“521”公益战略——“乡村振兴521计划”：未来十年将在乡村地区布局5000个苏宁村、2000个县级苏宁易购中华特色馆、10万家苏宁零售云门店。

3. 房地产领域企业

乡村振兴战略为房企开拓了一片新的发展领域，顺应了房企突破“瓶颈”、提高自身多元业务竞争力的战略需求。在乡村振兴导入社会资本的过程中，房企作为城市建设的重要主体，凭借自身积累的资源以及建设运营经验具备一定优势。以恒大、碧桂园、万科、绿地为代表的部分房企率先投身到乡村振兴的工作中。

研究发现，房地产领域企业在参与乡村振兴的实践中，参与产业兴旺的比例最高，也是被媒体报道比例最高的，其次为治理有效、生态宜居以及生活富裕，而乡风文明这个维度的关注度最低（见图2－14）。值得一提的是，在各类企业中，只有房地产企业比较关注乡村治理有序问题，其原因在于房企主要以项目的形式参与，而项目实施的过程中，需要多方协作，在这个过程中自然也融入到社会治理之中。

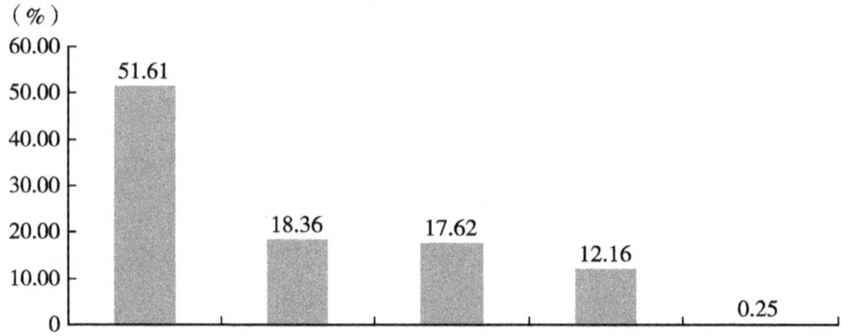

图2－14　房地产企业参与乡村振兴各个领域被媒体报道比例

- 华侨城

华侨城构建“文化产业、新型城镇化、全域旅游”三大定位。按照共享、

① 新华网，http：//www.js.xinhuanet.com/2019－12/27/c_1125394234.htm，2019年12月27日。

共治、共赢的发展理念，充分整合农业生产、乡土文化、农垦资源，实现了政府、企业和村民互惠共赢。通过政府与社会资本合作的PPP模式，建成若干个大型新型城镇化示范项目，并以“100个美丽乡村”计划，投资建设一百座具有中国传统民俗文化特色小镇，创造数十万个创业和就业岗位，与城镇居民共同创业实现共同富裕。在项目建设上，华侨城为当地创造就业岗位，农民将获得土地流转金、土地流转股权分红、房屋租金、合作社经营股权收益以及工资收入等，在项目内容设计上，华侨城通过IP化包装，带动当地农业资源销向游客，丰富当地农业产品消费客群结构，最终实现以“三产带二产、二产带一产”的乡村振兴目标。

人才扶贫、基金扶贫、旅游扶贫、产业扶贫、短板扶贫、文化扶贫，是华侨城集团的精准帮扶“六大路径”。在实践中，探索“文化旅游＋美丽乡村”“产业扶贫＋乡村振兴”特色之路。研究显示，在参与乡村振兴实践中，华侨城投入最多的领域是乡村旅游，依次是农业发展、基础设施建设、乡村产业等领域，这与华侨城自身的战略密切相关（见图2－15）。

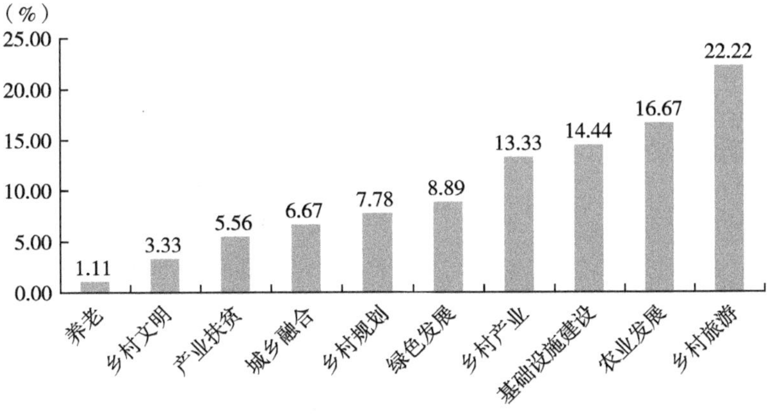

图2－15　华侨城参与乡村振兴不同领域被媒体报道情况

- 碧桂园

2018年5月8日，碧桂园农业控股有限公司注册成立。2018年5月20日，碧桂园精准扶贫乡村振兴行动启动，承诺要把扶贫工作当作主业来做，真正走出一条可“造血”、可持续、可复制的扶贫与乡村振兴之路，并保证在2020年前，力争2019年前实现全面脱贫和乡村振兴目标。与河北省石家庄市平山县、甘肃省临夏州东乡族自治县、江西省赣州市兴国县等全国13县达成结对帮扶协议，惠及32万贫困人口，通过集团内部竞岗和外部招聘首批扶贫人员。

碧桂园明确“做党和政府扶贫工作的有益补充”的定位，发挥集团自身优势，将公司的规范管理引入扶贫工作，打造制度化的扶贫工作模式，新建立扶贫“四库”（产业项目资源库、就业岗位资源库、专家智库、建档立卡贫困户数据库），立足贫困地区实际，坚持精准方略，推进党建扶贫扶志、产业扶贫扶富、就业扶贫扶技、教育扶贫扶智，以及因地制宜实施精准扶贫项目的“4 + X”精准扶贫模式，围绕“产业兴旺、生态宜居、乡风文明、治理有效、生活富裕”总要求，推进产业振兴、人才振兴、文化振兴、生态振兴、组织振兴，积极探索可“造血”、可复制、可持续的精准扶贫乡村振兴长效机制。

统计数据显示，在乡村振兴各个领域中，碧桂园被媒体关注最多的领域是产业扶贫方面，其次是就业扶贫、教育扶贫、党建扶贫，最后是基础设施建设、社会治理、乡村规划和绿色发展等（见图2 -16）。

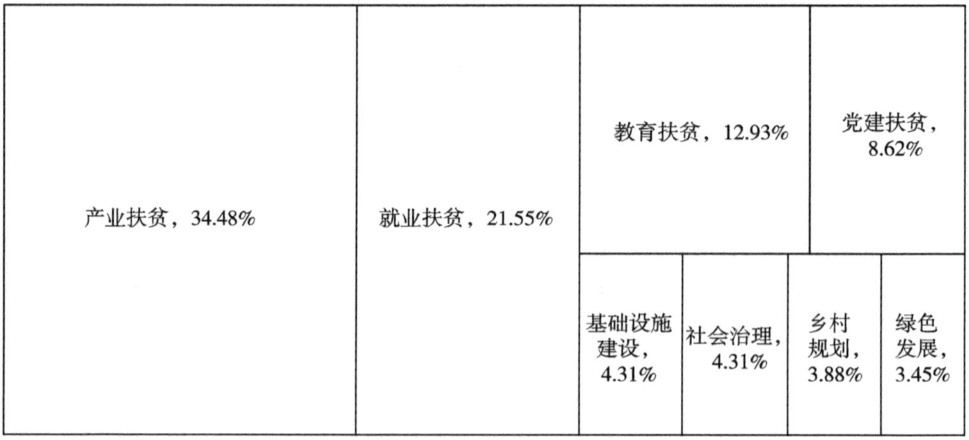

图2 -16　碧桂园参与乡村振兴不同领域被媒体报道比例

四、企业参与乡村振兴的影响因素研究

（一）研究方法

由于企业参与乡村振兴的相关研究处于起步阶段，无论是乡村振兴的实践模式，抑或企业参与乡村振兴的路径等，都处于起始阶段的探索过程中，难以进行

有效的量化研究。为此，这里拟采用多案例研究方法，归纳总结影响企业参与乡村振兴的因素。

首先，案例研究既适用于“正在发生什么或发生了什么”的描述性问题分析，也适用于“是怎么发生的或为什么会发生”的探索性问题分析。① 其次，案例研究可以产生可检验的、其构念可直接测量而其假设可被证伪的新颖理论，通过案例与文献的对比等，增加在新理论视角下产生创新性框架的可能性。② 最后，多案例研究相比经典单案例研究，是一个建构理论非常有效的方法，可以实现单案例之间的复制和扩展。③

在案例分析方法工具方面，本研究采用了扎根理论这一经典案例分析工具。扎根理论分析工具通过深入案例情景研究数据，通过案例数据的不断比较，对数据进行抽象化和概念化，进而在此基础上提炼出概念和范畴，并最终形成探索性的解释理论。扎根理论的核心是对案例数据的搜集、归纳和分析，其案例的数据可以来自新闻报道、访谈资料、著作等。扎根理论对案例数据的操作化主要包括开放性编码、主轴编码和选择性编码三个步骤。

1. 案例选择

在案例选择方面，艾森哈特提出 4 ~ 10 个案例通常是多案例研究效果不错的案例数量的标准；少于 4 个案例的话，很难产生复杂的理论，并且实证根基不牢靠；多于 10 个案例的话，数据处理将会变得非常困难。④ 为此，根据本研究拟构建企业参与乡村振兴影响因素的探索性解释理论的研究目的，为了实现样本案例的理论饱和，本研究选择了 10 个案例。10 个案例既包括国有企业案例，也包括民营企业案例；既有从单一方面参与乡村振兴的企业，也有同时从不同角度参与乡村振兴的企业；既有互联网等新兴企业，也有家电、房地产、银行等传统企业（见表 2 – 1）。

表 2 – 1　案例企业简介

案例编号	企业性质		参与内容		所属行业	是否同时参与扶贫
	国有企业	民营企业	单一维度	复合维度		
C1	×	○	×	○	电商平台	是
C2	×	○	×	○	家电企业	是

① 罗伯特 · K. 殷：《案例研究方法的应用》，周海涛、夏欢欢译，重庆大学出版社 2014 年版。

②③④ 李平、曹仰锋：《案例研究方法：理论与范例——凯瑟琳 · 艾森哈特论文集》，北京大学出版社 2012 年版。

续表

案例编号	企业性质		参与内容		所属行业	是否同时参与扶贫
	国有企业	民营企业	单一维度	复合维度		
C3	○	×	○	×	银行	是
C4	×	○	×	○	农业企业	是
C5	×	○	○	×	通信企业	否
C6	○	×	×	○	农业企业	是
C7	×	○	×	○	互联网企业	是
C8	○	×	○	×	文旅产业	是
C9	×	○	×	○	房地产	是
C10	×	○	×	○	家电企业	是

2. 数据收集

在数据收集方面，本研究除了利用大数据抓取形成的企业参与乡村振兴案例库数据之外，为确保案例研究资料的效度，本研究采用数据三角验证的方式。采用文献资料、数据库信息、案例企业社会责任报告（CSR）三种数据来源进行数据的相互印证，增强研究结论的准确性和解释力。本研究的数据来源具体包括：①文献资料，通过知网等文献数据库平台检索与样本企业有关的企业参与乡村振兴的相关研究文献。②数据库信息，通过对包含了749条企业参与乡村振兴的案例信息进行梳理，按照10个样本企业分类进行整理，其中，与C1案例有关的信息共123例，与C2案例有关的信息共20例，与C3案例有关的信息共103例，与C4案例有关的信息共22例，与C5案例有关的信息共16例，与C6案例有关的信息共11例，与C7案例有关的信息共21例，与C8案例有关的信息共19例，与C9案例有关的信息共23例，与C10案例有关的案例共15例。③企业社会责任报告，案例企业每年都会发布企业社会责任报告，介绍了企业参与扶贫、乡村振兴或其他类型公益慈善活动的情况，本研究梳理了乡村振兴战略提出之后的2018年和2019年的企业社会责任报告。

（二）研究数据分析及模型构建

本研究对10个案例有关企业参与乡村振兴的信息进行了编码，编码的主要目的是通过逐级编码，不断缩小有关企业参与乡村振兴影响因素的范围，为提高研究的准确度，本研究在扎根编码过程中，严格依据扎根理论方法创始人施特劳斯和科宾有关扎根编码的程序，同时为了避免编码者个人因素对编码准确度的影响，本研究采用双人同时编码的方式，通过一致性检验，双人编码的一致率达到了85%。

1. 开放式编码

开放式编码是对原始的数据材料进行逐字逐句编码、标签和登录，通过持续地比较获得有关影响因素自变量的初始概念。为不遗漏有关的重要信息，开放式编码要求尽量采用原始材料中的表述，并采用以词为单位或以句为单位进行编码，其目的是将潜在的有用信息尽可能地进行编码。通过编码，最终获得600余条原始语句及相对应的初始概念。但是，由于开放式编码的目的是最大化潜在有用信息，因此，容易产生重复次数在1次或2次的非有效信息，为此，本研究选择重复次数在3次以上的编码作为有效编码。在形成有效初始概念的基础上，对具有相同属性的概念进行进一步的归纳，形成在更高层面具有一定解释力的范畴，形成的范畴则是影响企业参与乡村振兴的相关影响因素。通过归纳，最终得到30个初始概念和15个范畴（见表2－2）。

表2－2　企业参与乡村振兴开放性编码分析示例

原始数据中的代表语句	概念化	范畴化
落实国家电子商务进农村、农业电子商务及电商精准扶贫的战略	政府推动农村电子商务	政策鼓励
国家对农产品电商继续采取鼓励政策	国家鼓励农产品上行	
商务部等10部门颁发《多渠道拓宽贫困地区农产品营销渠道实施方案》，提出动员社会各方力量	动员社会力量	
正在围绕推动乡村产业振兴，服务精准脱贫攻坚战	精准扶贫和乡村振兴	农村扶贫基础
“1＋1”精准扶贫计划	参与扶贫	
产业扶贫带动乡村振兴	扶贫带动乡村振兴	
最大的国有农粮企业，这是作为央企的责任	央企责任	企业使命
有责任有担当的企业	责任和担当	
肩负服务“三农”历史使命和政治责任	历史使命和政治责任	
集团“文化＋旅游＋城镇化”“旅游＋互联网＋金融”的中长期发展战略，与乡村振兴的战略高度契合	文旅产业	乡村业务
形成了农业产业链金融、农业供应链金融、农村消费金融等业务方向	农业金融	
集团深耕农业领域37年	农业业务	
已经在山东、河南、安徽、河北、山西等多个省份布局60余家分公司及业务中心	分支机构	企业组织体系
在全国2万多个村为2.6万名村民提供了小顺管家的创业机会	基层网络	
全国已成立了1700多家京东帮服务店	服务网络	

续表

原始数据中的代表语句	概念化	范畴化
依托云平台、感知技术、智能交互、智能决策等能力，建设了农村综合管理平台、农村生产监管平台和农村惠农服务平台	农村技术服务网络	技术支撑
借助京东大数据，引领农业与市场无缝对接、向标准化生产发展	大数据	
利用先进的互联网技术手段	互联网	
海尔 COSMOPlat 平台	服务平台	平台基础
农村惠农服务平台	惠农平台	
电商平台	电商平台	

2. 主轴编码

主轴编码，也被称为关联式登录，编码的主要目的是发现开放式编码后形成的范畴之间的潜在逻辑关系，进而在此基础上形成主范畴和副范畴。本研究根据不同范畴之间的逻辑关系，共归纳出社会责任感知、政策激励、业务与乡村振兴的内在一致性、资源禀赋和乡村网络五个主范畴（见表2－3）。

表2－3　主轴编码过程

主范畴	对应范畴
社会责任感知	企业社会责任
	企业使命
	乡村振兴重要性认知
	乡村振兴知识
政策激励	政策鼓励
	政府表率
业务与乡村振兴的内在一致性	乡村业务
	企业农村业务基础
	农业产业链条
	电商业务
资源禀赋	平台基础
	技术支撑
	农村扶贫基础
	乡村资金
乡村网络	企业组织体系
	企业产业体系
	企业公益慈善网络

3. 选择性编码

选择性编码也被称为核心式登录，主要目的是围绕主范畴，从中寻找出能够统领主范畴的核心范畴，分析核心范畴与其他主范畴和副范畴之前的关系，并以故事线的方式，描述所要研究的现象的行为现象，这种不同层级范畴围绕故事线展开的脉络就成为研究所追求的探索性理论解释框架（见图2－17）。本书确定“企业参与乡村振兴影响因素及其作用机制”为核心范畴，围绕核心范畴展开故事线，社会责任感知、政策激励、业务与乡村振兴的内在一致性、资源禀赋以及乡村网络共同作用于企业参与乡村振兴的行为，从而对企业是否参与以及参与的类型和参与程度产生影响。在五个主范畴当中，社会责任感知是企业参与乡村振兴的内在驱动因素，政策激励是企业参与乡村振兴的外在驱动因素，业务与乡村振兴的内在一致性和资源禀赋则是调节变量，对企业能够将社会责任转变为具体行动产生调节性作用，乡村网络则对企业的参与方式和参与程度产生影响作用。上述五个主范畴围绕核心范畴，形成的因果关系构成了企业参与乡村振兴的解释性框架，可以称为“认知—情景—行为整合模型”。其中，认知是指企业基于使命和社会责任等形成的促进企业参与乡村振兴的内在驱动力，政策激励、业务与乡村振兴内在一致性、资源禀赋和乡村网络则是内外情景因素，行为则是企业是否参与乡村的选择性行为。

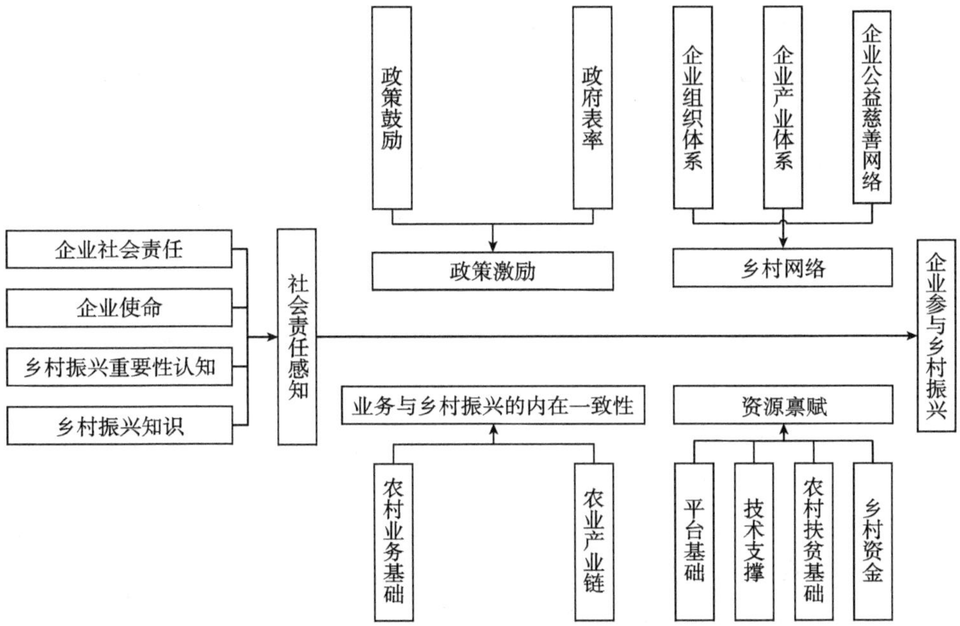

图2－17　企业参与乡村振兴影响因素模型

4. 理论饱和度检验

为检验本研究所建构的企业参与乡村振兴解释性理论框架的饱和度，本研究采用主范畴饱和度检验方式。除了用于编码的 10 个案例样本之外，本研究从 749 个企业参与乡村振兴信息中剔除与 10 个案例样本相关的信息后，随机选择 5 条信息，再次按照概念化→范畴化→主副范畴→核心范畴的方式进行逐级编码，验证新编码是否会落在前面 10 个案例形成的主副范畴范围之内，从而对核心范畴具有解释力。研究发现，随机抽样的 5 个企业参与乡村振兴信息所形成的主副范畴编码均落在了 10 个案例形成的主副范畴之内，由此可以认为，上述认知—情景—行为整合模型在理论上是饱和的。

（三）影响因素分析

从企业参与乡村振兴影响因素解释模型可以看出，影响企业参与乡村振兴的主要因素包括企业社会责任感知、政府的政策激励、企业主营业务与乡村振兴的一致性、企业的资源禀赋以及企业构建的乡村网络，但是，这些影响因素是如何具体作用与企业是否参与乡村振兴的行为选择，即自变量作用于因变量的作用机制是什么？对此，下面将对主要主副范畴的作用机制和路径进行具体阐释。

1. 企业社会责任感知是企业推动企业参与乡村振兴的内在驱动力

企业社会责任感知主要包括企业对社会责任的认知水平、企业对企业使命的定位、企业对乡村振兴重要性的认知以及企业对乡村振兴知识的储备水平四个方面。

首先，在企业社会责任方面，当企业认识到逐利性是企业的本质属性之外，对社会价值的追求是企业内在价值的重要构成部分，此时企业会将践行社会责任作为企业的一种自觉行为。庄晋财、鲁铭芳（2017）研究指出，企业的社会责任分为认知导入期、认知萌芽期、认知发展期和认知成熟期，企业对社会责任的认识处于不同的水平则影响着企业对农村公共产品供给的介入程度和介入方式。例如，处于认知导入期的企业对农村公共产品供给的参与度较低，处于认知萌芽期的企业主要以慈善方式参与农村公共产品的供给，处于认知发展期的企业则会将核心业务的发展与农村公共产品的供给有效结合起来，处于认知成熟期的企业则会将农村公共产品的供给视为企业自身发展的理念。[①] 陆继霞（2020）通过对民营企业参与精准扶贫的分析，提出民营企业利用“万企帮万村”的政策，是企

① 庄晋财、鲁铭芳：《社会责任认知下企业参与农村公共品供给研究》，《求实》2017 年第 4 期。

业追求市场价值的同时，回归社会价值轨道的重要方式，体现了企业不同于西方话语体系的社会责任。① 可以看出，随着企业社会责任认知水平的提升，企业对农村公共产品供给的角色认知从被动参与向价值体现转变。以 C10 案例为例，该企业将企业的商业成功与企业的社会责任看作是一体的，在 20 多年的企业发展过程中，企业一直在探索与企业发展阶段相匹配的可持续社会责任体系，其创始人捐赠成立了专门的乡村振兴基金会，将乡村振兴纳入企业社会责任体系当中。

其次，在企业使命方面，企业使命与乡村振兴的内在共生关系主要指国有企业。相较于民营企业更倾向于通过企业社会责任表达企业对社会价值的认同，国有企业因其特殊的企业性质与政治属性，决定了社会价值成为企业使命的一部分。在扶贫阶段，在各级国有企业管理部门的动员下，各级国有企业通过定点帮扶等形式积极参与到农村脱贫攻坚工作中，随着乡村振兴战略的提出，国有企业也将乡村振兴作为企业使命的重要内容。例如，乡村振兴战略提出后，广东、浙江、江苏等省属企业在推进农村扶贫工作的同时，将扶贫工作过程中积累的农村工作经验运用到乡村振兴，通过党建引领、产业联动、项目帮扶、资金支持等方式助力乡村振兴。在 C6 案例中，C6 案例企业作为国资委下属的最大的国有农粮企业，将乡村振兴看作是中央企业的责任与使命，发挥自身在农业产业方面的优势，探索“公司 + 农户”“粮食银行 + ”“种植贷金融服务”等方式，参与乡村振兴。

再次，在乡村振兴重要性认知方面，企业对乡村振兴重要性的认知程度在很大程度上决定了企业是否参与乡村振兴，如何参与乡村振兴，在什么水平参与乡村振兴。企业对乡村振兴重要性的认知，除了通过传统媒体渠道的自我学习之外，更主要的是通过各种政策动员渠道和平台，以“社会学习”（Social Learning）的方式，通过观察别的企业对乡村振兴采取的行为或行为的结果学习，从而型塑企业自身的认知，并在此基础上选择自身的行为模式。Bandura（1977）认为，行动者的行为习得既可以通过直接经验学习，也可以通过观察示范者的行为而习得，因此，其他行动者的选择会以榜样力量的方式向周围进行扩散，形成一个相互学习的网络。② 例如，广东省为推进企业参与乡村振兴，建设了“万企帮万村”乡村振兴对接信息平台，在一个共同的平台中，不同的企业可以观察、模仿和学习其他企业的行为模式，从而不断强化自身对乡村振兴重要性的认知。

---

① 陆彩霞：《中国扶贫新实践：民营企业参与精准扶贫的实践、经验与内涵》，《贵州社会科学》2020 年第 3 期。

② Banduraa，Social Learning Theory，New Jersey：Prentice – Hall，1977.

在 C9 案例中，C9 案例企业作为“万企帮万村”平台成员之一，在平台中树立了“先富帮后富”“大手拉小手”的示范作用，同时平台也进一步强化了 C9 企业对乡村振兴重要性的认知。

最后，乡村振兴知识主要是指企业有关乡村振兴知识的储备情况影响企业的乡村振兴战略选择。企业知识主要包括企业知识存量、知识水平、知识结构和知识分布，企业知识的状态会影响企业的行为选择。乡村振兴战略的主要内容可以概括为“产业兴旺、生态宜居、乡风文明、治理有效、生活富裕”二十字方针，但是，相较于政府和社会组织等主体，企业主体的优势体现在什么地方，企业的资源禀赋与乡村振兴需求的匹配程度如何，乡村振兴的内涵和外延是什么，这些对于企业来说都是需要重新学习的知识。因此，围绕乡村振兴，企业具有什么样的知识结构和知识状态，会影响企业是否参与乡村振兴以及如何参与乡村振兴的选择。例如，C8 案例中，该企业的主营业务是文旅产业，这种商业模式有助于企业下沉到乡村，但是，无论是扶贫还是乡村振兴，对乡村文旅产业的要求都存在特殊性，比如如何实现商业与公益的有效平衡，如何处理与贫困户的关系，等等，对此，该企业聘请了专业的农业资讯公司为其提供知识的更新，此外，还通过举办多种多样的乡村振兴论坛，学习城乡融合背景下新型城镇化与乡村振兴的政策、理论和实践等，寻求城乡融合的破题之策。

2. 政策激励是企业参与乡村振兴的外在驱动力

政策激励是推动企业参与乡村振兴的外在驱动力，政策激励作用于企业的机制既可以通过正向的引导和鼓励，也可以通过倡导和宣传等压力形式，推动企业参与乡村振兴。

首先，在政策激励方面，自从党的十九大报告提出乡村振兴战略以来，无论是在中央层面的《中共中央　国务院关于实施乡村振兴战略的意见》《乡村振兴战略规划（2018—2022 年）》，还是各地方出台的《关于引导社会资本更多更快更好参与乡村振兴的意见》都明确提出鼓励企业积极参与到乡村振兴，并为企业参与乡村振兴，从财政、金融、税收等方面提供一系列的支持。

其次，在政府表率方面，政府作为乡村振兴的主要力量，在乡村振兴中扮演着政策制定者、方向引领者、资源供给者、服务监督者等多重角色，因此，为推动企业、社会组织等社会力量参与乡村振兴，需要政府做出表率，从而提升企业参与的信心。例如，C10 案例中，该企业在参与乡村振兴的过程中，需要政府的大力支持，当地政府主动承担了企业负责项目村的“三清三拆”、道路硬化等基础设施建设，表明了政府在乡村振兴中的决心和态度。

3. 企业业务与乡村振兴存在内在一致性是企业深入介入乡村振兴的直接驱动力

相较于扶贫工作，乡村振兴需要更长的时间，因此，要求企业从可持续发展的角度规划乡村振兴参与。Porter 和 Kramer（2006）研究指出，企业履行企业社会责任不仅出于成本、约束或慈善的需要，通过践行社会责任，能够为未来创造机遇，带来创新和产生竞争的优势。[①] 张蒽（2018）通过对金寨华润希望小镇项目的研究分析，指出企业如果能够将企业的发展战略、资源优势、管理经验与扶贫事业有效融合，那么参与乡村扶贫等可以为企业带来声誉、竞争力方面的回报，从可持续的角度而言，企业参与乡村扶贫的行为选择应当符合企业的战略方向或选择与企业核心业务具有关联性的项目。[②] 因此，企业的业务能够与乡村振兴产生内在一致性，决定了企业能否可持续参与。

首先，在农业业务基础方面，主要强调企业在开展乡村振兴之前，其企业业务中包含了与农村和农业有关的业务内容，如农业种植、农业养殖、农产品加工、农产品销售等。涉及农业业务的企业，在参与乡村振兴方面具有两方面的优势：一是熟悉农村和农业，能够将前期积累的工作运用到乡村振兴中；二是在推进乡村振兴的过程中，实现企业农业业务的发展，实现公益与商业的协调发展，有利于企业乡村振兴战略的可持续发展。C1 案例是一家电商平台，农产品销售是电商平台的重要基础，为实现农产品销售业务的升级，并助力各地乡村振兴，该电商利用在线平台商城，提出了电商扶贫、消费扶贫、新零售、“跑步鸡”、农业众筹、三产融合等理念，促进了平台业务向乡村的深度嵌入，同时带动了农产品的销售。C2 案例是一家家电企业，但是，该企业集团下的物流公司涉及农村物流，因此，该企业借助物流平台，打造农特产品高端品牌，实现从初级农产品到终端消费的无缝对接。

其次，在农村产业链方面，强调加快构建现代农业产业体系、生产体系、经营体系，提高农业创新力、竞争力和全要素生产率。企业通过构建农村产业链，一方面能够提升企业在产业链中的位置，另一方面能够带动产业链资源的下沉，为乡村振兴带来更多的机遇。特别是随着三产融合的六次产业化的推进，如何实现与农业相关的三产的价值在农村的下沉，关系着能够真正推动农村产业振兴，提升农村产业的附加值。C4 案例是一个资深的农业专业化企业，通过成立农业

① Michael E. Porter, Mark R. Kramer, “Strategy and Society: The Link between Competitive Advantage and Corporate Social Responsibility”, Harvard Business Review, December 2006, p. 80.

② 张蒽：《基于战略性企业社会责任的企业扶贫——以金寨华润希望小镇项目为例》，《新视野》2018 年第 3 期。

产业融合发展联盟，推动农业生态圈的发展，逐步把联盟发展成政、产、学、研、金、社、媒为一体的，具有行业领导力和全国影响力的农村三次产业融合发展的生态圈。

4. 资源禀赋是企业参与乡村振兴的基础性条件

企业参与乡村振兴的资源禀赋主要包括平台基础、技术支撑、农村扶贫基础和乡村资金等。

首先，在平台基础方面，强调企业要想实现乡村振兴的深度参与，在六次产业化中处于有利的位置，需要在乡村建设乡村振兴平台，该平台既可以是销售农产品的电商平台，也可以是培训乡村振兴所需人才的人才培育平台，还可以是农业金融平台等。以 C7 案例为例，C7 案例是一家著名的互联网企业，其在平台构建方面具有强大实力，其推出了 TDC 数字农村平台，借助云平台、感知技术、智能交互技术等，建设了农村综合管理平台、农村生产监督平台和农村惠农服务平台，实现了平台在乡村治理和精准脱贫方面的深入应用。

其次，在技术支撑方面，技术是实现乡村振兴创新的主要要素。乡村振兴的根本是产业振兴，要实现农业产业从传统向现代的转型，需要科技的支撑。互联网技术、物联网技术、工业互联网、云计算、大数据、供应链技术、移动互联网技术等缩短了农产品产销地之间的距离，提升了农产品的品质。C1 案例、C2 案例、C3 案例、C7 案例主要依托技术参与到乡村振兴中，如 C5 案例作为一家通信企业，在云计算、大数据、物联网、人工智能等方面具有比较优势，为此，该企业将上述新技术运用到农业当中，推出了智慧农业方案。

再次，在农村扶贫基础方面，扶贫的经验能够为企业参与提供渠道、人才和经验等方面的支持。相较于初次参与乡村工作的企业，从扶贫时代开始就参与农村扶贫的企业在渠道建设、乡村工作人才和乡村工作经验等方面具有较大的优势，可以迅速推动乡村振兴工作方案的实施。特别是在人才方面，乡村振兴的关键是人才振兴，但是乡村振兴所需要的人才是懂农业、爱农村和爱农民的人才，这类人才需要长时间的培育。如果企业较早介入乡村扶贫工作，可以获得乡村振兴所需要的人才，从而有效实践企业的乡村振兴战略。在 C1 ~ C10 案例中，除了 C5 案例之外，其他九个案例企业都较早介入乡村的扶贫工作，积累了经验，培养了人才，构建了乡村工作渠道。

最后，在乡村资金方面，主要是强调企业参与乡村振兴需要有相应的资金支持。以 C10 案例为例，该企业为参与乡村振兴，捐赠 3 亿元成立了乡村振兴基金会，用于项目村的项目。

5. 乡村网络是企业深度参与乡村振兴的渠道性因素

企业参与乡村振兴的网络主要包括企业的组织体系、企业产业体系和企业公益慈善网络。

首先，在企业组织体系方面，组织体系是企业资源下沉的渠道，也是乡村需求上传的渠道。企业参与乡村振兴，除了直接捐赠之外，企业如果希望通过产业参与等方式，直接参与乡村振兴，需要构建能够延伸到乡村的组织体系。以 C2 案例为例，该案例在全国 2 万多个村庄发展了 2.6 万名创业积极分子。C1 案例在全国成立了 1700 多家服务店，农资电商的合作涉农企业达 250 多家，授权的农资服务中心达 120 多个，遍布乡村的企业组织体系能够发现乡村的需求，实现下沉资源和乡村需求的有效匹配。

其次，在企业产业体系方面，主要强调形成了产业分工为基础的产业体系。产业体系要求企业基于自身的优劣势分析，选择合适的产业合作方式。C1 案例中，除了作为电商平台，还发展了金融业务，在 1500 多个县 30 多万个行政村，开展农村金融业务，构建了一个以农民个体、涉农企业、农产品消费者及众多合作伙伴为核心的农村金融生态圈。在此金融生态圈中，企业通过农业贷款、农村众筹、乡村白条、农村理财等产品线为农村提供多元化金融服务。

最后，在企业公益慈善网络方面，强调企业可以选择捐赠成立专门的公益慈善机构，形成“企业 + 社会”组织的乡村振兴模式，企业通过资金捐赠，发挥社会组织的专业性。C10 案例中的企业，采用成立乡村振兴公益基金会的方式，主要通过资金捐赠，支持基金会培育乡村振兴人才，发挥机构自身的专业性。

第三章 社会组织参与乡村振兴的现状分析

中共中央、国务院印发的《乡村振兴战略规划（2018—2022 年）》明确提出，要大力培育服务性、公益性、互助性农村社会组织，积极发展农村社会工作和志愿服务。科学有序推动乡村产业、人才、文化、生态和组织的振兴，稳步推进乡村振兴战略实施，离不开党和政府的坚强领导、科学决策，同时也需要凝聚全社会振兴乡村的强大合力，扩大市场和社会参与。其中，社会组织具有非营利性和专业性，在实现产业兴旺、生态宜居、乡风文明、治理有效、生活富裕等方面具有独特的价值，因而，促进并强化社会组织在乡村振兴中的参与，是建立健全现代乡村社会治理体系，谱写新时代乡村全面振兴新篇章的重要内容。

一、社会组织参与乡村振兴的基本概念与类型

（一）基本概念

在我国，社会组织主要包括社会团体、具有公益慈善性质的基金会以及民办非企业单位。随着我国社会经济的发展，社会组织参与乡村发展是农村经济社会发展的必然要求，是社会治理重心向基层下沉的过程，已经成为基层治理的重要一环，是连接国家和社会的桥梁。然而，伴随社会组织参与乡村振兴的力度逐步加大，也呈现出一系列问题，如社会组织定位不清晰、乡建能力不足以及组织间协作机制欠缺等，严重影响了参与效果。从属性上来看，社会组织一般具有非政府性、非营利性、志愿性、组织性、自主性等特点，在基层社会治理中发挥着不

可或缺的作用。本章主要关注促进乡村经济和社会发展的社会组织，其具有社会组织的一般特征，同时，这些社会组织又可根据注册登记地、活动领域等不同标准分为不同类型。

（二）类型

1. 按照注册登记地的不同进行分类

按照注册登记地的不同，可将关注乡村发展的社会组织分为乡村外部社会组织和乡村内部社会组织[①]，其中，外部社会组织主要是一些关注农村扶贫、农村社区发展，并且不在所服务的农村地区登记注册的社团、民非、基金会等。农村内部社会组织则主要是指在农村登记注册的社会组织，又可分为两大类：第一类是农村民办非企业单位，如学校、卫生所、敬老院等；第二类是一些农民自发组织的团体，如老年协会、计生协会、红白喜事协会、体育协会等。

2. 根据活动领域的不同进行分类

由于社会组织活动领域的广泛性与多样性，不同学者给出了不同的类型划分标准，较有代表性的如王春光（2013）[②] 将其分为经济型社会组织（指与农村经济活动有关或为农村经济提供服务和支持的团体）、民办非企业组织（包括民办学校、幼儿园、敬老院和医院等）、自治型社会组织（基层群众性自治组织）。岳中文（2014）[③] 主要区分了农村经济合作组织、公益类组织、文化类组织三种类型。仝志辉（2005）[④] 的分类比较细，将其分为社会文化类民间组织、妇女发展类 NGO、用水户协会、专业经济协会、民间基层金融组织、农民工民间组织六大类型。

3. 根据生成机制的不同进行分类

考虑到部分农村志愿资源不足，村民参与社会组织不积极，有些地区政府介入社会组织太明显等因素，汪锦军（2008）[⑤] 认为，有必要区分乡村的官办社会组织和村民自发的社会组织，前者如乡镇综合配套改革过程中，由一些乡镇站所

---

① 赵小平等：《非营利组织参与中国农村社区经济发展的研究综述》，《中国非营利评论》2014 年第 1 期。

② 王春光：《加快社会组织建设，增强农村发展活力》，《经济日报》2013 年 3 月 26 日第 15 版。

③ 岳中文：《我国农村社会组织培育发展浅析》，《学理论》2014 年第 10 期。

④ 仝志辉：《农村民间组织与中国农村发展：来自个案的经验》，社会科学文献出版社 2005 年版，第 8 页。

⑤ 汪锦军：《农村公共事务治理——政府、村组织和社会组织的角色》，《浙江学刊》2008 年第 5 期。

等事业单位变身而来的社会中介组织，具有较强的官办色彩；后者如乡村文艺队等村民兴趣组织或长老会等传统社会组织，虽然缺乏完善的治理结构和治理规则，但在村民心中有一定威望，在乡村振兴的各个方面发挥着不同程度的作用。此外，还有一类社会组织是适应乡村振兴和基层社会治理的需要，由政府大力推动形成的社会组织类型，可被称为“官促民办”类社会组织，尤其是2015年9月30日，《人民日报》刊登了《重视现代乡贤》《用新乡贤文化推动乡村治理现代化》两篇文章之后，地方政府开始高度重视“乡贤治理”问题，“乡贤理事会”等社会组织在浙江、江苏等地发展迅速，甚至实现了以县域为单位的全覆盖。

二、我国社会组织参与乡村振兴的现状

（一）参与乡村振兴的社会组织呈现总量上升，内部差异化发展

2007～2016年，我国社会组织总量增幅较快，从38.7万个增加到70.2万个，年均增幅达8.14%。其中，参与农业及农村发展的社会组织从2007年的3.71万个增长到6.25万个，年均增幅为6.86%，低于社会组织总体增幅。社会团体参与农业农村发展的比例最高，其次为基金会，民办非企业单位参与农业农村发展的比重最低（见表3－1）。

表3－1　2007～2016年社会组织参与农村发展的基本情况

社会组织		2007年	2009年	2011年	2013年	2015年	2016年
社会组织总量	社会组织（万个）	38.69	43.11	46.20	54.72	66.24	70.22
	社会团体（万个）	21.17	23.87	25.50	28.90	32.85	33.59
	基金会（个）	1340	1843	2614	3549	4784	5559
	民办非企业单位（万个）	17.4	19	20.4	25.5	32.9	36.1
参与乡村发展的社会组织	社会组织（万个）	3.71	4.68	5.40	6.05	6.36	6.25
	社会团体（万个）	3.61	4.53	5.21	5.88	6.21	6.11
	基金会（个）	28	25	45	43	54	71
	民办非企业单位（万个）	0.09	0.15	0.19	0.16	0.14	0.13

续表

社会组织		2007 年	2009 年	2011 年	2013 年	2015 年	2016 年
参与乡村发展的社会组织占比（%）	社会组织	9.58	10.86	11.69	11.05	9.60	8.90
	社会团体	17.06	18.99	20.42	20.35	18.92	18.19
	基金会	2.09	1.36	1.72	1.21	1.13	1.28
	民办非企业单位	0.54	0.77	0.93	0.63	0.43	0.36

资料来源：《中国民政统计年鉴》（2007～2017 年），下同。

从占比情况看，参与农业农村发展的社会组织占比呈现逐年下降，从 2007 年的 9.58%，下降为 2016 年的 8.90%。其中，参与农业农村发展的社会团体占比则呈先上升后下降的趋势，总体呈现上升趋势。其中，2007～2011 年参与农业农村发展的社会团体比重逐年上升，2011 年以后则逐年下降。2007～2016 年，参与农业农村发展的基金会和民办非企业单位占全国总的比重则呈现逐年下降趋势。

（二）参与乡村发展的社会组织数量增速存在差异

为进一步考察我国不同类型社会组织参与乡村发展的趋势，这里从增速视角考察了 2007～2016 年不同类型社会组织参与乡村发展的变化情况。由图 3－1 可知，2007～2016 年除基金会外，其他类型的社会组织参与乡村发展的趋势呈现逐年下降。其中，参与农村发展的社会组织数量虽然逐年增长，但是增长速度呈现下降。其主要原因在于我国近十年社会组织数量的增速逐年放缓，2008～2016 年，我国社会组织的年复合增长率为 6.14%，其中参与农村发展的社会组织年复合增长率为 5.4%。社会组织内部也存在差异，其中社会团体数量年复合增长率仅为 4.7%，但参与农村发展的社会团体数量年复合增长率达到 5.4%。基金会的年复合增长率为 15.3%，参与农村发展的基金会数量年复合增长率为 9.8%。民办非企业单位的年复合增长率为 7.6%，参与农村发展的民办非企业单位的年复合增长率仅为 3.5%（见图 3－1）。可知，我国参与农村发展的社会组织数量的增长率逐年下降的主要原因在于社会组织总量的增速放缓。其中，社会团体表现最为明显，社会团体参与农村发展的增速远大于其总量的增速。相反，虽然参与农村发展的基金会数量增速呈现上升趋势，但其主要原因在于基金会总量增速较高。

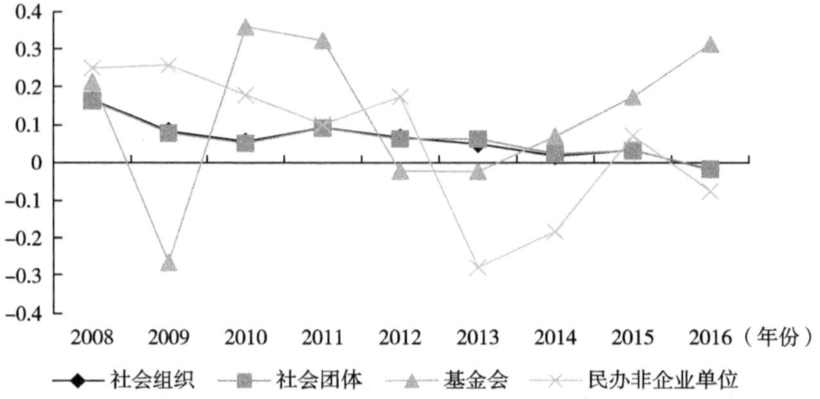

图 3－1　参与乡村发展的社会组织变化趋势

（三）参与乡村发展的社会组织空间分布存在差异

从图 3－2 可以看出，2007～2016 年我国不同地区参与农业农村发展的社会组织占比呈先上升后下降趋势，2011 年达到峰值。其中，2007～2015 年东部地区参与农村发展的社会组织占比最高，但呈现先上升后下降的变化趋势，2007 年占比仅为 19.45%，2011 年提高到 25.13%，2012 年后逐年下降，2016 年下降到仅为 18.3%，东部地区参与农业农村发展的社会组织占比总体呈下降趋势。中部地区参与农业农村发展的社会组织占比最低。相反，西部地区则呈上升趋势，从 2006 年的 15.21%上升到 2016 年的 18.42%，2016 年占比超过东部地区。

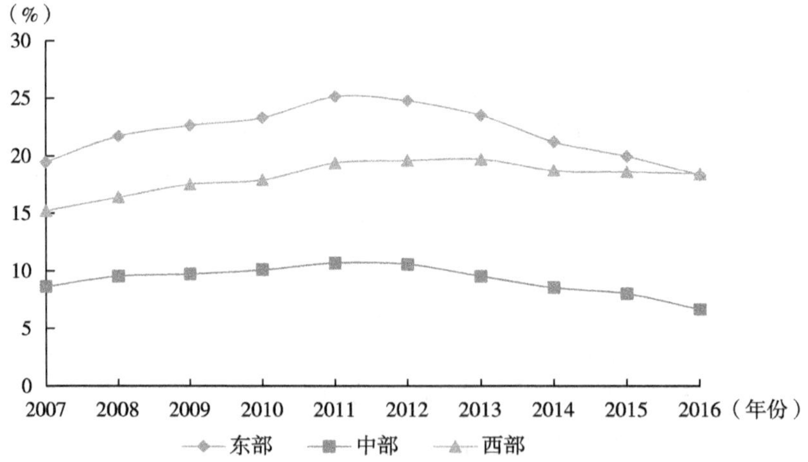

图 3－2　不同区域参与农村发展的社会组织比例

（四）社会组织参与乡村发展的主要领域

社会组织参与乡村振兴过程中需找到合适的切入点，各个社会组织应发挥自身的比较优势，重点突破。基于此，这里从乡村经济发展、乡村教育、乡村卫生健康、乡村社会发展、乡村环境生态、乡村文化以及乡村治理等角度梳理了一些典型案例，如表 3－2 所示。

表 3－2　参与乡建的社会组织及参与领域

项目领域	社会组织
综合性发展	韶关市乡村振兴公益基金会
乡村经济发展	
乡村产业发展	乐施会、广东绿耕社会工作发展中心、黑土麦田、四川海惠助贫服务中心、招商局基金会、华润基金会
乡村物流	广东省慈光慈善基金会
互助金融	中国金融教育发展基金会、农村合作基金会、中和农信、仪陇乡村发展协会、中国乡建院
乡村教育	
0～3 岁教育	春晖博爱、北京西部阳光基金会
乡村幼儿园教育	互满爱人与人中国、乐平基金会、中国发展研究基金会、湖南惠民农村留守儿童学前教育基金会、芭莎公益慈善基金会
乡村小学教育	友成基金会乡村艺术教师培训计划、新一千零一夜歌路营、美丽中国、马云基金会、上海美丽心灵社区公益基金会、中国滋根乡村教育与发展促进会
乡村职业教育	华夏基金会、北京乐平公益基金会、宋庆龄基金会
乡村卫生健康	
妇幼保健	母婴平安项目、健康快车、爱佑慈善基金会
儿童营养	中国儿童少年基金会、全球儿童营养基金会、联合国儿童基金会
慢性病防治	清远市农商行基金会、大爱倾城基金会
传染病防治	爱德基金会村医培训项目、青海格桑花教育基金会
乡村饮水安全	壹基金
乡村厕所卫生	世界厕所组织、联合国儿童基金会、盖茨基金会“厕所赛”行动
乡村社会发展	
生活照料	李嘉诚基金会大爱之行活动
身心健康	中华社会救助基金会、香港嘉道理慈善基金会、北京仁爱慈善基金会、北京尚善公益基金会

续表

项目领域	社会组织
乡村社会发展	
社会参与	成都公益组织服务园、上海真爱梦想基金会
乡村环境生态	
农药化肥污染	上海道融自然保护与可持续发展中心、中华环境基金会、中国水安全公益基金
生活垃圾	绿色江河、酵道孝道零污染项目、宜居广州、 中国生物多样性保护与绿色发展基金会、零废弃联盟
荒漠化	中国农业大学中国治理荒漠化基金会、中国绿化基金会
生物多样性	世界自然基金会、自然之友
乡村文化	
人情往来	上海美丽心灵社区公益基金会社区伙伴活动
农村文化保育	古村之友、贵州乡土文化社、山水自然保护中心、云南乡村之眼文化研究中心
乡村治理	
社区组织培育	山西永济蒲韩乡村社区、陕西妇源汇性别发展中心、成都蜀光社区

三、我国社会组织参与乡村振兴面临的问题

（一）定位模糊

社会组织作为参与乡村振兴的重要力量，在乡建过程中还存在定位不清晰问题，主要体现为治理主体错位、治理目标错位以及治理手段错位等。根据中共中央办公厅和国务院办公厅印发的《关于加强和改进乡村治理的指导意见》，要建立健全党委领导、政府负责、社会协同、公众参与、法治保障、科技支撑的现代乡村社会治理体制，以自治增活力、以法治强保障、以德治扬正气，健全党组织领导的自治、法治、德治相结合的乡村治理体系，构建共建、共治、共享的社会治理格局，走中国特色社会主义乡村善治之路，建设充满活力、和谐有序的乡村社会，不断增强广大农民的获得感、幸福感、安全感。要建立以基层党组织为领导、村民自治组织和村务监督组织为基础、集体经济组织和农民合作组织为纽带、其他经济社会组织为补充的村级组织体系。显然，社会组织在参与乡村振兴

的过程中，要发挥自身的补充作用，清晰定位。治理目标错位主要体现为社会组织的项目与社会需求不一致或不能与政府、企业形成互补作用。社会组织在参与乡村振兴的过程中，其目标与政府是一致的，因此，要发挥自身的优势，弥补政府与市场的不足，发挥拾遗补阙性的作用。在治理手段层面，社会组织的优势在于其创新性和灵活性，能够为农村发展提供“软”服务，诸如乡村教育、乡村文化重塑以及环保理念宣传等，比较而言，政府治理的优势在于整合资源，为乡村提供诸如基础设施建设等“硬”服务。

（二）能力缺失，难以满足乡村振兴的要求

乡村振兴是一个系统性工程，包含农村产业系统、生态系统、文化系统、社会系统以及人才系统，是多个系统协同发展的过程。社会组织参与乡村振兴的过程也是社会组织自身能力提升的过程。目前，我国社会组织存在人才匮乏、内部治理效率低下和本地化组织培育滞后等问题。人才问题是制约社会组织发展最关键的因素。社会组织人才问题主要体现为人才招聘难、留住人才难和培养人才难。

社会组织公益性属性要求其员工对社会组织的工作具有较强的价值认同感和公益奉献精神，对其思想认识和觉悟层面有较高的要求。此外，乡村具有较强的乡土性，乡村振兴过程中社会组织员工还需从人文关怀的视角去开展相关工作，对社会组织员工的综合能力有较高要求，不仅需要对其从事的工作有较高的价值认同，还应具备相应的专业技能和道德素养。相反，社会组织的所得利益和利润不可在组织内部分配，只能用于维持组织存续发展和开展符合发展宗旨的活动，内部薪酬体系存在较强的平均主义倾向，薪酬体系激励效果较弱，2010～2014年，社会组织员工的平均薪酬增加约1000元，年增长8%，显著低于企业员工的平均薪酬增速[①]，导致人才素质与薪酬不匹配，存在招人难、留住人才难的问题。2006～2016年，社会组织全国从业人员年均增长5.5%，低于社会组织机构数年均6.4%的增幅，人才供不应求。

社会组织的内部治理问题始终是制约社会组织发展的难题，是导致社会组织运行效率低下的关键因素。社会组织治理能力低效的主要原因为社会组织人员较少，无法形成有效的治理结构。经统计，2014年我国社会组织全职员工与兼职员工的中位值均为3，员工基数的不足导致社会组织难以形成有效的多层次内部

---

① 中山大学中国公益慈善研究院：《中国民间公益组织基础数据库数据分析报告》，南都公益基金会，2014年。

治理体系。此外，本地自组织的培育力度弱也是社会组织能力缺失的表现之一。

（三）组织间协作程度弱，无法形成规模效应

社会组织间协作程度较弱主要体现为两个方面：从资助和被资助角度来看，存在资助方和被资助方协作程度弱的问题；从组织间协同发展角度来看，社会组织存在组织间信息交流不充分的弱协同。

1. 资助方与被资助方存在弱协同

资助方与被资助方协同较弱主要体现为：资助方项目资助的短期性与社会组织参与乡村振兴的长期性之间的弱协同；资助方对社会组织创新的低容忍度与创新的高风险性之间的弱协同；资助方资助能力的有限性与资助项目的多样化和复杂化之间存在弱协同。

乡村振兴是我国未来发展的战略任务之一，社会组织参与乡村振兴的过程也具有长期性和持久性。相反，社会组织资助方追求的更多是短期效益，并采用传统的商业逻辑来判断项目的价值，导致资助方和被资助方存在目标不匹配，削弱了社会组织的工作效果。社会组织参与乡村振兴的过程也是社会组织自我调整、自我创新的过程。我国乡村差异化程度较大，乡村振兴不具有普适性的模式，社会组织参与乡村振兴过程中需因地制宜、因村施策，项目实施过程中存在较高的不确定性。若资助方过度追求项目的成功率，对于项目失败的容忍度较低，则会抑制社会组织的创新性，不利于乡村发展。此外，社会组织在申请项目资助时，资助方项目官员作为连接资助方和被资助项目的纽带，其素质高低对于项目资助的成效有决定性作用。我国乡村多样化发展的格局导致社会组织申请的项目具有多样化和复杂性的特征，对资助方项目官员具有较高的要求。我国目前的资助体系下，资助方项目官员的资助能力普遍较弱，资助体系存在弱资助能力与项目多样化、复杂化之间的弱协同。

2. 社会组织间协作机制欠缺

我国社会组织生产知识的能力较弱，社会组织间的信息交流不充分，呈现单打独斗的局面。目前，我国从事乡村振兴的社会组织间缺乏有效的沟通协作机制。乡村振兴过程中，社会组织分别从乡村教育、环境保护、乡村医疗以及乡村养老等角度参与相关领域的工作，工作领域呈现点状或带状分布，不同社会组织间缺乏有效的协作机制，未能形成一张完整的社会组织网。乡村振兴是一个综合的复杂系统，包含产业系统、生态系统、社会系统、组织系统以及人才系统等各个子系统，各个子系统间并非孤立的存在，而是彼此关联，相互作用，单独一个

系统的发展均无法实现乡村的全面复兴。只有当各个社会组织通过沟通协商，形成一张发达的网络时，其对乡村振兴产生的影响效果才能呈级数式上升。因此，社会组织在乡村振兴过程中应秉持系统观思维，加强各个组织间的横向协作，发挥不同类型组织的比较优势，形成组织间的联动机制，实现乡村全面发展。

（四）乡村社会组织的小、穷、散问题

相对于外部社会组织，真正植根于农村内部、以农民为主体的乡村社会组织主要存在数量少、规模小、管理散等问题。究其原因，既有自身能力方面的原因，也有外在环境方面的原因，主要体现在以下三个方面：

一是组织能力有限，无法承接服务职能。调研发现，乡村社会组织时下更像是一个时髦用语，作为对“社会治理”理念的回应，基层政府也出台了一系列措施助力乡村社会组织的发展，使乡村社会组织的数量在短期内有了较大增长，但多数乡村社会组织规模小、活动松散、活动场所不固定、缺乏可持续运营所需的资金、没有专职工作人员，甚至不乏一些群众自发组织，虽经村委会批准成立，却未到民政部门登记注册，也未到所在地的街道办事处或乡镇人民政府备案。乡村社会组组织自身发育水平低下，直接影响了内部治理结构的完善和外部服务能力的提升（聂应德、张旭，2016）。①

二是结构不均衡，与农民的需求之间存在较大差距。一方面，很多地区的乡村社会组织类型比较单一，主要集中在文化娱乐、宗族组织等几个类别，这些社会组织植根于乡村内部，在乡村治理中不同程度地发挥着协商、议事和监督等作用，在村民心中有一定威望，然而，能够承接养老、医疗、教育等公共服务的现代社会组织和推动农民互助的社会组织相对比较缺乏（陈承新，2019）；② 另一方面，以农业技术服务中心为代表的发展型社会组织无疑可助力乡村“产业兴旺”的实现，但此类经济组织的受益人群主要是青壮年农民，其社会性和公益性还有待提升，难以为乡村公共服务、社会治理和精神文化建设带来新气象。

三是政策法规不完善。一方面，尽管 2013 年初中央政府对行业协会商会、公益慈善类、科技文化类和城乡社区服务类四类社会组织放开登记注册，但成立社会组织在人数、财产数额等方面有限制，例如，《社会团体登记管理条例》规

---

① 聂应德、张旭：《社会组织参与农村公共服务供给与社会活力提升路径》，《广州大学学报》2016 年第 9 期。

② 陈承新：《乡村振兴战略下的社会组织》，载黄晓勇主编：《社会组织蓝皮书：中国社会组织报告 2019》，社会科学文献出版社 2019 年版。

定，成立社团必须有50个以上的个人会员或30个以上的单位会员，个人会员、单位会员混合组成的，会员总数不得少于50个。全国性社会团体需有10万元以上的活动资金，地方性社会团体和跨行政区域的社会团体需有3万元以上的活动资金，这对于人口大量外流的农村来说，门槛过高，条件过严。另一方面，对备案制乡村社会组织而言，由乡镇政府、街道办事处作为业务主管单位并履行指导监督职责，可以将无法满足登记条件而活跃在广大农村的乡村社会组织，纳入乡镇、街道党工委的工作范围，但我们也要看到，长期以来，我国乡村公共服务主要由政府来提供，乡村社会组织的作用处于边缘地位，县乡政府部门也习惯于以行政管理来代替基层社会治理，并不擅长与社会组织打交道，因此，县乡政府更需要在工作指导、宣传组织、人才培养和资金支持等各个方面，认真研究新形势提出的新问题，既要避免忽视、轻视乡村社会组织，让其自生自灭，又要避免对乡村社会组织过多干预，导致后者行政色彩过于浓厚。

四、加快培育乡村社会组织，致力乡村振兴

将社会组织培育纳入乡村治理体系的组织架中，形成“在党组织的领导下，以农村社区自治组织为主要载体，各类农村社会组织广泛参与，德治、法治与自治相结合的农村善治机制”是乡村社会组织培育的重要目标。否则，游离于正式的治理网络之外，尤其是在重要公共产品配置、秩序调适中处于无足轻重的位置，也就很难发挥治理主体的功能和作用。[①] 为进一步推动乡村社会组织发展，激发社会组织活力，促进不同类型的社会组织有效参与乡村振兴战略，探索乡村社会组织的培育模式，便显得尤为重要。

（一）出台培育乡村社会组织的政策

在打造共建、共治、共享社会治理共同体的时代，政府培育发展社会组织已经成为一项重要政策，2015年中共中央办公厅、国务院办公厅下发的《关于改革社会组织管理制度促进社会组织健康有序发展的意见》，2017年中共中央、国务院下发的《关于加强和完善城乡社区治理的意见》，民政部下发的《关于大力

① 黄晓春：《深刻认识社区社会组织发展的制度条件》，《中国民政》2018年第24期。

培育发展社区社会组织的意见》，都对培育发展社会组织做了专门论述。党的十九大报告明确提出要“加强社区治理体系建设，推动社会治理重心向基层下移，发挥社会组织作用，实现政府治理和社会调节、居民自治良性互动”，并将此作为“打造共建共治共享的社会治理格局”的重要内容。

在中央政府的推动下，各地也出台了乡村社会组织培育的相关政策。以江苏省为例，省委、省政府先后出台了《关于改革社会组织管理制度促进社会组织健康有序发展的实施意见》《关于加强农村社区治理与服务的意见》等文件，对乡村社会组织建设提出明确要求，并将其纳入全省现代化指标体系、省委常委会工作重点和省政府百项考核指标。针对乡村社会组织注册登记难的问题，2014 年，江苏省民政厅出台《江苏省四类社会组织直接登记管理暂行办法》（苏民规〔2014〕1 号），在全省范围内实行城乡社区服务类等四类社会组织直接登记制度，提出降低登记条件、简化登记程序的九项措施，对乡村社会组织基本实现“零门槛”登记。截至 2017 年底，全省直接登记的社会组织共 21163 家，其中城乡社区服务类社会组织达 18058 个，占全省直接登记总数的 85.32%。[①]

（二）加快政府购买服务，支持乡村社会组织发展

乡村振兴战略实施以来，中央及各地政府通过加大对资金、项目、人才、场所等方面的扶持力度，支持社会组织开展社会服务项目和各项培训工作，引导乡村社会组织积极参与社区治理，使乡村社区治理由政府“独唱”向多元主体“合唱”转变，主要表现在两个方面：一是建立孵化基地，特别是涵盖乡村的社区孵化基地，例如，截至 2017 年底，江苏省共建社会组织孵化培育基地 692 个，其中，市级 22 个、县（市、区）级 131 个、乡镇（街道）级 305 个、社区级 234 个。各级各地政府依托孵化基地，为包括乡村社会组织在内的社区社会组织提供办公场地、人才培训、交流展示、信息共享、能力建设、项目策划督导、党建指导等“一条龙”便捷式服务，促进社区社会组织健康成长。二是政府购买服务，开展社区营造。“社区营造”一词起源于日本，我国台湾地区 20 世纪 80 年代正式提出“社区总体营造”的概念，其“整合多种资源、打造社区共同体”的经验被大陆所借鉴（蔡静诚、熊琳，2019）。[②] 正成为当前热门的基层社区治理实践，比较著名的如始于 2013 年的广东顺德社区营造，已经形成比较完整的

---

① http://www.jiangsu.gov.cn/art/2018/6/15/art_59167_7939267.html。

② 蔡静诚、熊琳：《从再造空间到再造共同体：社区营造的实践逻辑》，《华南理工大学学报》2019 年第 2 期。

支持体系，即区社工委负责政策制定和统筹指导，各个街镇有资源和资金配套，顺德社会创新中心在智力支持和业务指导上进行推动，各个村居、社会机构、社区组织负责实施①。2018 年，顺德社会工作委员会制定了《顺德区深化拓展社区营造工作方案》，力争到2020 年全区建成不少于 30 个成效明显、特色鲜明的社区营造示范点②。类似的典型案例还包括成都市 2016 年试点实施的“三社联动”社区营造计划③、厦门市 2013 年试点实施的“美丽厦门·共同缔造”计划中的“美丽乡村”行动等。

① 李允冠：《顺德社区营造的实践与思考》，《杭州：我们》2017 年第 3 期。

② 《佛山：顺德区召开深化拓展社区营造工作动员部署会议》，2018 年 5 月 29 日，http：//jyj.hzxc.gov.cn/xxw/sqxw/zxxw/201805/t20180529_265858.shtml。

③ 成都市于 2016 年试点实施社区营造项目，截至 2017 年底，市级共投入约 2000 万元资金，支持了 208 个市级层面示范项目；2018 年 4 月，成都市民政局、成都市委组织部、成都市委社治委联合发布《关于进一步深入开展城乡社区可持续总体营造的实施意见》，推进城乡社区发展智力部署。意见提出，此次行动将以示范项目带动全面实施，2018 年不低于 60%、2019 年不低于 80%、2020 年不低于 90% 的城乡社区开展可持续总体营造行动。这一行动为乡村社区营造带来了丰厚的资源。例如，2019 年社区主体类项目，立项资金可控制在 15 万元（含）以内。

分论篇

第四章 我国百强城市乡村振兴指数分析

乡村振兴战略自实施以来，不同地区开展了形式多样的实践探索，为农村社会发展与城乡发展一体化建设做出了积极贡献。为进一步了解我国各地乡村振兴的发展水平，探讨不同地区乡村振兴的现状、差异及存在的主要问题，对 2017 年我国 GDP 总量排序前 100 的城市，按照乡村振兴指数由高到低进行了排名整理，一方面了解我国百强城市乡村振兴的基本情况，另一方面通过对比 GDP 水平与乡村振兴指数排名，结合典型性的城市，分析各个城市之间乡村振兴指数存在差异的原因，为未来乡村振兴战略的有效开展提供参考。

一、我国 GDP 百强城市乡村振兴指数排名

运用 2017 年数据，按照乡村振兴指标对我国 GDP 前 100 的城市进行排序，结果如表 4－1 所示。2017 年，GDP 百强城市乡村振兴指数排名前 30 依次是：杭州、东莞、嘉兴、宁波、中山、苏州、绍兴、无锡、湖州、长沙、上海、台州、佛山、常州、珠海、温州、北京、广州、金华、南京、镇江、厦门、天津、南通、成都、惠州、郑州、扬州、泰州、盐城。

表 4－1 2017 年我国 GDP 百强城市乡村振兴指数排名

乡村振兴排名	GDP 全国排名	城市	乡村振兴排名	GDP 全国排名	城市
1	10	杭州	51	100	焦作
2	19	东莞	52	53	襄阳

续表

乡村振兴排名	GDP 全国排名	城市	乡村振兴排名	GDP 全国排名	城市
3	52	嘉兴	53	24	西安
4	15	宁波	54	75	廊坊
5	62	中山	55	55	宜昌
6	7	苏州	56	30	哈尔滨
7	36	绍兴	57	23	济南
8	13	无锡	58	64	包头
9	96	湖州	59	61	贵阳
10	14	长沙	60	72	太原
11	1	上海	61	65	淮安
12	45	台州	62	34	沈阳
13	16	佛山	63	39	南昌
14	28	常州	64	5	重庆
15	92	珠海	65	63	泰安
16	35	温州	66	80	乌鲁木齐
17	2	北京	67	81	湛江
18	4	广州	68	90	宿迁
19	54	金华	69	88	滨州
20	11	南京	70	93	大庆
21	51	镇江	71	44	济宁
22	48	厦门	72	87	许昌
23	6	天津	73	69	常德
24	18	南通	74	76	衡阳
25	8	成都	75	68	岳阳
26	56	惠州	76	67	德州
27	17	郑州	77	98	郴州
28	37	扬州	78	41	昆明
29	42	泰州	79	86	株洲
30	38	盐城	80	29	长春
31	89	连云港	81	91	枣庄
32	26	福州	82	83	吉林
33	21	泉州	83	60	邯郸

续表

乡村振兴排名	GDP 全国排名	城市	乡村振兴排名	GDP 全国排名	城市
34	9	武汉	84	47	洛阳
35	12	青岛	85	78	南阳
36	20	烟台	86	50	南宁
37	43	鄂尔多斯	87	99	新乡
38	73	呼和浩特	88	32	石家庄
39	59	威海	89	70	保定
40	31	徐州	90	71	聊城
41	25	合肥	91	85	柳州
42	74	芜湖	92	57	沧州
43	33	潍坊	93	79	菏泽
44	84	江门	94	46	临沂
45	40	淄博	95	97	兰州
46	77	茂名	96	95	咸阳
47	27	唐山	97	66	榆林
48	58	漳州	98	94	周口
49	49	东营	99	82	遵义
50	22	大连			

注：由于深圳城镇化率已达到 100%，因此未计算其乡村振兴水平。

资料来源：由陈子真、聂磊等收集原始数据，由责任云研究院对原始数据进行处理与分析。

二、百强城市乡村振兴指数排名特点分析

GDP 百强城市在乡村振兴指数排名上呈现出鲜明的区位特征。乡村振兴指数靠前的 GDP 百强城市主要集中在东部地区，由东南沿海向内陆延伸，排名逐步靠后。

利用空间分析软件标注出 2017 年乡村振兴指数排名前 30 的 GDP 百强城市，可以发现这些城市主要聚集在我国东部经济发展水平较高的长三角、珠三角地

区，且集中在浙江、广东及江苏三个沿海省份。对比数据，分析排名前 30 城市共同的特点（见表 4－2）：一是常住人口城市化程度较高，城乡之间基本公共服务差距较小，乡村振兴指数排名前30 的 GDP 百强城市 2017 年常住人口城市化率最高为佛山的 94.96%，最低为长沙的 54.62%，平均值为 74.80%①，明显高于同年国家平均水平的 58.52%。②

二是经济发展水平高，农村常住人口可支配收入处于较高水平，30 个城市 2017 年农村常住居民人均可支配收入最高为嘉兴的 31436 元，最低为盐城的 18711 元，平均值为 24948.63 元③，明显高于同年全国农村居民人均可支配收入（13432 元）④，城乡收入差距均小于 2017 年国家城乡居民收入差距（2.71），其中中山城乡收入差距最小，为 1.50，长沙最高，为 2.62。经济水平发达同时也体现在地方政府财政实力上面，2017 年，30 个城市的人均地方财政一般预算收入的平均值为 11564 元，在全国处于较高水平，雄厚的地方财政能力也为政府投入“三农”领域，促进农村发展提供了保障。

三是民营经济发达，在 2017 年民营企业 500 强各省分布上，有约半数位于长三角、珠三角地区，其中，浙江省以 93 家居全国第 1 位，江苏省以 86 家居全国第 2 位，广东省以 60 家居全国第 4 位⑤，民营经济的发展为地方提供了稳定的就业机会，促进了地方经济的发展，同时激发了地方社会的活力，有利于完善地方社会治理结构，带动城乡一体化发展。例如，东部地区的一些乡村，本地的、在外地经商的企业家，通过链接资源、捐赠、参与乡村发展规划等多种方式参与到本村的发展当中，为推动乡村发展起到了重要作用。

除了聚集在长三角、珠三角区域的 24 个城市外，也出现了 6 个零散分布的城市，即东部地区的北京、天津和厦门，中部地区的长沙和郑州，以及西部地区的成都。北京与天津是我国直辖市，同属京津冀协同发展区域带的“卫星城市”，在促进城乡区域一体化发展与美丽乡村建设上一直走在前列。以 2017 年数据为例，北京与天津常住人口城市化率分别为 86.5% 和 87.7%，农村常住居民人均可支配收入分别为 24240 元和 21681 元，城乡收入差距为 2.57 和 1.85，三项指标明显高于同年国家平均标准（见表 4－2）。

①③ 各城市2017 年国民经济和社会发展统计公报数据整理计算得出。

②④ 《中华人民共和国 2017 年国民经济和社会发展统计公报》，2018 年 2 月 28 日，http：//www.stats.gov.cn/tjsj/zxfb/201802/t20180228_1585631.html。

⑤ 《长三角民营经济调查》，2019 年 1 月 6 日，https：//www.thepaper.cn/newsDetail_forward_2819779。

表4-2　排名前30的城市发展的共同特点

省份	城市	常住人口城市化率（%）	农村常住居民人均可支配收入（元）	城乡收入差距（城市/农村）	人均地方财政一般预算收入（元）
浙江	杭州	76.80	30397	1.85	16555
	宁波	72.40	30871	1.80	15544
	嘉兴	64.50	31436	1.68	9532
	温州	69.70	25154	2.06	5050
	绍兴	65.50	30331	1.79	8603
	台州	62.20	25369	2.05	6248
	湖州	62.00	28999	1.72	7927
	金华	66.70	23922	2.11	7367
江苏	苏州	75.90	29977	1.96	17859
	南京	82.29	23133	2.36	15260
	无锡	76.00	28358	1.85	14192
	南通	66.03	20472	2.08	8085
	常州	71.80	25835	1.93	10999
	盐城	67.60	18711	1.76	4971
	扬州	66.05	19694	1.97	7102
	镇江	70.50	22724	1.99	8924
	泰州	64.93	19494	2.05	7394
广东	广州	86.14	23484	2.32	10574
	佛山	94.96	26390	1.77	8638
	东莞	89.86	29078	1.61	7096
	惠州	69.55	19284	1.89	8145
	珠海	89.37	23496	1.99	17808
	中山	88.28	30012	1.50	9593
湖南	长沙	54.62	27360	2.62	10108
河南	郑州	72.23	19974	1.80	10694
四川	成都	71.85	20298	1.91	7950
福建	厦门	89.10	20460	2.44	17376
直辖市	北京	86.50	24240	2.57	25019
	上海	87.70	27825	2.25	27466
	天津	82.93	21681	1.85	14838

成都、长沙与郑州是国家级、省级政策先行先试的示范点，分别在城乡统筹发展、绿色农产品产业安全健康发展和美丽乡村建设方面进行试点探索。其中，成都是全国统筹城乡综合配套改革试验区，2009 年，国务院批复《成都市统筹城乡综合配套改革试验总体方案》，允许成都在构建新型城乡形态、实现城乡基本公共服务均等化、建立促进城乡生态文明建设的体制机制等九个方面先行先试①，2014 年，成都再次成为第二批农村改革试验区之一，承担了农村土地制度、农村金融制度、乡村治理等 11 项改革试验任务。通过先行先试，成都在城乡统筹发展方面取得了重大成就，城乡之间实现了公共服务基本均等化，探索出了“农商文旅体”融合的城乡一体化发展路径。2019 年，成都西片区被划进了国家城乡融合发展试验区，在已有改革经验的基础上，进一步探索城乡有序融合的实现路径。② 长沙在 2015 年被国务院列为“第二批国家食品安全示范城市试点城市”，随后，长沙从农产品流动监管切入，出台了《关于推进“三品一标”持续健康发展的实施意见》，通过调整农业产业结构，加强农业全链条生产监管，推进农业品牌认证与管理等一系列措施，打造“三品一标”③ 长沙百亿级农业特色产业，实现“三品一标”产品可追溯、有保障。④ 截至 2016 年，长沙共有“三品一标”产品 666 个，占全省近 25%，“三品一标”农产品生产总量达到 60 万吨，年总产值达 138 亿元，占全省总产值的 20% 以上。⑤ 郑州作为中部中心城市之一，是河南美丽乡村建设重点示范区，河南 2013 年启动的“美丽乡村”建设试点项目，郑州作为试点区之一，于 2015 年启动了美丽乡村试点项目。截至 2019 年底，市级财政共投入资金 6.15 亿元，建成美丽乡村试点村 40 个，形成了一批“宜居、宜业、宜游”的美丽乡村示范点。另外，郑州在开展乡村振兴战略时特别重视社会力量的共同参与，出台了专门的扶持政策《郑州市支持民营企业参与乡村振兴的若干政策》，鼓励社会力量参与，并由财政出资给予专项奖励。

厦门是我国著名的沿海旅游城市，自然生态资源禀赋优越，既是国家综合配套改革试验区、自由贸易试验区、国家海洋经济发展示范区，同时也是国家卫生

---

① 《国务院批复成都市统筹城乡综合配套改革试验方案》，2009 年 5 月 21 日，http://www.gov.cn/jrzg/2009-05/21/content_1321579.htm。

② 《关于开展国家城乡融合发展试验区工作的通知》（发改规划〔2019〕1947 号），2019 年 12 月 27 日，https://www.ndrc.gov.cn/xxgk/zcfb/tz/201912/t20191227_1216773.html。

③ “三品一标”即无公害农产品、绿色食品、有机农产品和农产品地理标志。

④ 《长沙将重点发展 10 大类绿色食品产业筑牢食品安全“防火墙”》，2016 年 10 月 18 日，http://news.changsha.cn/html/187/20161018/469339.html。

⑤ 《长沙将在五年实现“三品一标”认证超过 800 个》，2016 年 10 月 23 日，http://hunan.voc.com.cn/article/201610/201610231110232030001.html。

城市、国家生态园林城市，厦门虽然不是政策试点单位，但是在发展规划中，城乡生态文明一体化建设一直是重中之重，截至2017年，厦门已完成投资8.44亿元，建成了400个美丽乡村。[①] 厦门开展乡村振兴战略具有天然的区位优势与生态优势，在实践中，依托区位优势大力发展都市现代农业产业集群，将美丽乡村建设融入城市旅游带建设的大体系当中，总结出了“以城带乡，城乡结合”的一体化发展路径。

三、乡村振兴指数排名表现差异的原因分析

通过上文的分析，GDP前百强城市乡村振兴排名具有明显的区域分布特征，乡村振兴指数排名靠前的城市主要集中在我国东部经济发达地区，整体上从东部向中部、西部延伸，乡村振兴指数逐渐减小。东部地区城市在乡村振兴指数排名上普遍靠前，主要原因有：

第一，东部地区，尤其是长三角、珠三角地区经济发展水平处在全国前列，良好的经济发展水平为乡村振兴有效实施提供了基础。以2017年指标数据为例，东部地区乡村振兴平均水平为2312.86，中部地区平均水平为1699.48，西部平均水平为1748.83，东部发达地区经济实力雄厚，产业发展势头良好，工业化程度高、地方政府财政能力强，为城市“反哺”农村、带动农村发展提供了先决条件。

第二，政府在战略发展层面重视乡村振兴，起步较早，积累了一定的经验基础。经济实力雄厚，有能力进行乡村振兴方面投入是基础，在此之上，还需要政府足够的重视，做好一系列政策配套保障，支持具有前瞻性、创新性的改革探索，确保乡村振兴战略的有效实施。例如，浙江自2003年就在推动美丽乡村建设，启动了“千村示范、万村整治”工程，以农村生产、生活、生态三大环境改善为重点，进行全面整治。截至2017年底，浙江农村整治率达到98%，90%的建制村生活污水得到有效治理，生活垃圾集中收集有效处理实现100%全覆盖。[②] 这些早期的实践为后续乡村振兴战略的实施打下了坚实的基础，积累了丰

① 《厦门城市化乡村现状与未来发展》，《中国科学报》2019年5月14日第6版。

② 《浙江15年持续推进“千村示范、万村整治”工程纪实》，2018年12月29日，http//cpc.people.com.cn/n1/2018/1229/c64387-30494530.html。

富的经验，形成了诸多乡村振兴的“浙江经验”。东莞围绕乡村振兴，陆续出台了17项配套政策文件，制定了5个专项规划、46项重大任务，在市、镇、村三层级开展乡村建设专项规划。同时，在财政投入上优先确保乡村振兴的资金保障。此外，东莞市政府专门组建了乡村振兴专家咨询委员会，引入智库力量开展乡村振兴软课题研究，为东莞乡村振兴提供专业规划与科学决策。

第三，在工作开展方式上，重视整体布局，全域推进。与脱贫攻坚不同，乡村振兴是从乡村整体入手，系统谋划乡村全面发展的战略工程，具有更高的目标要求和更深远的战略意涵。立足乡村振兴，党的十九大报告提出了“产业兴旺、生态宜居、乡风文明、治理有效、生活富裕”① 的总要求，这二十字要求涵盖了乡村发展的方方面面，要求各地在开展工作时，需要进行整体布局。如浙江绍兴创新的“五星达标、AAA争创”乡村振兴评价指标体系，创建“党建+富裕、魅力、和谐、文明”的农村新风貌，争创AAA级景区标准的美丽新乡村，通过整体推进、全域提升，实现乡村的全面振兴。

乡村振兴指数排名靠后的GDP百强城市，由于资源禀赋、地区发展阶段、经济发展水平等各方面的限制，在乡村振兴的五大领域投入较少，尤其是我国西部地区，如甘肃、宁夏、新疆等地，主要工作集中在脱贫攻坚领域，在生态宜居、乡风文明、治理有效、生活富裕等领域起步较晚，投入有限。据统计，2017年，我国289个城市中，产业兴旺指数较低的城市有81个，生态宜居指数较低的城市有28个，治理有效指数较低的城市有18个，生活富裕指数较低的城市有10个，这些城市主要集中在中西部地区。总的来看，产业发展、生态提升以及乡村治理是制约排名靠后城市实施乡村振兴战略的主要阻力，其中，产业发展的影响尤其关键，乡村振兴排名后30名的GDP百强城市，产业发展滞后是主要原因。因此，对于中西部欠发达城市，围绕发展产业，提升当地的经济发展水平是实施乡村振兴战略的关键。

① 转引自习近平在中国共产党第十九次全国代表大会上的报告《决胜全面建成小康社会 夺取新时代中国特色社会主义伟大胜利》，2017年10月18日，http://www.gov.cn/zhuanti/2017-10/27/content_5234876.htm。

第五章 我国百强企业参与乡村振兴的现状分析

企业是我国乡村振兴的重要力量。长期以来，无论是国企，还是民企，在我国农村的脱贫攻坚、乡村振兴领域都有很多投入。然而，限于统计数据的局限，本章仅以企业通过基金会捐赠的数据为基础，统计企业参与乡村振兴的捐赠数额。考虑到脱贫攻坚是乡村振兴的基础，其目标人群主要以贫困人口为主，目的在于解决绝对贫困问题，而乡村振兴是在脱贫攻坚的基础上，以生活富裕、以乡村整体发展为目标，谋求乡村的全面振兴。因此，这里将企业在乡村振兴领域的捐款分为“狭义乡村振兴”和“广义乡村振兴”的捐款。所谓“狭义乡村振兴”领域的捐款仅指企业向基金会捐赠的项目名称、项目用途中包括“农村发展”“三农”“乡村振兴”“新农村”“美丽乡村”等关键词；所谓“广义乡村振兴”领域的捐款指企业向基金会捐赠的项目名称、项目用途中既包括“农村发展”“三农”“乡村振兴”“新农村”“美丽乡村”等关键词，也包括“脱贫攻坚”“扶贫”“精准扶贫”等关键词。需要特别说明的是，由于企业除了通过基金会捐款之外，还可能直接向当地政府捐款，或者通过慈善会、红会、光彩事业促进会等社会组织捐款，而这些捐款不在课题组委托的易善数据公司统计的范畴之内。再加上课题组检索的关键词有限，一些基金会在官网、年报中披露的项目名称、项目用途信息中，如果不是使用以上关键词，均不能被统计到。例如，企业通过基金会实施教育项目，如果在项目名称、项目用途的介绍中没有写明开展“教育扶贫”，而只是写为某地学校捐赠多少资金，将不被统计在内。而另外一个重要遗漏在于，无论百强国企，还是百强民企，都包括大量子公司，企业的捐款有时是通过其子公司完成，如果基金会在披露捐赠企业信息时，只披露了子公司的名称，而没有披露总公司的名称时，易善数据公司的统计数据目前尚难以准确统计出来。总之，企业无论是在“狭义乡村振兴”领域的实际捐款，还是在

“广义乡村振兴”领域的实际捐款都会比本部分统计的捐款数额多得多。

一、百强国企参与乡村振兴的现状分析

（一）百强国企通过基金会在“狭义乡村振兴”领域的捐赠分析

根据易善数据公司提供的原始数据和责任云研究院的数据处理和分析，2010～2019 年，百强国企中，有 41 家企业通过基金会向“狭义乡村振兴”领域进行了项目捐赠，总计捐赠金额约 9.75 亿元，平均每家企业捐赠约 2378 万元；有 59 家企业没有通过基金会向“狭义乡村振兴”领域进行过捐赠。尽管可能有部分国企不是通过基金会参与“狭义乡村振兴”，而是通过其他渠道捐赠，但无论如何，还是说明，迄今为止，国企参与脱贫攻坚的多，以“狭义乡村振兴”为目的的捐赠相对较少。从捐赠金额分布来看，华润（集团）有限公司居首位，捐赠 6.4 亿元，招商局集团有限公司捐赠约 1.03 亿元，8 家国企捐赠金额在 1000 万至 1 亿元，8 家国企捐赠金额在 100 万至 1000 万元，23 家国企捐赠在 100 万元以内。可以看出，百强国企通过基金会参与“狭义乡村振兴”的捐赠金额主要集中在 1000 万元以内，这一捐赠区间的企业数占统计国企总数的 76%（见图 5－1），同时，百强国企之间捐赠金额差异较大，最高捐赠金额达 6.4 亿元，最低捐赠金额仅 2000 元，比较分析百强国企“狭义乡村振兴”领域捐赠前 20 强（见表 5－1），也可以看出企业之间捐赠金额差异较大。

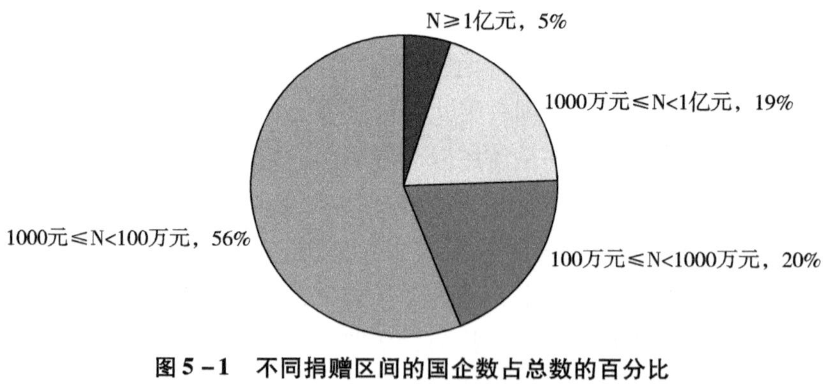

图 5－1　不同捐赠区间的国企数占总数的百分比

注：N 为捐赠金额。

表 5－1　国企通过基金会参与“狭义乡村振兴”项目的捐赠前 20 强

单位：万元

序号	企业名称	捐赠金额
1	华润（集团）有限公司	64000.00
2	招商局集团有限公司	10253.75
3	中国石油天然气集团有限公司	6143.53
4	中国海洋石油集团有限公司	3400.00
5	中国第一汽车集团有限公司	2734.00
6	山西潞安矿业（集团）有限责任公司	2094.65
7	中国远洋海运集团有限公司	1882.00
8	中国石油化工集团有限公司	1600.60
9	中国移动通信集团有限公司	1521.46
10	中国旅游集团有限公司	1050.00
11	国家电网有限公司	702.76
12	中国五矿集团有限公司	494.46
13	国家开发投资集团有限公司	200.00
	国家开发银行	200.00
	中国南方航空集团有限公司	200.00
	阳泉煤业（集团）有限责任公司	200.00
	北京银行股份有限公司	200.00
14	中国工商银行股份有限公司	161.95
15	中国保利集团有限公司	96.96
16	中国邮政集团公司	53.81
17	中国医药集团有限公司	50.00
	中国有色矿业集团有限公司	50.00
18	中国银行股份有限公司	44.62
19	广州汽车集团股份有限公司	40.00
20	中国中化集团有限公司	33.50

注：本数据仅包括该企业通过基金会的“狭义乡村振兴”捐款，即项目名称、项目用途中包括“农村发展”“三农”“乡村振兴”“新农村”“美丽乡村”等关键词的企业捐赠。企业如果通过下属公司进行捐赠，如果下属公司未填写母公司全称，亦可能遗漏。故本数据可能会远低于实际捐款数据。

资料来源：由易善数据公司提供原始数据、责任云研究院对数据进行处理和加工分析。

从开展的项目内容来看，百强国企参与狭义乡村振兴主要集中在美丽乡村建设、新农村建设、特色小镇开发、人居环境改善、乡风文明建设等领域，如中国石油天然气集团有限公司开展的“美丽乡村”项目及中国远洋海运集团有限公司开展的西藏洛隆援助新农村示范点建设配套项目。中石油美丽乡村项目致力于搭建乡村与外界的平台，重新评估乡村的价值，创造“以村为本”的发展机会。项目通过引导村民合作在村内开展自组织体系、经济组织体系和社区融合体系建设，建立“共享合作社股份机制”，并引入各类合作伙伴以市场化的方式共同打造乡村旅游、改善乡村人居环境、促进村庄产业发展、优化村庄产业结构，实现共同富裕。目前，项目覆盖 7 省 13 个国家级贫困县，共计惠及 3909 户 15307 人，项目实现经营性创收总额为 396 万元，村民转化收益总额为 229 万元。

中远海运集团自 2002 年起对口援助西藏昌都市洛隆县，洛隆县经济发展水平落后、家底薄、财力弱，最为突出的问题是城乡基础设施严重不足，这既是制约经济发展的重要“瓶颈”，也是干部职工和农牧民群众工作和生产生活条件差的重要原因。[①] 为解决城乡基础设施不足这一核心问题，中远海运集团以新农村建设为核心开展了一系列项目，先后在安居工程、新农村建设领域进行捐赠，建成了洛隆县康沙新村、加日扎新村、硕督新村三个新农村示范点[②]，共计修建农牧民住房 247 幢，每户建筑面积 175 ~ 262 平方米，直接受益人口近 2000 人[③]，有效地改善了当地群众的生活环境。

（二）百强国企通过基金会参与“广义乡村振兴”的现状

从统计分析的结果看，在百强国企中，有 66 家企业通过向基金会捐款的方式参与了广义的乡村振兴项目，即包括“扶贫”“脱贫攻坚”“乡村振兴”“美丽乡村”“新农村”建设等关键词的项目捐款。由于国企都有定点帮扶的任务，因此，可以认为，这 34 家国企虽然没有通过基金会进行捐赠，但可能通过与地方政府合作，或者通过慈善会、光彩促进会、红会等方式进行了捐赠。统计数据表明，66 家国企总计捐赠金额约 41 亿元，平均每家企业捐赠 6215 万元，远高于企业通过基金会在“狭义乡村振兴”领域的捐款。这是因为 2013 年 11 月，习近平总书记到湖南湘西考察时首次做出了“实事求是、因地制宜、分类指导、精准扶贫”的重要指示。2014 年 1 月，中办详细规制了精准扶贫工作模式的顶层设计，推动了“精准扶贫”思想落地。2017 年，党的十九大报告指出，要动员全党全国全社会力量，坚持“精准扶贫”“精准脱贫”，确保到 2020 年我国现行标准下

---

①② 《坚守一线 16 载中远海运巧念“援藏经”》，《中国远洋海运报》2018 年 12 月 11 日，https：//www. sohu. com/a/281070207_696531。

③ 《肩负使命援西藏　雪域高原洒真情——中国远洋海运集团第八批援藏小组工作纪实》，2017 年 2 月 25 日，https：//paper. wgcmw. com/news/2017/0225/23513. html。

农村贫困人口实现脱贫，贫困县全部“摘帽”。在这一背景下，国企参与脱贫攻坚的积极性大幅度提升，参与的力度、投入的捐赠资金越来越多。

在66家参与“广义乡村振兴”的国企中，华润（集团）有限公司居捐赠榜首，共通过基金会捐赠16.76亿元。另外，有6家国企捐赠金额在1亿~10亿元，20家企业捐赠金额在1000万~1亿元，19家企业捐赠金额在100万~1000万元，20家企业捐赠金额在100万元以内（见图5-2）。

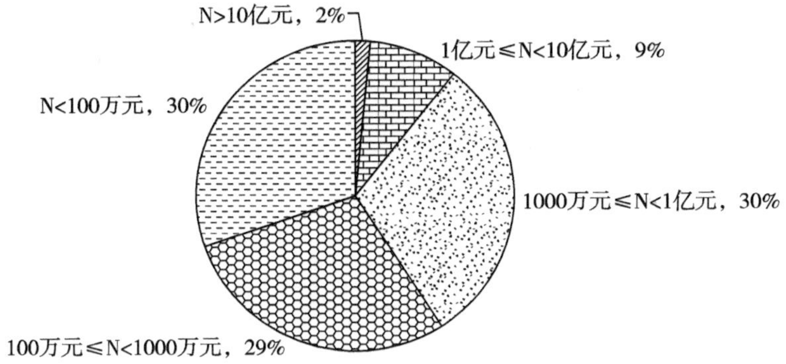

图5-2　不同捐赠区间的国企数占总数的百分比

注：N为捐赠金额。

同样，百强国企在“广义乡村振兴”领域捐赠金额差异较大，最高捐赠金额达16.76亿元，最低捐赠金额仅4000元元，表5-2为国企广义乡村振兴领域捐赠前20强。通过分析在广义乡村振兴领域捐赠金额前十国企的捐赠资金结构发现，国企捐赠主要集中在脱贫攻坚相关领域，相比而言，“狭义乡村振兴”领域投入较少（见图5-3），捐赠总额中，脱贫攻坚领域捐赠约31.27亿元，占捐赠总额的89.34%。

表5-2　国企通过基金会参与“广义乡村振兴”项目的捐赠前20强

单位：万元

序号	企业名称	捐赠金额
1	华润（集团）有限公司	167582.10
2	国家电网有限公司	57429.61
3	中国石油天然气集团有限公司	35760.07
4	中国海洋石油集团有限公司	24385.00
5	招商局集团有限公司	23322.03
6	中国远洋海运集团有限公司	17364.15
7	中国第一汽车集团有限公司	10968.20

续表

序号	企业名称	捐赠金额
8	中国石油化工集团有限公司	7928.34
9	珠海格力电器股份有限公司	7801.07
10	中国移动通信集团有限公司	7163.43
11	中国人寿保险（集团）公司	5850.93
12	广州汽车集团股份有限公司	5265.34
13	山西潞安矿业（集团）有限责任公司	4250.55
14	中国建材集团有限公司	3727.09
15	国家开发投资集团有限公司	2861.80
	国家开发银行	2861.80
16	中国中信集团有限公司	2811.38
17	中国医药集团有限公司	2428.40
18	中国旅游集团有限公司	2130.00
19	中国南方航空集团有限公司	2036.00
20	中国工商银行股份有限公司	1923.72

注：本数据仅包括该企业通过基金会的“广义乡村振兴”捐款，即项目名称、项目用途中包括“农村发展”“三农”“乡村振兴”“新农村”“美丽乡村”“脱贫攻坚”“扶贫”“精准扶贫”等关键词的企业捐赠。企业如果通过下属公司进行捐赠，如果下属公司未填写母公司全称，亦可能遗漏，故本数据可能会远低于实际捐款数额。

资料来源：由易善数据公司提供原始数据、责任云研究院对数据进行处理和加工分析。

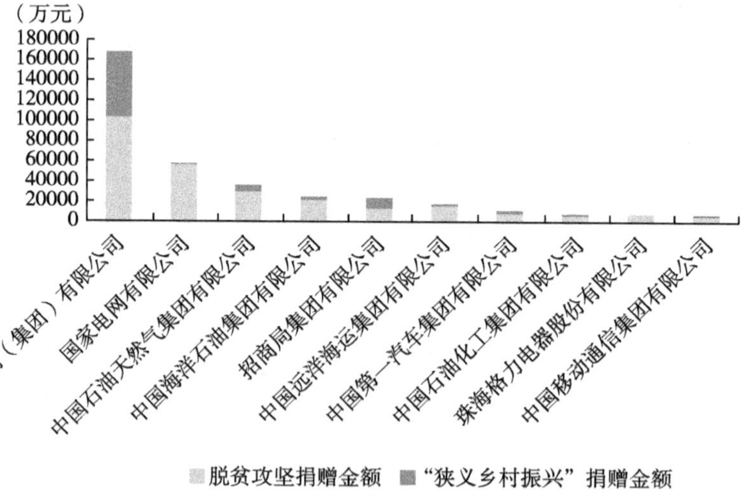

图 5－3　国企捐赠前十强捐赠金额结构分析

二、百强民企参与乡村振兴的现状分析

（一）百强民企通过基金会参与狭义乡村振兴的现状

根据易善数据的不完全统计，百强民企中，有45家企业通过基金会进行捐赠，实施了狭义的乡村振兴项目，捐赠总金额9.38亿元，平均每家企业捐赠2084万元，最高捐赠金额2.06亿元，最低在百万元以下。这也说明，迄今为止，百强民企主要精力还是参与脱贫攻坚，而参与“狭义乡村振兴”的力度并不高。通过对比百强民企参与“狭义乡村振兴”捐赠前20强（见表5-3）可以发现，企业之间捐赠金额存在明显的差异。从捐赠金额分布来看，45家百强民企中，有3家企业捐赠额超过1亿元，占统计民企总数的6%，其中，美的集团股份有限公司捐赠2.06亿元，中国恒大集团捐赠1.65亿元，碧桂园控股有限公司捐赠1.11亿元。此外，12家企业捐赠金额在1000万~1亿元，占统计民企总数的27%；18家企业捐赠金额在100万~1000万元，占统计民企总数的40%；12家企业捐赠金额在100万元以内，占统计民企总数的27%（见图5-4）。

表5-3 民企狭义乡村振兴捐赠前20强 单位：万元

序号	企业名称	捐赠金额
1	美的集团股份有限公司	20630.09
2	中国恒大集团	16507.75
3	碧桂园控股有限公司	11132.61
4	中国民生银行股份有限公司	8352.94
5	温氏食品集团股份有限公司	8338.27
6	腾讯控股有限公司	6443.83
7	TCL集团股份有限公司	3245.08
8	万科企业股份有限公司	1890.36
9	兴业银行股份有限公司	1881.42
10	杭州娃哈哈集团有限公司	1840.00
11	中国华信能源有限公司	1735.41
12	顺丰控股股份有限公司	1710.73

续表

序号	企业名称	捐赠金额
13	融创中国控股有限公司	1400.00
14	江铃汽车集团有限公司	1155.83
15	苏宁易购集团股份有限公司	1023.53
16	亨通集团有限公司	938.50
17	玖龙纸业（控股）有限公司	876.44
18	龙湖集团控股有限公司	525.00
19	新奥集团股份有限公司	517.00
20	浙江吉利控股集团有限公司	451.00

注：本数据仅包括该企业通过基金会的“狭义乡村振兴”捐款，即项目名称、项目用途中包括“农村发展”“三农”“乡村振兴”“新农村”“美丽乡村”等关键词的企业捐赠。企业如果通过下属公司进行捐赠，如果下属公司未填写母公司全称，亦可能遗漏。故本数据可能会远低于实际捐款数据。

资料来源：由易善数据公司提供原始数据，责任云研究院对数据进行处理和加工分析。

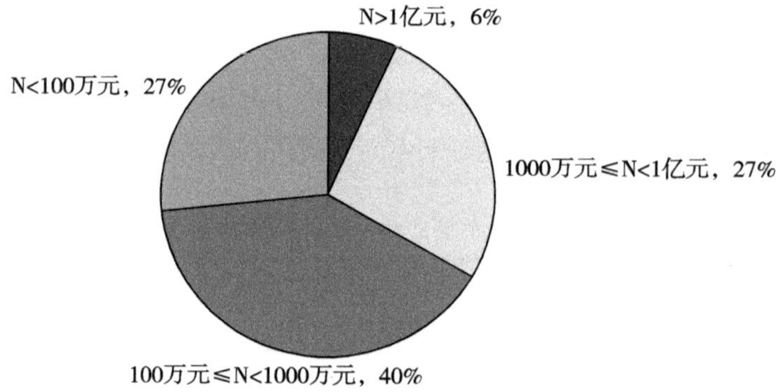

图 5-4　不同捐赠区间的民企数占总数的百分比

注：N 为捐赠金额。

从捐赠开展的项目内容来看，百强民企参与“狭义乡村振兴”主要集中在“美丽乡村建设”“新农村建设”“特色小镇开发”“乡村特色产业发展”等领域，如恒大集团美丽乡村项目、温氏食品集团股份有限公司新农村建设、腾讯筑梦新乡村项目等。

从 2018 年开始，恒大集团开始探索企业助力乡村振兴的实践路径，连续捐赠帮扶河源市连平县、和平县，以产业兴旺为核心开展乡村振兴，重点扶持当地油茶、铁皮石斛、猕猴桃、花卉等特色产业，连片打造现代农业示范园，连平县的2650 亩乡村振兴示范区及和平县的1870 亩现代农业产业园将于2020 年9 月底正式运作。同时，恒大积极参与美丽乡村示范村与特色小镇建设，对产业帮扶项目周边集中连片村庄进行整体规划，集中建设山美水美、有特色、有产业、能“造血”的美丽乡村示范村，例如，投入2000 万元的青海省大通县33 个美丽乡村示范村项目、投入约5000 万元的江西省寻乌县幸福小镇和蔬菜大棚基地建设项目①，林芝鲁朗国际旅游小镇建设项目等。②

腾讯公司主要通过腾讯公益基金会参与乡村振兴。“筑梦新乡村”是腾讯在2009 年启动的公益项目，该项目计划在2009 ~2014 年投入不少于5000 万元，集中在贵州省黔东南苗族侗族自治州的黎平、雷山两县和云南迪庆藏族自治州的乡村，通过互联网公益模式展开公益帮扶探索。③“筑梦新乡村”项目以“重估乡村价值”为核心，结合腾讯网络优势，致力于借助移动互联网的媒介与渠道力量，创建“移动互联网 + 乡村”模式，探索让乡村的人文与自然生态产出最大价值，解决中国落后民族地区乡村教育资源贫乏、文化凋敝、经济贫困等一系列问题，并由点带面，为更大范围内的乡村复兴探索经验，为乡村创造新的价值和发展机遇。“筑梦新乡村”项目的内容主要包括乡村教师培训计划、乡村幼儿园建设、腾讯梦想空间建设、乡村小学“品格教育”、乡村传统特色文化保护与挖掘等。此外，围绕建设新乡村，腾讯还开展了一系列教育设施建设项目，如捐资800 万元用于云南香格里拉建成学生宿舍并进行校园设施改造，捐资480 万元用于建设迪庆藏文中学信息楼，捐资320 万元建设雷山职业技术教育与培训基地④。2015 年8 月，在“筑梦新乡村”的基础上，腾讯正式开始“腾讯为村”项目，让“为村”成为用互联网助力乡村社会治理、乡村振兴的互联网工作平台。截至2019 年9 月2 日，“为村”覆盖了全国29 个省、194 个市、648 个区县、1886 个乡镇中的14106 个村庄（社区）。⑤

温氏食品集团股份有限公司（以下简称温氏股份）参与“狭义乡村振兴”主要通过北英慈善基金会进行，温氏股份和温氏员工的捐赠是基金会主要的资金

---

① 恒大集团官网：https：//www. evergrande. com/Responsibility/Charitable。

② 《恒大扶贫再传捷报：七星关区织金县摘帽助力毕节 90. 5 万人脱贫》，中国扶贫网，2020 年 3 月 18 日，www. cnfpzz. com/index. php? m = Archives&c = IndexArchives&a = index&a_ id = 38113。

③④ 《腾讯公益发布〈筑梦新乡村绿皮书〉》，人民网，2012 年 7 月 19 日，http：//media. people. com. cn/n/2012/0719/c40606 – 18549963. html。

⑤ 《第十四届人民企业社会责任奖候选案例：腾讯为村项目》，人民网，2019 年 12 月 4 日，http：//gongyi. people. com. cn/n1/2019/1204/c431048 – 31490260. html。

来源，截至2018年末，公司累计向北英慈善基金会捐赠金额已达1.8亿元。[①] 温氏股份一直致力于新农村建设，2007～2009年，北英慈善基金会向簕竹镇30多个自然村共捐赠210万元，用于改善村容村貌，改善居住环境与乡村生态环境。截至2015年12月，北英慈善基金会捐资用于社会主义新农村建设资金累计1856万元。[②] 2016年，基金会在新兴县12个镇实施新农村建设项目40个，投入资金734.5万元，通过道路硬化、危房改造等改善农村基础设施，改善了乡村风貌。[③] 近年来，温氏股份不断加大在新农村建设领域的投入力度，2017年，投入3400万元[④]，2018年，投入5984.82万元。[⑤]同时，温氏股份积极响应国家乡村振兴战略，探索"公司+农户（家庭农场）"的迭代模式，通过管理、技术革新实现三次产业融合发展，建立市场风险防御机制，引导劳动力回乡就业，成为新型农业经营主体，通过"人才振兴"推动农村经济发展和新农村建设，助力乡村振兴工作。2018年，温氏股份开展了2700场专题培训，培训合作农户5万多人次，合作农户（家庭农场）全年合计养殖收益81.47亿元，目前已吸引3000多人返乡参与合作养殖[⑥]，大量人员返乡使乡村重新焕发生机，一方面为乡村振兴提供了人才基础，另一方面流动人口返乡也间接解决了乡村长期存在的留守老人养老、留守儿童照护等一系列乡村社会问题。

（二）百强民企在广义乡村振兴领域通过基金会捐赠的数据

根据易善数据的不完全统计，百强民企中，有74家企业通过向基金会捐赠项目的方式参与了"广义乡村振兴"，捐赠总额高达109.30亿元，平均每家企业捐赠1.48亿元，远高于参与"狭义乡村振兴"的数额。从捐赠金额分布来看，74家百强民企中，有2家企业捐赠金额超过10亿元，占统计民企总数的3%，即中国恒大集团捐赠47.20亿元，碧桂园控股有限公司捐赠29.36亿元，另外有9家百强民企捐赠金额在1亿～10亿元，占统计民企总数的12%；24家企业捐赠金额在1000万～1亿元，占统计民企总数的32%；23家企业捐赠金额在100万～1000万元，占统计民企总数的31%；16家企业捐赠金额在100万元以内，占统计民企总数的22%（见图5－5）。百强民企之间捐赠金额差别明显，最高达到47.2亿元，最低仅4000元，表5－4为百强民企在广义乡村振兴领域捐赠前20强。

---

①⑤⑥ 《温氏股份社会责任报告（2018）》。

② 《温氏股份社会责任报告（2015）》。

③ 《温氏股份社会责任报告（2016）》。

④ 《温氏股份社会责任报告（2017）》。

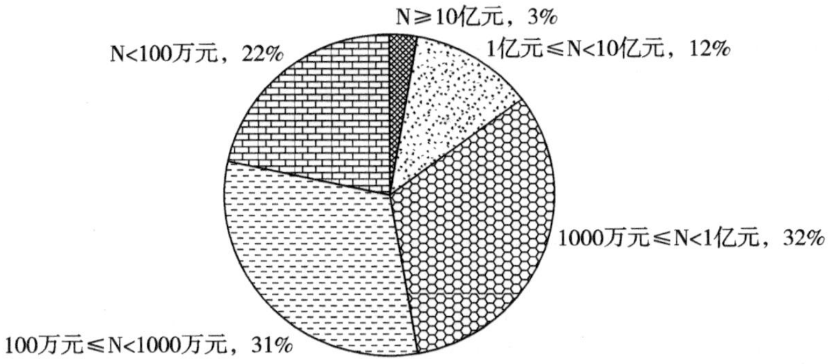

图 5-5 不同捐赠区间的民企数占总数的百分比统计

注：N 为捐赠金额。

表 5-4 民企“广义乡村振兴”捐赠前 20 强 单位：万元

序号	企业名称	捐赠金额
1	中国恒大集团	472002.59
2	碧桂园控股有限公司	293666.13
3	美的集团股份有限公司	63569.41
4	腾讯控股有限公司	52209.70
5	中国民生银行股份有限公司	36338.68
6	温氏食品集团股份有限公司	21681.54
7	顺丰控股股份有限公司	17912.11
8	玖龙纸业（控股）有限公司	16168.69
9	浙江吉利控股集团有限公司	11841.07
10	内蒙古伊利实业集团股份有限公司	10952.52
11	杭州娃哈哈集团有限公司	10348.80
12	兴业银行股份有限公司	7315.67
13	万科企业股份有限公司	7115.70
14	雅居乐集团控股有限公司	6389.80
15	亨通集团有限公司	6116.95
16	中国华信能源有限公司	5591.11
17	中天钢铁集团有限公司	4834.99
	中天控股集团有限公司	4834.99

续表

序号	企业名称	捐赠金额
18	TCL 集团股份有限公司	3357.08
19	江铃汽车集团有限公司	3078.64
20	苏宁易购集团股份有限公司	2840.02

注：本数据仅包括该企业通过基金会的“广义乡村振兴”捐款，即项目名称、项目用途中包括“农村发展”“三农”“乡村振兴”“新农村”“美丽乡村”“脱贫攻坚”“扶贫”“精准扶贫”等关键词的企业捐赠。企业如果通过下属公司进行捐赠，如果下属公司未填写母公司全称，亦可能遗漏，故本数据可能会远低于实际捐款数额。

资料来源：由易善数据公司提供原始数据，责任云研究院对数据进行处理和加工分析。

通过分析“广义乡村振兴”领域捐赠金额前十民企的捐赠资金结构，百强民企参与“广义乡村振兴”主要集中在脱贫攻坚领域，相比而言，“狭义乡村振兴”领域投入较少（见图5－6）。统计捐赠总额中，脱贫攻坚领域资金捐赠约99.92亿元，占捐赠总额的91.42%。

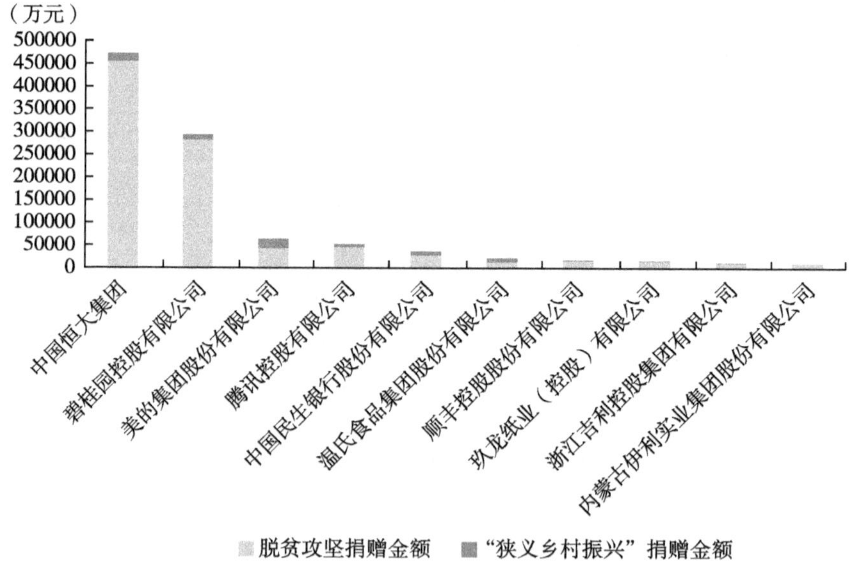

图5－6　民企捐赠前十强捐赠金额结构分析

三、国企与民企通过基金会在“狭义乡村振兴”与脱贫攻坚领域捐赠比较分析

（一）整体数据比较

百强国企中，统计到的有66家企业通过基金会向脱贫攻坚领域进行了项目捐赠，捐赠金额约31.27亿元，平均每家企业捐赠4738万元。其中，有41家国企在开展脱贫攻坚的同时，通过基金会向“狭义乡村振兴”领域进行了项目捐赠，总计捐赠金额约9.75亿元，平均每家企业捐赠约2378万元，其余25家企业尚未统计到有“狭义乡村振兴”领域的相关投入。

百强民企中，统计到的有74家企业通过基金会向脱贫攻坚领域进行了项目捐赠，捐赠金额约99.92亿元，平均每家企业捐赠1.35亿元。其中，有45家民企在开展脱贫攻坚的同时，通过基金会向“狭义乡村振兴”领域进行了项目捐赠，总计捐赠金额约9.38亿元，平均每家企业捐赠2084万元，其余29家企业尚未统计到有“狭义乡村振兴”领域的投入。

整体来看，近几年来，百强国企和百强民企的资金投入主要集中在脱贫攻坚领域，分别占国企捐赠总额及民企捐赠总额的76.23%和91.42%，“狭义乡村振兴”领域的投入相对较少。但是，大多数企业在巩固脱贫攻坚成果的同时，已经开始探索企业参与“狭义乡村振兴”的工作模式和有效路径。对比百强国企和百强民企参与“狭义乡村振兴”与脱贫攻坚的捐赠总体规模与平均捐赠金额，百强民企在脱贫攻坚与“狭义乡村振兴”领域的投入普遍高于百强国企。

（二）单个典型企业数据比较

对比单个企业在脱贫攻坚领域与“狭义乡村振兴”领域的捐赠数据与捐赠项目内容可以发现，不同的企业侧重点与工作开展方式各有不同。一些企业主要关注脱贫攻坚领域，围绕建档立卡户的致贫原因，精确开展易地扶贫、教育扶贫、健康扶贫和产业扶贫等项目，尚未统计到有“狭义乡村振兴”领域的相关投入，如珠海格力电器股份有限公司、中国建材集团有限公司、雅居乐集团控股有限公司、内蒙古伊利实业集团股份有限公司等。以珠海格力电器股份有限公司

为例，2016~2018 年，珠海格力集团有限公司累计投入资金约 2300 万元，用于开展对口帮扶单位石龙村的精准扶贫工作，开展了贫困户脱贫项目 36 大项 3072 小项、产业扶贫项目四大项、资产收益扶贫项目两大项精准扶贫精准脱贫攻坚工作。同时，通过开展就业技能培训、提供就业信息等方式为贫困户解决就业问题，贫困户外出务工及就地务工数量由 2016 年的 45 人增长到 2018 年的 92 人，较好地实现了“培训一人，就业一人，脱贫一户”的增收目标。据统计，截至 2018 年 12 月，集团全体帮扶责任人和成员企业累计 15 批次到帮扶村开展献爱心送温暖活动，石龙村建档立卡贫困户人均可支配收入约 15769.1 元，年度增长率 41.59%。其中，有劳动力贫困户人均可支配收入为 16364.85 元，比 2017 年增长 48.69%。①

除了关注贫困地区的产业发展与建档立卡户增收，聚焦精准脱贫，一些企业在开展脱贫攻坚之初，就开始布局乡村振兴，通过整体规划、全域提升的方式带领贫困地区脱贫致富，不仅关注建档立卡户的精准脱贫，同时也关注普惠性质、长远的乡村生活富裕、生态宜居、乡风文明等方面的内容。例如，华润（集团）有限公司，其大部分资金捐赠就是开展农村整体的小镇建设，实施项目的内容基本包括乡村振兴战略提出的“产业兴旺、生态宜居、乡风文明、治理有效、生活富裕”五大要求。自 2008 年以来，华润集团精准对接革命老区、贫困地区，以“环境改造、产业帮扶、组织重构、精神重塑”为四大愿景，在全国建成了广西百色、河北西柏坡、湖南韶山、福建古田、贵州遵义、安徽金寨、江西井冈山七座华润希望小镇，宁夏海原、贵州剑河、湖北红安、陕西延安、四川南江五座华润希望小镇也正在规划建设中。② 截至 2018 年底，华润累计捐资超过 6.4 亿元，直接受惠农户 2679 户 10307 人，辐射带动逾 10 万人脱贫致富奔小康。③ 华润集团整体布局的扶贫工作模式为乡村振兴的开展打下了坚实的基础，积累了丰富的经验，“环境改造”主要聚焦在“和谐的民居改造”“生态环保的市政基础建设”和“功能齐备的公共配套设施”三大方面，比如海原和延安希望小镇开展的“厕所革命”“污水处理”等，通过环境改造，彻底改变了乡村的人居环境，基本实现了生态宜居。“产业帮扶”主要通过建立“企业 + 合作社 + 农户”的基本模式，帮助希望小镇农民成立“润农农民专业合作社”，因地制宜地发展现代特色农业和特色乡村旅游业，如井冈山希望小镇红色旅游扶贫项目。目前，华润在

① 《格力集团驻石龙村工作队获评“广东省 2016－2018 年脱贫攻坚工作突出贡献集体”》，珠海格力集团有限公司官网，2019 年 4 月 12 日，https：//www.gree.cn/info/251.html。

② 华润（集团）有限公司官网，http：//www.crc.com.hk/responsibility/town/。

③ 《华润（集团）有限公司社会责任报告（2018）》。

已建成的七个希望小镇全部成立了“润农农民专业合作社”，希望小镇“一镇一品”的产业格局已基本形成，产业兴旺，生活富裕的目标已基本实现。“组织重构”主要是形成“村‘两委’+华润工作队+合作社社员”共同参与的治理主体，同时积极培育当地的经济带头人和基层优秀党员，基本实现对小镇各项事务的有效治理。“精神重塑”是希望小镇最终的价值目标，通过制定村规民约、开展传统文化活动等方式树乡贤、立乡约、整乡风、塑乡情，引导村民形成积极健康的精神面貌，实现希望小镇乡风文明。

此外，也有大量企业正在积极创新扶贫工作方式，探索脱贫攻坚与乡村振兴的有效衔接。例如，碧桂园控股有限公司，2017 年以前，碧桂园的扶贫事业主要围绕教育扶贫与产业扶贫，并通过党建扶贫、就业扶贫、产业扶贫、教育扶贫、智力扶贫等多种模式，创建了具有碧桂园特色的长效扶贫机制。[①] 2017 年，碧桂园在广东省政府办公厅的合作引导下，开始构思社会主义新农村示范村建设，提出了“产业发展、人居环境提升、打造新乡风”的发展思路，累计投入帮扶资金超过 5600 万元，陆续开展了“韶关市黄塘村新农村示范项目”“潮州市饶平县黄正幸福新村项目”“乐昌市和村新农村示范项目”“生水塘新村扶贫项目”“英德市连樟村项目”等，取得了显著成就。例如，生水塘村扶贫项目，动员 52 户村民形成村民理事会，参与村庄规划，挖掘村庄的文化价值，贫困村转变成为具有岭南建筑特色的新村，成为当地乡村旅游的名片[②]。2018 年 1 月，碧桂园响应国家提出的乡村振兴战略，设立乡村振兴基金，重点探索“可‘造血’、可复制、可持续”的乡村振兴道路，充分调动农民脱贫致富的主观能动性，保持农村自然生态环境、乡土气息、田园风光和优秀传统文化[③]。为了进一步推动脱贫攻坚与乡村振兴的有效衔接，2018 年 5 月 20 日，碧桂园将扶贫与乡村振兴提升到主业高度，成立了精准扶贫乡村振兴领导小组、办公室，由杨国强先生担任小组长，在总结新农村示范村建设经验的基础上，碧桂园将在甘肃东乡县、江西兴国县、河北平山县等 9 省 14 县开展美丽乡村建设，按照“整体规划、重点打造、分步实施、连片推进”的方式，带领贫困户脱贫致富，推进乡村全面振兴，该项目预计将惠及 3747 个村 33.6 万建档立卡贫困人口[④]。

---

① 《“地产+扶贫”双主业碧桂园启动全国 13 县整县帮扶》，新华网，2018 年 5 月 20 日，http：//m. xinhuanet. com/gd/2018－05/20/c_1122860022. htm。

②④ 《精准扶贫乡村振新》，国强公益基金会官网，2019 年 4 月 24 日，https：//www. guoqiangfoundation. com/info/21。

③ 《碧桂园：把扶贫作为主业不断创新扶贫模式》，2018 年 6 月 24 日，http：//finance. sina. com. cn/roll/2018－06－24/doc－iheirxye7955690. shtml。

第六章　百强基金会参与乡村振兴的现状分析

一、我国基金会参与乡村振兴概况

（一）基金会参与乡村振兴的资金投入情况

根据易善数据公司收集的原始数据和责任云研究院的数据处理与分析，2018年，我国共有1397个基金会参与了乡村振兴项目，共投入资金134.63亿元，平均每个基金会投入976万元资金（见图6-1）。其中，这些资金中用于扶贫项目的资金共有108.5亿元，用于乡村振兴的项目资金共计26.13亿元，分别占投入总资金的80.8%和19.2%（见图6-2），说明在当前“打赢扶贫攻坚战”的关键时期，各基金会在资源投入方面用于脱贫攻坚和用于乡村振兴的投入比例相差较大。

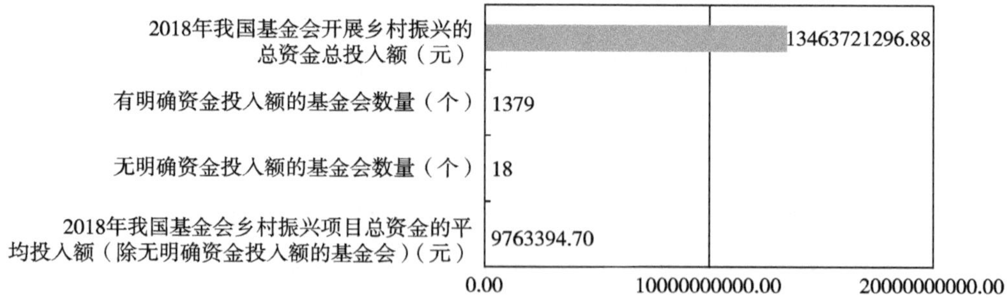

图6-1　2018年我国基金会开展乡村振兴的资金投入情况

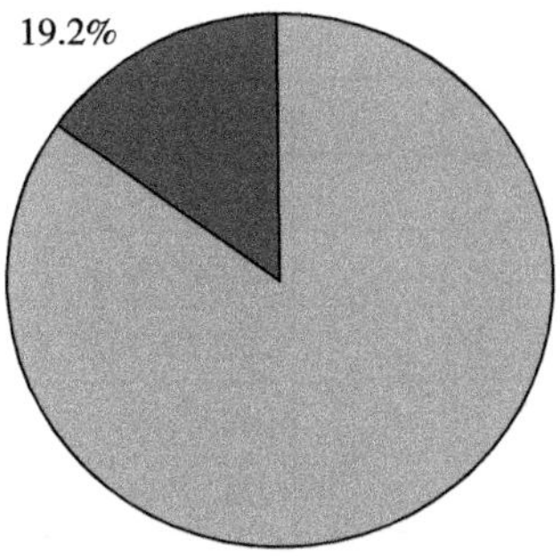

图 6－2　基金会用于扶贫项目和乡村振兴（不包括扶贫项目）的资金比

（二）基金会开展乡村振兴前 100 强项目情况

根据不完全统计，我国在“狭义乡村振兴”领域投入前 100 强的基金会共投入 18.75 亿元，占所有基金会乡村振兴项目总投入 26.13 亿元的 71.8%，其中，资金投入最少的为 465.9 万元，最多的为 2.61 亿元。而前 50 强的基金会（见表 6－1）共投入资金 15.45 亿元，占前 100 强基金会资金总投入的 82.4%，占总资金投入的 59.1%，这说明“狭义乡村振兴”领域的大部分资金来自少数基金会的投入。

表 6－1　前 50 强基金会名称、资金投入额及主要用途　　单位：万元

序号	基金会名称	乡村振兴投入	典型项目
1	中国初级卫生保健基金会	261165880	智慧与健康产业发展公益项目
2	中国儿童少年基金会	112435253	春蕾计划
3	贵州省红十字基金会	108127162	博爱助学—智慧校园
4	中国扶贫基金会	71794543	百美乡宿项目
5	深圳壹基金公益基金会	67650100	雅安地震项目
6	北京立德未来助学公益基金会	65761064	美丽中国青年农村教育实践项目
7	上海真爱梦想公益基金会	58260516	梦想中心项目
8	中华思源工程扶贫基金会	46682517	天使妈妈公益项目
9	安徽省红十字基金会	43447875	红十字健康医疗
10	援助西藏发展基金会	39755197	援藏公益项目
11	贵州滴水之家公益基金会	35261296	困难家庭大病医疗救助
12	中华少年儿童慈善救助基金会	34345459	爱心家园救助中心

续表

序号	基金会名称	乡村振兴投入	典型项目
13	中国足球发展基金会	28348842	社会足球公益项目
14	贵州省信合公益基金会	25500000	务川县人居环境改善项目
15	中国妇女发展基金会	25062977	中央专项彩票公益金
16	中国红十字基金会	24230262	红十字天使计划
17	中华健康快车基金会	23605055	健康快车火车医院
18	云南省青少年发展基金会	23533867	希望小学项目
19	广东省教育基金会	23088226	助力教育信息化专项活动
20	广东省国强公益基金会	22856342	海南博鳌美丽乡村项目
21	中国妇女发展基金会	21809987	母亲水窖项目
22	贵州省教育发展基金会	20092873	贵州农村教学点资助项目
23	浙江马云公益基金会	19997905	马云乡村教师计划
24	上海宋庆龄基金会	18397980	鲁家贤、高文英专项基金项目
25	四川省妇女儿童基金会	18190000	农村妇女两癌救助项目
26	安徽省青少年发展基金会	18117837	希望工程
27	中国发展研究基金会	17341175	山村幼儿园计划
28	珠海市扶贫基金会	16236000	云南怒江帮扶
29	招商局慈善基金会	15329740	湖北蕲春革命老区帮扶项目
30	中国光彩事业基金会	15310903	中华红丝带专项基金
31	中华少年儿童慈善救助基金会	14021322	大病医保专项基金
32	珠海市扶贫基金会	13896000	阳江市体育公园扶贫
33	云南省扶贫基金会	13679112	孤儿项目
34	广东省雁洋公益基金会	12650000	支持原中央苏区（县、区）乡村振兴战略项目建设
35	中国青年创业就业基金会	12195498	就业援助项目
36	山东省青少年发展基金会	11924600	希望工程学生资助项目
37	中国发展研究基金会	11641316	中等职业教育赢未来计划
38	慈济慈善事业基金会	11087613	援建工程
39	中国教育发展基金会	10820500	教育部—中国移动中西部中小学校长培训项目
40	北京医学奖励基金会	10703018	血液肿瘤药物研究项目
41	山东省青少年发展基金会	10602145	希望小学建设项目

续表

序号	基金会名称	乡村振兴投入	典型项目
42	中国妇女发展基金会	10526815	母亲水窖项目
43	中国光彩事业基金会	10002435	溪边村美丽乡村项目
44	北京市正大慈善基金会	10000000	资助清华大学中国农村研究院
45	河北省冀银公益基金会	10000000	助农帮扶金融计划
46	浙江敦和慈善基金会	10000000	儿童早期养育综合支持
47	贵州省信合公益基金会	10000000	务川县人居环境建设项目
48	深圳壹基金公益基金会	9925500	九寨沟地震项目
49	湖北省教育基金会	9868000	乡村教师关爱、奖励基金
50	中华少年儿童慈善救助基金会	9807342	瞳爱救助中心

此外，在开展项目数量方面，前100强的基金会共开展649个项目，平均每个基金会开展项目数为6.49个；前50强的基金会共开展405个，平均每个基金会开展项目8.1个，说明随着基金会资金投入的增加，项目数量也在相应地增加。

二、基金会开展乡村振兴的典型项目简介

（一）智慧与健康产业发展公益项目

2015年8月，中国初级卫生保健基金会设立“智慧与健康产业发展公益项目”，致力于建立智慧城市平台系统，科学管理并均衡推进卫生健康产业与城镇化建设增长协调发展；根据人民群众对卫生健康需求不断快速增长与地方政府投入相对困难这一矛盾所产生的问题，找出行之有效的方法予以解决。多年来，项目服务于基层医疗卫生服务机构，改变了当地医疗设备落后的面貌，为当地节省了设备购置经费，有效地缓解了政府财政投入的资金压力，提升了基层医疗卫生单位的服务能力，实现了“小病不出村，常见病、多发病、慢性病不出乡，大病不出县”。

1. 项目概况

“智慧与健康产业发展公益项目”（以下简称公益项目）是中国初级卫生保

健基金会（以下简称基金会）与北京仁中和健康科技院于 2015 年 8 月 7 日合作设立的，建立智慧城市平台系统，科学管理并均衡推进卫生健康产业与城镇化建设增长协调发展；根据人民群众对卫生健康需求不断快速增长与地方政府投入相对困难这一矛盾所产生的问题，找出行之有效的方法予以解决。

2. 运行特色

根据地方政府财力不足、群众收入较低的实际情况，基金会将公益项目运作方式定为“政府主导、支持，基金会规划、培训、捐赠设备”的模式。地方政府组织项目实施，基金会制定三级医疗网络发展规划，实施政策理念、技术的培训，捐赠医疗设备和项目督导，提升基层医疗机构的综合服务能力。“公益力量 + 政府投入”的合作理念，保证了公益项目的实施能力，加大了向社会开放的力度，改善了项目目标群体的综合实力，撬动了更多社会资源和力量参与公共卫生公益事业的发展。

3. 运行成果

该公益项目设立至今，项目覆盖全国 45 个地区，累计公益规模 10 多亿元，受益百姓近 3000 万人。

一是通过提升基层医疗机构服务能力，有效解决了当地百姓“小病不出村，常见病、多发病、慢性病不出乡，大病不出县”的问题，从实质上缓解了“因病致贫、因病返贫”。

二是先进设备及适宜技术的资助，大大提升了服务能力，使基层医疗卫生单位在取消药品加成、实行药品“零差率”销售的背景下仍能以医疗服务增收，实施项目的医疗机构营业收入都有不同程度的提升。

三是帮助地方规划区域卫生协调发展，推进卫生改革。

四是帮助地方发展康复养老产业，特别是做好失能老人的养老、临终关怀；数字中医和中医适宜技术推广，光大我国中医文化瑰宝。

五是推动中国初级卫生保健事业发展，提高人民群众健康水平，带动地方卫生健康产业发展。

4. 社会影响

公益项目自设立至今，服务于基层医疗卫生服务机构，改变了当地医疗设备落后的面貌，为当地节省了设备购置经费，有效缓解了政府财政投入的资金压力，提升了基层医疗卫生单位的服务能力。

捐赠设备投入使用后，老百姓在当地就能享受到同市区医院一样的医疗卫生服务，省时、省力，又省钱，大大方便了当地群众。

公益项目的项目实施引起了社会的广大关注，多地区分别在当地人民政府网站对此项目做出了充分的肯定。

（二）红十字天使计划

中国红十字基金会的“红十字天使计划”，是2005年8月以来中国红基会推动的重点公益项目，其宗旨是关注贫困农民和儿童的生命与健康，广泛动员国内外的社会资源，募集资金和医疗物资，资助贫困农民和儿童参加新型农村合作医疗，对患有重大疾病的贫困农民和儿童实施医疗救助，协助政府改善贫困乡村的医疗卫生条件，捐建农村博爱卫生院，培训农村医务人员，促进我国农村医疗卫生事业健康发展。已形成包括援建乡村博爱卫生院（站）、红十字救护站、培训乡村医生、设立各种专项基金开展贫困农民和儿童大病救助三个方面的内容，是中国红基会的骨干公益项目，该项目及其子项目多次荣获“中华慈善奖”。

目前，该计划核心的基金项目有小天使基金（白血病）、天使阳光基金（先天性心脏病）和嫣然天使（唇腭裂）基金。2019年7月15日，中国红十字基金会小天使基金彩票公益金项目进行2019年度第三批资助款拨付，资助款总额为3068万元，来自全国30个省（区、市）的968名贫困白血病患儿获得了救助。自设立起，小天使基金累计在全国范围内资助贫困白血病患儿3万余人，累计资助总额超过10亿元。以小天使基金为蓝本，该计划还复制启动救助先天性心脏病患儿的天使阳光基金，对患有先心病的贫困家庭儿童实施医疗救助。

“红十字天使计划”由中国红十字基金会主导，但项目申报、审核和执行离不开各级红十字会的配合和支持。例如，山东省淄博市红十字会的“天使阳光”贫困先心病少年儿童救助项目依托中国红十字基金会“天使阳光”基金，认真推进摸底登记、筛选救助、经费拨付、回访跟踪等各个环节。历经11年，该项目已形成市、县（区）、乡（镇）、村（居）四级高效便捷畅通的救助流程，已救助贫困先心病患儿356人，成为当地家喻户晓的救助品牌。再如，西安市红十字会自实施“红十字天使计划”项目以来，为使更多患儿家长知晓项目，不让患儿家长多跑冤枉路，工作人员创新工作思路，1∶1手绘申报所需资料样图，通过市红十字会微信公众号、各区县政府门户网站、微信公众号等向外推送。此外，还举办13个区县“红十字天使计划”项目擂台赛，分享工作中的经验与不足，学习其他区县在实施项目中的好做法，使“红十字天使计划”项目在各区县百花齐放，助推项目开展。

（三）山村幼儿园计划

“山村幼儿园计划”是中国发展研究基金会于2009年发起的一项反贫困与儿童发展项目，目的是结合政府和社会资源向农村地区3～6岁儿童提供全覆盖的早期教育，试验“一村一园”并广泛推广，提高中西部贫困地区及偏远地区的早期教育机会公平和质量。目前，项目已经覆盖青海、云南、湖南、四川、山西、新疆、贵州、甘肃和河北9个省区21个贫困县，设立山村幼儿园近1800所，累计惠及17万个贫困地区儿童。

“一村一园计划”利用的是农村小学撤点并校后的空置教室、村委会空置办公室、闲置民房等，原则上一个村子里有10名及以上幼儿就开班，人多开设分层班，人少开设混龄班。项目聘用本地中职以上学历的中青年为幼教志愿者老师，提供持续、高频、高质量的在岗培训以提高其教学水平。办园经费则主要通过“公办+公益”的方式筹集。项目测评显示，“一村一园计划”是一种成本低、见效快的可行模式，它有效缩小了城乡儿童之间的能力差距。入园儿童的认知、语言、健康和社会性有明显改善。这对于打通农村学前教育“最后一公里”具有示范意义。

（四）美丽中国支教项目

美丽中国支教项目成立于2008年，是北京立德未来助学公益基金会下设的教育非营利项目。项目开展至今，已经从5所学校覆盖3100学生人次，扩展到2018年的累计覆盖近300所中小学，从20位项目老师扩展至958位在岗支教老师，并累计为教育资源匮乏地区输送了超过1900位项目老师，他们分布在云南、广东、甘肃、广西、福建5个省及自治区，累计授课1526000节，广泛影响着约434000人次学生。

美丽中国是支教项目，但不只是支教项目。项目通过“两年轮换制”，输送多批项目老师进行两年长期服务，实现一岗多人，为教育资源匮乏地区提供持续稳定的师资力量；同时，两年项目体验，加以专业的培训支持，让项目老师经历扎实的基层教学实践，使提供优质教育、促进青年成长成为可能，为中国教育资源的均衡化发展积累大批未来人才。

美丽中国项目老师派遣模式包括三种方式：

（1）以“美丽中国班”包班模式派遣。美丽中国项目老师以两年轮换制为基础，在小学阶段六年、初中阶段三年中，始终担任同一个班级的班主任和主要科目任课老师（其他科目可由经过班主任认可的当地老师担任），持续教授同一批学生的项目派遣模式。

（2）以学科派遣模式派遣。美丽中国向同一片区内项目学校派遣教授同一学科的项目老师，例如，英语学科、科学学科等片区内师资严重缺乏的学科，并通过对当地教师的培训、联合教学等方式，发挥学科优势，逐步培养当地该学科师资的派遣模式。

（3）其他派遣模式，不属于以上两种派遣模式的其他项目老师派遣模式。随着美丽中国项目的发展、项目模型的优化，其他派遣模式比例逐年降低。

为了保证项目老师教育教学工作质量，美丽中国为项目老师提供持续的培训与支持。具体培训内容包括教育学、教育心理学基础、教师行为规范、基本教学法、学科教学法以及综合能力拓展等内容。

（五）溪边村美丽乡村项目

溪边村美丽乡村项目由宝龙集团定向捐赠中国光彩事业基金会 1 亿元，在福建省晋江市安海镇坝头村溪边自然村实施基础设施、公共设施改造等建设项目。其中，2000 万元用于自然村旧村改造，8000 万元用于坝头村经济社会可持续发展项目。目前，已完成溪边自然村村庄整体规划，并获得市政府批准，完成单体建筑施工图设计，8 栋新房已经完成基础建设，具备施工条件，正在等待“溪边公园”设计方案完成并通过农业局专家评审。

（六）马云乡村教师计划

马云乡村教师计划致力于帮助乡村儿童健康快乐成长的乡村教师。乡村教育是中国教育的重要组成部分，据统计，中国义务教育阶段有数千万儿童在乡村学校就读。带给这些孩子知识、智慧和文明的是 290 多万名乡村教师，他们是支撑乡村教育发展的关键力量。浙江马云公益基金会相信，活跃的优秀教师是乡村教育未来发展的中流砥柱，他们有着从事乡村教育的热情，以及愿意奉献的职业认同感和幸福感；在教育教学上追求创新，能够运用教育智慧解决教育问题；热爱儿童，尊重儿童，带给乡村儿童以阳光和温暖。

为树立乡村教师阳光活力的榜样典范，弘扬乡村教师无私奉献的高尚师德，2015 年 9 月 16 日，基金会发起“马云乡村教师计划”，每年一届寻找 100 位优秀乡村教师，给予每人总计 10 万元支持——持续三年的现金资助与专业发展机会。为了更精准推进教育脱贫，自 2018 年起，“马云乡村教师奖”覆盖全国 832

个贫困县和浙江省。基金会期望通过公开、公正、透明的评选过程与媒体的广泛传播，寻找到优秀的乡村教师，激励和支持他们，使乡村学校更具活力，使乡村儿童享受更好的教育；通过评选，发现和传播来自一线的教育创新成果，持续推动乡村教育创新和发展。同时，加深社会对乡村教师的理解，激发社会对乡村教育的更大关注，带动更多的社会人士，投身乡村教育、发展乡村教育。为了表达对这些乡村教师的尊重和欢迎，每年的农历腊八节，乡村教师代言人马云都会在三亚为100名获奖的乡村教师举办颁奖典礼，使他们成为当天的耀眼之星。

（七）中国扶贫基金会百美村宿项目

1. 背景介绍

中国扶贫基金会长期以来致力于推动农村社区与农民生计发展。在参与地震灾后重建和推动贫困地区产业发展实践中，我们发现相当一部分地区蕴含丰富的旅游资源，有着独具特色的自然景观和特色村落。党的十八大以来，我国贫困地区交通状况和村庄环境得到大力改善。中国扶贫基金会基于此开始尝试在部分贫困县域实施乡村旅游扶贫探索，以“百美村宿”项目为基点，探索乡村复兴的全新模式。

百美村宿项目是中国扶贫基金会自2013年发起的美丽乡村旅游扶贫创新公益项目，该项目探索全新的“乡村旅游扶贫+”模式，致力于搭建乡村和外部联结的平台，重估贫困村价值，创造以村为本的发展机会。以村民自治组织合作社为依托，积极引入社会资金、信息和人才等要素，推动乡村可持续发展。

2. 项目实践——以河北省南峪村为例

河北省涞水县三坡镇南峪村，地处世界地质公园、国家AAAAA级旅游区、国家森林公园百里峡、野三坡附近，但是多年来并没有分享到旅游发展带来的好处。2014年，全村258户644人中有建档立卡贫困户175户436人，贫困发生率67.7%，人均纯收入不足2000元。2016年，依然有建档立卡贫困户59户103人，是太行山贫困区的一个贫困村。全国类似这样毗邻景区的贫困村还有很多，针对这类贫困村的脱贫问题，国务院扶贫办提出了“景区带村、能人带户”的发展理念，和国家旅游局共同推出了旅游扶贫工程，在国务院扶贫办的具体指导下，中国扶贫基金会募集社会捐赠资金解剖麻雀，在南峪村进行了一些具体的实践探索。

南峪村采用保护性规划，不大拆大建的原则，尽可能把乡村建设得更像乡村。通过资源梳理重塑乡村价值，规划建设保有村落元素的乡村，改善村民生产生活环境。既能保证乡村原有文化得到传承，同时通过整体规划设计，提升并丰富乡村接待及承载功能，积极引入社会资金、信息和人才等核心要素，共同发展乡村旅游扶贫事业，推动乡村可持续发展。

具体措施上，中国扶贫基金会进行适应乡村旅游的整体规划和改造，确定了把发展高端民宿项目，作为实现脱贫的支柱产业，开发出了“麻麻花的山坡”品牌高端民宿，同时直接或间接地带动当地村民从事农副产品销售和相关产品研发等工作。利用当地山区多石头的特点，就地取材，大量使用本地石料，对村庄环境进行改善；对村里的破旧闲置农房进行舒适化改造，不改变外观风貌，对室内陈设进行设计提升，既留得住乡愁，也留得住游客，满足乡村旅游需求。

另外，中国扶贫基金会还针对村民特点，进行自组织体系建设、经济组织体系建设和社区融合体系三大模式输出。基金会遵循项目陪伴机制，精准管理，先后推行了“三级联动、五户联助”“三七分成、二五保底”“一个基本、三个原则”等精准扶贫手段，取得了良好的帮扶效果。

3. 主要成效

南峪村第一期民宿项目共两套样板院于2016年6月底启动改造；2016年9月21日，正式试运营；截至2016年12月31日，产生收益8万余元，给南峪村村民分红75900元，普通户每人100元，贫困户每人200元。

2017年6月初至12月底，南峪村建成并投入运营8套精品民宿院落，实现营收173.84万元。除去成本费用外，合作社的纯利润在62万元左右，扣除村庄发展公积金等之后，仍然拿出38.95万元进行分红。实现全村656人普通户人均500元，贫困户人均1000元的目标，全村户均分红1700余元。

基于前两期民宿的运营情况，结合市场需求，2018年底完成三期民宿建设，现有15套院。2018年，实现营业收入265万余元。全村243户663人，普通户获得人均分红700元，贫困户人均1400元，户均2267元，分红资金共计550900元。

总的来说，中国扶贫基金会十余年来致力于农村贫困地区的农村发展，一直探索“村庄经济合作社模式”，以“村庄内部‘造血’”为核心，充分发挥村庄本地人才的作用，把村民组织起来“抱团取暖”。中国扶贫基金会的百美村宿项目现已联合各方资源共同打造了河北保定南峪村、贵州黔东南反排村、四川雅安雪山村、四川雅安邓池沟等一批乡村民宿，受到政府、社会、企业、媒体各界的关注与支持。

案例篇

第七章　典型城市乡村振兴案例分析

一、杭州乡村振兴案例分析

杭州位于中国东南沿海、浙江省北部、钱塘江下游、京杭大运河南端，是浙江的政治、经济、文化、教育、交通和金融中心，长江三角洲城市群中心城市之一、长三角宁杭生态经济带节点城市、中国重要的电子商务中心之一。杭州总面积16596平方千米，常住人口为918.8万人。截至2018年，杭州市辖区内共有92个街道，98个乡镇，3164个村、社区，其中行政村共有2015个，其中农业从业人员达270万人，农业总产值达到466亿元。2018年，杭州农村常住居民可支配收入达到33193元，其中工资性收入为19796元，经营性收入为8521元，财产净收入为1380元，转移净收入为3496元，消费性支出为24203元，人均住房建筑面积为72.5平方米。

（一）构建了完善的政策保障体系

良好的政策保障是实现乡村振兴的前提之一，杭州从2017年开始制定了完善的政策保障体系，从产业兴旺、生态宜居、乡风文明、治理有效、生活富裕等方面实现了政策的全方位覆盖，构建了以《中共杭州市委　杭州市人民政府关于推进乡村振兴战略的实施意见》为主体，《杭州市乡村振兴总体规划（2018—2020年）》为引导，《杭州市高质量推进产业振兴行动计划》《杭州市高水平推进农村人居环境提升三年行动方案（2018—2020年）》等为保障的“1+10+N”

的政策体系。[1]“1”是指出台《中共杭州市委、杭州市人民政府关于推进乡村振兴战略的实施意见》，着手制订《杭州市乡村振兴总体规划（2018—2020年）》等统领全市乡村振兴战略实施的纲领性文件，明确路线图、时间表、任务书，谋划一批乡村振兴重点项目、重点工程和重点工作。“10”是指研究制订《杭州市高质量推进产业振兴行动计划》《杭州市高水平推进农村生态宜居三年行动计划（2018—2020年）》《关于提高农村公共服务水平促进乡村振兴的实施意见》《消除集体经济相对薄弱村三年行动计划实施方案》等10个重点领域的政策性文件。“N”是指研究制定《杭州市农村土地流转和规模经营行动计划》《关于加强杭州市乡村人才振兴工作的实施意见》等一系列配套政策文件。“1+10+N”政策体系的文件，有些已经出台，有些正在征求意见或研究制定过程中，待时机成熟将陆续出台，具体如表7-1所示。此外，还构建了科学的评价和奖惩体系。

表7-1 杭州市乡村振兴领域相关政策

年份	政策文件	涉及领域
2017	《制定年度杭州市法治农业建设（依法行政）工作考核内容和评分细则》并逐年开展评估	治理有效
2017	《杭州市人民政府办公厅关于印发杭州市实施美丽农业建设三年行动计划（2017年—2019年）》	产业兴旺、生态宜居
2018	《中共杭州市委、杭州市人民政府关于推进乡村振兴战略的实施意见》	乡村振兴
2018	《杭州市高水平推进农村人居环境提升三年行动方案（2018—2020年）》	生态宜居、治理有效
2018	《杭州市整乡镇推进山区农业产业发展项目及资金管理办法》	产业兴旺、生态宜居
2018	《杭州市农业水价综合改革实施方案》	产业兴旺
2018	《关于消除集体经济薄弱村的实施方案》	产业兴旺、生活富裕、治理有效
2018	《杭州市乡村振兴产业发展资金实施指导意见》	产业兴旺
2018	《杭州市低收入农户高水平全面小康行动计划（2018—2022年）》	生活富裕、治理有效
2019	《杭州市示范性农民专业合作社评定及监测办法》	产业兴旺
2019	《杭州市乡村振兴总体规划（2018—2020年）》	乡村振兴
2019	《杭州市示范性家庭农场评定及监测办法》	产业兴旺、生活富裕

① https：//zjnews. zjol. com. cn/zjnews/hznews/201809/t20180912_8246912. shtml。

续表

年份	政策文件	涉及领域
2019	《杭州市高质量推进产业振兴行动计划》	乡村振兴
2019	《杭州市生猪产业高质量发展三年行动方案（2019—2021年）》	产业兴旺、生活富裕
2019	《杭州市“乡村产业技能大师”认定办法》	产业兴旺、生活富裕
2020	《开展“百村百企百基地”联送活动的实施方案》	乡村产业、生态宜居、生活富裕、治理有效
2020	《关于做好2019年杭州市高质量高水平推进农村人居环境提升行动项目行政奖励推荐工作的通知》	生活富裕、生态宜居

在所有涉及乡村振兴的政策中，涉及产业兴旺的最多，并对产业兴旺提出了具体的指引。《杭州市高质量推进产业振兴行动计划（2019—2022）》指出，杭州将实施产业振兴“16666”工程。其中，“1”是着力创建乡村振兴示范市的总体目标。“6”是深入开展六项具体行动。第一项是打造高质量的发展平台。第二项是建设10个农文旅融合的一体化产业平台。第三项是高效益提升行动，打造区域和省级知名产品和10条农业产业链。第四项是建设高质量农业田园体和示范区。第五项是培育高素质的发展主体，其中包括农业产业化示范联合体以及农业龙头企业等六个方面。第六项是开展高水平的农业科技转化行动，力争农业科技贡献率达65%。“666”即重点发展“三个六”产业，其中包括提升六大传统产业、做优六大特色产业、做强六大新兴产业。① 此外，在乡村人居环境方面也出台了针对性的发展规划——《杭州市高水平推进农村人居环境提升三年行动方案（2018—2020年）》，并对高质量推进农村人居环境提升的单位和个人进行行政奖励。此外，杭州也制定了乡村振兴“三步走”目标任务，其中第一步是到2020年建成乡村振兴示范区，基本完善乡村振兴体制机制和政策体系。第二步是到2035年率先实现乡村产业、人才、组织、文化、生态等方面的振兴。第三步是到2050年农业农村现代化达到国际先进水平，城乡经济社会实现全面融合，城乡居民美好生活高标准实现。②

杭州不仅从宏观层面制定乡村振兴战略和规划，还构建了良性的政策保障体系，从资金、人才以及发展主体等方面给予保障，并对优秀个人和集体给予奖励，进一步保障了乡村振兴战略的顺利实施。

① 《杭州市高质量推进产业振兴行动计划（2019—2022）》。

② https：//baijiahao. baidu. com/s？ id＝1597627648386234915。

（二）保障体系

第一，加强资金保障。以保障投入、调整结构、优化方式为抓手，构建以质量效益为核心的乡村振兴战略财政支农保障体系，为打造乡村振兴杭州样本提供有效可持续的财力支撑。一是保障财政“三农”投入。持续重视对“三农”的投入，坚持把“三农”作为财政优先保障领域。2018 年，杭州市本级财政对区、县（市）的“三农”工作投入 30 亿元左右，在严控政府债务风险和财政支出的基础上，安排“农林水支出”16.9 亿元，增长 3.8%。同时，积极整合原有扶贫扶持政策，统筹安排资金用于精准扶贫。二是调整财政支出结构。在确保财政投入与乡村振兴目标任务相适应的基础上，重点做好支出内容的结构性调整优化，以政策清理整合为抓手，注重支农政策之间的相互衔接，大力推进财政资金统筹整合。三是优化财政投入方式。进一步加强涉农资金管理，制定了《关于进一步加强涉农资金管理的意见》。逐步推行“大专项 + 任务清单”模式，根据各地任务完成情况，采取“以奖代补”方式下达财政资金。各区、县（市）可在完成市任务的基础上，统筹使用市级“以奖代补”资金用于“三农”领域。①

第二，加强土地资源保障。以全域土地综合整治和生态修复工程为重点，围绕乡村振兴战略进行布局，积极发挥国土资源在乡村振兴战略中的服务保障作用。一是积极探索全域整治路径。针对各地不同资源禀赋和发展需要，因地制宜实行“全域整治、整镇整治、整村整治”三种差异化整治路径，推动全域整治工作由点及面、全域推广。二是促进农村多规融合。按照“控制总量、优化增量、盘活存量、释放流量、实现减量”的目标，组织编制村土地利用规划，加强多规融合和规划引导，优化布局农居建设、基础设施、产业发展等各类项目，为空间腾挪和项目落地夯实基础。三是严守耕地保护红线。积极垦造耕地，五年来共投入建设资金 69 亿元，垦造耕地 8.64 万亩，建成高标准农田 118.4 万亩，划定永久基本农田 254.5 万亩。在全国率先推行“田长制”管理。全面建立并实施了耕地保护补偿激励机制，每年补偿总额达 3.1 亿元，激发农村和农民保护耕地的积极性，为农业适度规模经营和发展现代农业创造条件。四是活化利用存量土地。开展城乡建设用地增减挂钩，有计划开展农村宅基地、工矿废弃地等存量建设用地复垦，用地指标和调剂收益优先用于支持乡村振兴战略实施。

第三，加强人才保障。杭州结合党员春训冬训，设置乡村振兴专题内容，组

① https://z.hangzhou.com.cn/2018/rddsschy/content/content_7088030.htm。

织6600余名农村党支部书记和16.3万农村党员分批分次开展集中轮训。优化调整农村网格支部7967个，设置专业合作社等功能型党组织2835个。全面整治“空壳支部”和“超大支部”，将518个经营性收入低于5万元的村和166个党组织战斗力不强的后进村列为帮扶重点。加大农村党员和人才“双培养”力度，近3年发展35周岁以下党员1801名，全面消除了3年未发展党员的村。注重正向激励，全面落实乡镇干部“两个20%”政策，选树新时代新担当新作为干部49名，“双百”优秀乡村干部202名。①

第四，加强组织体系建设。乡村振兴除了要有完善的政策体系外，还需要构建健全的组织体系，保障政策能够很好地落地实施。为此，杭州还构建了完善的组织体系，其中包括健全的乡村振兴领导小组组织架构、乡村振兴工作制度。杭州为加强基层组织体系建设，制定出台了农村基层党建“1+3”文件体系，组织实施党建引领乡村振兴“十大行动”，细化基层党建16项重点任务。

一是建立健全乡村振兴领导小组组织架构。杭州建立了党委统一领导、政府负责，农村工作部门统筹协调的农村工作领导体制。按照职责明确、责任落实、决策科学、行动有力的要求，成立以市委市政府主要领导任组长、市委副书记任第一副组长、分管市领导任副组长、有关部门主要负责人为成员的杭州乡村振兴领导小组。领导小组下设10个重点工作推进小组，分别为产业兴旺、生态宜居、乡风文明、乡村治理、组织振兴和人才振兴、农村基本公共服务、农村综合改革、全域土地综合整治、集体经济消费和低收入百姓增收、清廉乡村建设小组，各小组分别由市领导挂帅，有关职能部门牵头，组织推进乡村振兴各项工作。各区、县（市）也成立相应的乡村振兴工作组织领导体系，由党政主要领导亲自挂帅、亲自抓，分管领导直接抓，切实将乡村振兴战略的具体要求落到实处。此外，杭州根据各个专项活动也成立了专项领导小组，如成立“百村百企百基地”联送活动领导小组和工作专班等。

二是建立健全乡村振兴工作制度。按照规范程序、落实责任、明确任务、有序推进各项工作落实的要求。杭州乡村振兴领导小组制定了议事规则、考核办法和年度工作报告制度，明确了领导小组成员单位职责分工和每年重点工作任务。建立了领导小组年度全体会议、季度重点工作推进会议、月度领导小组办公室主任会议为主体的会议制度。此外，还建立了领导小组成员单位联络员制度，明确工作职责，加强工作研究、工作报告、工作考核和工作联络。

① https：//z. hangzhou. com. cn/2018/rddsschy/content/content_7088030. htm。

三是构建“三小”监督体系。2019年，杭州出台了《关于建立健全村级“三小”监督体系深入推进清廉乡村建设的指导意见》，所谓“三小”主要是指基层小微权力监督、小型工程建设和小额资金管理。该意见指出，要全面推进小微权力清单制度，为防范小微权力失控问题，构建清单确权、流程限权、运行亮权、结果晒权的方式，保障村级小微权力阳光运行。① 小型工程建设领域，要对项目立项、发包、施工、变更以及验收等环节加大监管，做到全过程公开透明。小额资金管理方面，杭州既管人又管钱，所谓管人，是指杭州将对有审批决策权的村社主要负责人以及从事具体业务的村级财务人员明确管理办法。管钱则是通过推行直补直拨机制、推广使用村级公务卡制度，确保小额资金规范拨付。②

（三）成效分析

近些年，杭州深入贯彻落实《中共中央 国务院关于实施乡村振兴战略的意见》，2018年杭州在辖区范围内的农村开展了建设“四好”农村路，提升和改造农村公路380千米，广泛开展“厕所革命”，共新建和改造了500座农村公厕。启动打造精品村70个以上，继续推进精品线路、风情小镇和历史文化村落建设，乡村振兴效果显著。

这里以杭州市余杭区为例。余杭区深入推进乡村振兴战略，效果显著，打造出经济发达地区乡村振兴的“余杭样板”。2019年，余杭区全区实现农业增加值53.87亿元，增长2.8%，农村居民人均可支配收入41347元，增长9.7%，绝对值跃居浙江省首位，增幅连续13年超过城镇居民，城乡居民收入比为1.65∶1，城乡差距位于省市最低行列，人民群众的获得感、幸福感、安全感持续提升。

产业振兴领域，余杭区坚持发展现代农业，提升农业“两区”建设水平，建成粮食生产功能区总面积19万亩，粮食生产实现六连增，余杭区现代农业产业园作为2019年浙江省唯一一家列入国家创建名单。余杭区通过改革和探索，形成对非规模农产品生产经营主体监管“一户一卡”模式，是浙江省内最先推行对所有地产农产品全覆盖监管的地区，被评为全省首批“绿色农业发展先行县（区）”。此外，余杭区还加大推进“物联网+”现代农业建设，被命名为“浙江省农业机器换人示范县（区）”，5G技术率先应用于茶产业，夯实高品质绿色田园底色。

生态振兴领域，余杭区全面开展“城靓村美”建设行动，获得浙江省小城

① 《关于建立健全村级“三小”监督体系深入推进清廉乡村建设的指导意见》。

② http://www.zjsjw.gov.cn/ch112/system/2019/08/05/031824596.shtml。

镇环境综合整治工作省级优秀县（区）称号；全覆盖推进121个精品村和6个精品区块（线路）“美丽乡村”建设，启动新一轮“1510”示范创建行动，6个镇被评为全省示范乡镇，12个村被评为全省特色精品村，成功创建省景区村庄100个，并荣获浙江省新时代美丽乡村示范县（区）。同时，余杭区大力提升生态环境质量，加快推进农文旅融合发展，全域塑造新时代美丽家园。[①]

2019年，余杭区全区村级经营性收入达到10.54亿元，村均402万元，全面消除经营性收入50万元以下集体经济相对薄弱村；完善“三治融合”治理体系，深入推广小古城村“众人的事情由众人商量”的基层民主协商经验，以“5+1”机制打造余杭农村幸福社区样本，荣获杭州地区唯一的首批全国农村幸福社区建设示范单位。

（四）经验总结

1. 注重农村环境整治，发展农村旅游

在全面整治农村环境的同时，杭州重点推动“扩面、提升、深化”，引领美丽乡村建设从人居条件改善转向生态环境优化。杭州继续统筹推进以美丽村庄、美丽产业、美丽田园等为重点的乡村“八美”建设行动，加快推动全域景区化发展，开展“美丽乡村+”建设行动。2018年以来，杭州市县两级“新建、改造与提升”相结合，对功能欠缺、标准较低的公厕，对应高标准进行提升；对没有公厕或原公厕拆除重建的，对照标准新建和扩建。同时，杭州还制定了全国首批农村公厕地方标准——《杭州市农村公共厕所建设与管理规范》，小到保洁员的着装、用语、清洁时间，大到公厕内外环境、设施维修使用，都有“规”可依。

2. 通过改革释放农村发展潜力，推动农村发展

杭州加快“三权到人（户）”改革、农村土地制度、金融制度、户籍制度等各项改革工作，生产要素改革全面展开，培育了诸多新型农业经营主体、农民合作经济组织，加速了农民增收方式的转变。杭州还大力推动“互联网+农业”工程，依托一张“网”，推动本地主导农产品电商化，如今，农村电商已成为农民增收的新途径。此外，杭州还大力推进要素整理。杭州以规划为引导，推行“山水林田湖路村”全要素全区域综合整治项目，统筹实施零星耕地归整、散落村居撤并、村镇环境治理、产业集聚升级、生态环境修复、公益设施配套等各项

---

① http：//www.yuhang.gov.cn/art/2020/3/12/art_1532131_42230306.html。

工作，实现化零为整[①]。杭州还启动了宅基地产权制度改革试点工作，在试点村按照“宜耕则耕、宜保则保、宜业则业”原则，由村集体通过统一安排宅基地、复垦整治、开发建设、建立宅基地以及住房置换出租等流转机制，盘活利用存量建设用地，培育乡村旅游、文化康养、电商物流等新业态，激活宅基地使用权，赋予住房收益权，撬动存量闲置农房资产向资本转变。杭州通过一系列改革激活农村“沉睡”资本，农民尽享改革红利。

3. 培育龙头企业带动农民致富

要想跑得快，全靠车头带。杭州加大培育农业龙头企业力度，出台了《加快培育新型农业经营主体的实施方案》，充分发挥新型农业经营主体的龙头带动和示范引领作用，多渠道带动农民增收，构建小农户对接现代农业的有效渠道。此外，杭州农村近些年新生了数以万计的农民专业合作社、家庭农场、农业龙头企业等新型农业经营主体。它们发展订单农业生产，抱团闯市场、打品牌，推动农业生产现代化。

4. 加快城乡融合，实现城乡协调发展

杭州近些年积极推进“科技西进”“文创西进”“人才西进”“现代服务业西进”，深入实施城乡区域统筹“六大西进”行动，让市区的优质资源向县市辐射和延伸，开始了乡村振兴的杭州探索。从 2007 年开始，杭州将 38 个欠发达乡镇列入重点扶贫对象，开展“联乡结村”活动。2010 年 8 月，杭州全面实施城乡区域统筹发展战略，创造性地开展了“区县协作”机制。东部 11 个城区和 5 个西部县市挂钩结对，成立 5 个协作组，在产业、资源、干部等方面，开展全方位协作。

二、东莞乡村振兴案例分析

东莞位于广东省中南部、珠江口东岸、东江下游的珠江三角洲。因地处广州之东，境内盛产莞草而得名。最东是清溪镇的银瓶嘴山，与惠州市惠阳区相连；最北是中堂镇大坦乡，与广州市黄埔区和增城区、惠州市博罗县隔江为邻；最西是沙田镇西大坦西北的狮子洋中心航线，与广州市番禺区、南沙区隔海交界；最

① https：//www. sohu. com/a/212015576_671633。

南是凤岗镇雁田水库，与深圳市宝安区相连。东莞处于广州至深圳经济走廊中间，全市陆地面积2460.1平方千米，海域面积82.57平方千米。截至2018年，东莞市共下辖350个行政村、242个社区，常住人口为839.22万人，其中乡村人口为23.6万人。2018年，东莞农村常住居民人均收入为32277元，其中工资性收入为27512元，经营净收入为2661元，财产净收入为2946元。农村常住居民人均消费性支出为25355元。

（一）构建了完善的政策保障体系

2018年，东莞出台了《中共东莞市委　东莞市人民政府关于推进乡村振兴战略的实施意见》（以下简称《实施意见》）提出了“1+1+N”的乡村振兴战略政策体系，即1个乡村振兴实施意见，1个乡村振兴推进工作方案，N包括生态宜居美丽乡村实施方案、集体经济监管、农村人居环境等一批重要文件（见表7-2）。具体包括5个专项规划、46项重大任务、17项配套政策文件。其中5个专项规划分别为《全市乡村振兴战略规划（2018—2022）》《市域乡村建设规划》《村庄建设规划》《村土地利用规划和东莞市现代渔港建设规划》（见表7-3）。未来，东莞将坚持规划引领、项目带动的推进思路，加快推动乡村振兴。

表7-2　近年来东莞出台的乡村振兴相关政策文件

政策文件	涉及领域
《进一步完善农村（社区）集体经济组织股权管理的指导意见》	产业兴旺、生活富裕
《全面推行农村（社区）村级集体经济组织预算制度的指导意见》	产业兴旺、生活富裕
《中共东莞市委　东莞市人民政府关于推进乡村振兴战略的实施意见》	乡村振兴
《关于推进东莞文明美丽乡村建设深化全域文明创建三年行动实施意见》	生态宜居、生活富裕
《加强党的基层组织建设三年行动计划》	治理有效
《全域推进农村人居环境整治建设生态宜居美丽乡村实施方案》	生态宜居、生活富裕
《引导全市特色小镇健康发展的指导意见》	产业兴旺、生态宜居、生活富裕
《关于促进村组集体资金有效利用的实施方案》	产业兴旺、生活富裕
《关于有效整合盘活村组土地资源的实施方案》	产业兴旺、生态宜居、生活富裕
《创新体制机制推进农业绿色发展的实施意见》	产业兴旺、生态宜居、生活富裕
《修订农民住房管理办法》	生态宜居、生活富裕
《规范集体土地征收实施工作的管理办法》	产业兴旺、生活富裕
《提升城乡公厕服务水平工作方案》	生态宜居

续表

政策文件	涉及领域
《基层党组织规范化标准化建设质量清单》	治理有效
《农村发展党员“村培镇管”办法》	治理有效
《次发达村（社区）创收能力巩固提升行动方案》	产业兴旺、生活富裕
《东莞市乡村建设规划（2018—2035）》	乡村振兴
《次发达镇产业发展专项资金竞争性分配机制》	产业兴旺、生活富裕
《推进家庭医生签约服务制度实施方案》	治理有效、生活富裕
《历史遗留违法建筑分类处理办法》	生态宜居、治理有效
《东莞市生猪定点屠宰场整合实施方案》	产业兴旺、生态宜居、生活富裕
《东莞市农村（社区）集体资产交易办法》	产业兴旺、生活富裕

表7-3　东莞市乡村振兴战略实施意见的具体内容

重大规划计划（5项）			
1	《全市乡村振兴战略规划（2018—2022）》		
2	市域乡村建设规划	4	村土地利用规划
3	村庄建设规划	5	东莞市现代渔港建设规划
重点任务（46项）			
1	推进农业产业结构调整优化	24	完善基层自治体制机制
2	提升农业综合生产能力	25	建设法治乡村
3	培育发展新型农业经营主体	26	建设平安乡村
4	发展壮大农业新业态	27	加强新型职业农民和乡村专业人才培育
5	健全农产品质量安全监督体系	28	促进农民就业创业
6	推进农业绿色发展	29	实施农村集体经济管理人才培育工程
7	完善镇村统筹发展利益分享机制	30	加强农业科技人才队伍建设
8	推进村组土地资源统筹利用	31	加强乡村振兴规划引领
9	推进村组物业统筹经营	32	深化农村集体产权制度改革
10	推进村组资金统筹利用	33	深化农村土地制度改革
11	加强农村集体资产市镇村三级监管	34	完善乡村发展用地保障机制
12	开展人居环境综合整治行动	35	深化供销合作社综合改革
13	完善乡村公共设施配套	36	完善农村金融服务机制
14	打造乡村建设精品工程	37	促进优质教育资源共享
15	培育发展特色小镇和特色小城镇	38	提高城乡社会保障水平

续表

重点任务（46 项）			
16	加强农村生态环境治理	39	提高基层公共卫生服务水平
17	加强农村思想道德建设	40	推动次发达镇加快发展
18	加强乡村先进文化阵地建设	41	增强次发达村（社区）创收能力
19	传承发扬农村优秀传统文化	42	推动有劳动能力低保户达标奔康
20	培育养成新乡贤文化	43	完善党的农村工作领导体制机制
21	大力倡导乡风文明	44	加强“三农”工作队伍建设
22	加强农村基层党组织建设	45	加强督查考核
23	实施基层党组织“头雁”工程	46	营造乡村振兴良好氛围

资料来源：http：//nyncj. dg. gov. cn/zx/zl/xczxzt/zcwj/content/post_ 298074. html。

东莞《实施意见》分别围绕产业振兴、生态振兴、文化振兴、组织振兴和人才振兴几个方面展开。其中，产业振兴领域将进一步完善镇村统筹利益分享机制。《实施意见》指出，推动集体经济从分散发展向镇村统筹联动发展转变。《实施意见》提出了“大力推进富民强村，推动乡村产业振兴”的战略部署。其中，发展高端精品都市型农业重点是抓农业产业结构调整优化，推进市镇两级农业园区建设，培育发展新型农业经营主体，完善农产品质量安全监管体系，发展休闲观光农业。在完善镇村统筹发展利益分享机制方面，由属地镇（街道）探索建立镇（街道）统筹土地开发利用利益分享机制，对于镇（街道）统筹多个村组土地的开发项目，按照各村组统筹土地面积占比分享项目税收收益。对于新增生产性建设用地和经营性建设用地土地增值收益，由属地镇（街道）事前视镇、村、组、个人等各方利益确定分配比例。同时，推进村组土地资源统筹利用、村组物业统筹经营、村组资金统筹利用，加强农村集体资产市镇村三级监管。

《实施意见》围绕生态宜居目标，提出了“全域推进生态宜居美丽乡村，推动乡村生态振兴”的战略部署。东莞围绕 13 个试点村，以点带面实现全域村庄的生态改造，并开展“千村示范万村整治”工程，推进城乡垃圾处理、污水攻坚、“厕所革命”。以 13 个村为先行试点，以点带面，全面部署推动，通过建设生态宜居美丽乡村，丰富美丽东莞内涵。到 2020 年，污水处理率达 95%，建成湿地公园 25 个，全市村（社区）体育公园覆盖率达 100%，全部村（社区）达到干净整洁村标准。预计到 2021 年建成 6 个基础设施完善、人居环境优美、本土特色突出、产业发展良好的美丽幸福村居连片建设样板。预计到 2022 年，

80%以上村（社区）达到美丽宜居村标准，到2025年全部村（社区）达到美丽宜居村标准。[①]

乡村振兴既要塑形，也要塑魂，而优秀的乡土文化则是乡村振兴的“魂”。《实施意见》围绕乡风文明，提出了家风建设、先进文化阵地建设、传统村落保护和活化利用、传统民俗文化传承发展、新乡贤文化培育、推进新东莞文明美丽村居建设等举措，推动东莞乡村更有乡愁、更有乡情、更有乡韵。

乡村振兴，人才是关键。《实施意见》聚焦农村实用人才需要，从三大方面谋划推进东莞乡村实现人才振兴。加强新型职业农民和乡村专业人才培育，认定一批生产经营型、专业技能型和社会服务型的新型职业农民。加大对农村教师、全科医生、乡村医生、农技推广员、养老护理员、乡村工匠、非遗传承人、社会体育指导员等专业人才的扶持培育力度。加强农业科技人才队伍建设，实行植物检疫员、动物检疫检验员、农技指导员、农业信息员、农业行政执法人员等培训常态化，提升基层农技人员的专业技能。利用好劳动力技能晋升培训补贴政策，引导和鼓励农村劳动力参加劳动力技能晋升培训，考取国家职业资格证书。

《实施意见》围绕治理有效目标，提出了“创新基层治理体系，推动乡村组织振兴”的战略部署。《实施意见》重点部署实施“头雁”工程、智网党建工程、基层党组织标准化、选派第一书记等加强和改进党组织建设的举措。同时，结合东莞流动人口多、利益主体多元化的特殊市情，提出完善基层自治体制机制、建设法治乡村、平安乡村的重点举措。其中，提出拓展推进非户籍常住人口参与基层社会治理的途径和方式、建立专职人民调解队伍、城乡视频监控一体化、智慧路灯工程等任务。

此外，《实施意见》还对乡村振兴提出了具体的时间轴，其中，到2020年形成乡村振兴政策体系；建立城乡融合机制；党的农村工作领导体制机制全面建立；所有村（社区）全面完成农村人居环境整治；城乡居民收入增长与经济增长基本同步；村组两级集体总资产超过1700亿元，年经营纯收入超过150亿元；现行标准下有劳动能力低保户实现家庭人均月收入超过当年市定低保标准。到2022年，乡村振兴见到显著成效，农村人居环境明显改观。城乡融合发展体制机制基本健全；党建引领基层治理作用明显；乡风文明持续改善；生态宜居美丽乡村建设取得重大成果，污水和垃圾无害化处理能力得到全面提升。到2027年，乡村振兴取得战略性成果，农村整体品质得到较大提升。城乡基本公共服务均等

① 《中共东莞市委　东莞市人民政府关于推进乡村振兴战略的实施意见》。

化基本实现；集体经济发展质量和水平进一步提升；乡风文明达到新高度，乡村治理体系更加完善；农村生态环境根本好转，全部建成生态宜居美丽乡村。到2035年，乡村振兴取得决定性进展，农业农村现代化基本实现。到2050年，乡村全面振兴，农业强、农村美、农民富全面实现。①

（二）保障机制

1. 健全工作机制

东莞在乡村振兴战略领导小组下设若干个专项组，具体负责协调推进全市乡村振兴战略的各项工作，研究协调遇到的困难问题，专项组长原则上由领导小组副组长担任。紧盯标准，针对乡村振兴涉及的整治、创建、达标等各项工作任务，协调督促相关牵头部门进一步明确细化的具体标准要求，加强宣传培训，便于镇村基层对照执行。紧盯人员，除各项重点工作分别明确牵头单位、协助单位及责任领导外，各相关单位分别指定一名分管领导和一名科级干部，作为统筹协调员和工作联络员，名单统一报送市委实施乡村振兴战略领导小组办公室，确保具体工作有人跟。紧盯进度，对乡村振兴重点工作实行台账管理、挂图作战，及时统计、汇总、通报工作落实情况。以市委实施乡村振兴战略领导小组的名义，对各镇（街道）和有关单位推进乡村振兴工作、落实重点任务开展常态化督导巡查，发现问题随时约谈，视情况进行实地检查或现场督导。紧盯成效，及时总结提炼东莞乡村振兴工作进展成效和经验做法并向上级报告。东莞加大落实五级书记抓乡村振兴工作机制，明确镇（街道）党委书记是第一责任人，切实把抓乡村振兴的责任扛在身上，履职尽责、一抓到底。在镇（街道）现有的实施乡村振兴战略领导小组基础上，成立实施乡村振兴战略工作专班，由镇（街道）党委副书记分管，党政办负责牵头协调，农林水务、财政、自然资源、住建、城管、工信、组织办、重点办等相关职能部门共同参与，明确分工、加强统筹，确保各项任务高效开展、落实到位。

2. 完善监管机制，壮大农村集体经济

为了保证乡村振兴战略的成功实现，东莞开展了农村集体资产有效监管、农村集体经济发展能力、次发达镇村加快发展、农产品质量安全、现代农业发展质量五项提升行动。为摸清农村集体经济的规模，东莞制定了完善的集体经济监管制度，构建了阳光透明的交易平台，打造了完善的监管平台，规范了农村集体资

① 《中共东莞市委　东莞市人民政府关于推进乡村振兴战略的实施意见》。

产及产权的交易。作为全国的农村集体产权制度改革试点单位，东莞在广东省内率先全面试运行村级财务管理 APP。村民股东通过 APP 可以监督村级资产，参与重大事项表决；承租人可以用 APP 轻松处理合同业务；公众则可通过该 APP 及时获知村务信息，公众成为农村集体资产的忠实“守门人”。东莞还在全国率先开创集体资产网上交易新模式，在过去一年，全市村组集体通过集体资产交易平台成功交易 12004 宗，成交金额 161.6 亿元，溢价率达 13.9%。此外，东莞还修订了集体资产交易办法，进一步明确了不同资产交易类型的适用标准、审查要求、交易程序和监管细则。加强审计监督，引入中介将任期经济责任审计扩展至所有村组。扩大监察范围，加大违规行为查处力度，加强对村组非党员干部的监管。①

3. 建立考核评价机制，强化考核

东莞参照《广东省推进乡村振兴战略实绩考核工作暂行办法》，研究制定东莞考核办法，明确考核内容、考核方式、考核程序和结果运用等要求，于 2019 年底或 2020 年初组织对各镇（街道）和市有关单位进行考核评价。对工作突出、成效显著的镇（街道）、单位和个人给予表彰。对于考核不达标，或者在上级对东莞督查考核中严重失分或造成不良影响的，视情况依据相关规定对相关镇（街道）、单位和个人进行通报、追责。

（三）成效分析

1. 产业振兴

东莞通过实施农村产业振兴战略，农村经济发展成效显著。截至 2019 年 10 月，全市村组集体总资产 1815.1 亿元，村均 3.26 亿元，同比增长 7.8%；经营纯收入 138.6 亿元，同比增长 16.1%。村组两级总资产占广东的 30%，占全国村组两级总资产的 5%。2018 年，农村集体组织人员人均分红 5600 元，同比增长 13.9%。此外，东莞在现代都市农业和休闲农业上下大力气，培育出 39 家市级农业龙头企业，其中 3 家成为国家级农业产业化重点龙头企业，20 家为省级农业龙头企业。截至 2019 年底，东莞休闲农业发展迅猛，全市 30 亩以上的休闲农业场所达 120 多个，新增就业岗位 3000 个，2018 年全年接待游客 550 万人次，经营主体实现收入达 2.2 亿元。②

2. 人才振兴

东莞大力推进乡村人才振兴，积极引导各类人才向乡村流动聚集。全市“两

① http://idg.timedg.com/2018-06/06/20664594.shtml。

② http://news.timedg.com/2019-11/29/20957400.shtml。

委”干部大专以上学历占比达85.4%。自2019年以来，东莞实施了科技特派下乡活动，市共派出31名农村科技特派员，服务次数238次，引进并推广农业新技术、新品种以及新成果56项，入驻企业、示范基地20个。实施“粤菜师傅”培育行动计划：培养全市技工院校餐饮专业在校生2450人，开展烹饪技能实训2.8万人次。2735名粤菜师傅获得国家职业资格证书。

3. 文化振兴

东莞大力推进农村文化振兴，截至2019年底，东莞共有14个镇街获评“全国文明镇”，11个镇街获评“广东省文明镇”，8个镇街获评“东莞市文明镇”，实现了文明镇全覆盖；共有494个村（社区）获评市级以上“文明村（社区）”。此外，东莞加大文化阵地建设工作，实现综合性文化服务中心村（社区）基层全覆盖，全市共有文化广场755个、公共图书馆（室）653个、“农家书屋”589个，32个镇街文广中心全部均达到省“特级文化站”标准。东莞还围绕优秀传统文化举办了龙舟节、卖身节、乞巧节、花灯节、莞香节、醒狮表演、麒麟舞等文化节庆活动，弘扬以孝德文化为核心的优秀家风。

4. 生态振兴

生态振兴领域，东莞是广东唯一一个全域推进农村人居环境整治的城市，目前正全力打造13个生态宜居美丽乡村示范试点、6个美丽幸福村居市级特色连片示范区、创建120个特色精品村和特色精品示范村。截至2019年底，东莞生活垃圾“村（社区）收集、镇街转运、市处理”的三级管理网络基本建成，城乡生活垃圾无害化处理率基本达到100%，在全国处于领先位置。累计建成截污管网5549千米，微支管网1836千米，完成35座污水处理厂提标改造和41座分散式污水处理设施建设，基本实现全市污水处理设施全覆盖，全面解决污水直排问题。2019年，市镇两级财政共计划投资4.14亿元改造新建乡村公共厕所1180座。全市农村卫生户厕普及率达100%。

5. 组织振兴

东莞坚持党建引领，深入推进“头雁”工程，坚决整顿33个软弱涣散村（社区）党组织，建立健全为民服务制度216项，引进发展项目46个。东莞加快推进村（社区）党工委书记、村委会主任、集体经济组织理事长“一肩挑”工程，目前，95%的经联社理事长由村（社区）党组织书记兼任，90%的理事会成员由党工委委员兼任。东莞全市已有452个村（社区）完成村规民约、居民公约的修订工作，占全市村（社区）总数的76.2%，提前完成省民政厅要求的修订完成率60%的目标。此外，东莞实现一村（社区）一法律顾问工作全覆盖，全市 583 个村（社区）达到省级“民主法治村（社区）”创建标准，创建比例达 98%。近些年，东莞积极响应国家乡村振兴战略，并出台一系列政策文件，乡村振兴成效较为显著，乡村振兴综合水平位于全国前列。

（四）经验总结

1. 开展“市、镇、试点村”三层级的“乡村建设专项规划”

东莞在市域、镇域层面编制了乡村建设规划，对有需求的村（社区）编制单村或连片的村庄建设规划，并指导村庄高标准建设。除了规划引领外，东莞市委、市政府还优先保障乡村振兴的资金。2019 年，市财政预算安排乡村振兴资金 29.34 亿元，同比增长 13.7%；从 2020 年起，计划再增加投入 9.225 亿元，用于奖补次发达村、特色精品村和特色精品示范村。

2. 实施全域项目化管理

2018 年，东莞确定了项目化推进乡村振兴战略的实施路径。2019 年，东莞把乡村振兴项目化的实施范围扩展到全市各镇街，在 2018 年项目化的基础上打造升级版，实现“全域项目化”。围绕产业兴旺、生态宜居、治理有效、乡风文明、民生保障五个方面，分类梳理确定覆盖全市各个园区、镇（街道）的乡村振兴项目。在此基础上，市级层面建立了“东莞市乡村振兴重点项目库”，各镇街也相应建立了本级的乡村振兴项目库，有力推动全域乡村振兴各项工作落实落细。具体内容上不仅有营造美丽村居环境的生态宜居类项目，还有提升乡村“文化味”的乡风文明类项目、突出打造和谐善治乡村的治理项目以及民生保障类项目和产业兴旺类项目，基本涵盖五大振兴的内容。目前，全市各镇街乡村振兴项目共达 2117 个，总投资额 2200 多亿元。其中，203 个总投资额达 682 亿元的项目入选“东莞市乡村振兴重点项目库”，截至 2020 年上半年，已竣工 50 个，基本完工 9 个，在建 98 个，其余正开展施工设计、立项、招投标等前期工作。

3. 组建智库，打造平台，推动乡村振兴

东莞组建了乡村振兴专家咨询委员会，引入智库力量，开展乡村振兴软课题研究，并提供多种形式的咨询服务。专家组共有 13 人，包括浙江先进地区专家代表 1 人，省级研究机构、高校专家代表 7 人，市内专家学者 5 人，涉及村庄规划建设、集体经济研究、本土乡村文化等多个领域。此外，东莞还成立了乡村振兴促进中心，作为一个开放性平台通过委托课题研究等形式，探索东莞特色乡村振兴实施路径。

三、成都乡村振兴案例分析

成都是四川省会城市，也是全国15个副省级城市之一。成都地处四川盆地西部，截至2017年，全市土地面积为14335平方千米、占四川省总面积（48.5万平方千米）的2.95%，其中市区面积为3639.81平方千米，市辖区建成区面积885.6平方千米。截至2018年，成都市辖锦江、青羊、金牛、武侯、成华、龙泉驿、青白江、新都、温江、双流、郫都11个区，简阳、都江堰、彭州、邛崃、崇州5个县级市，金堂、大邑、蒲江、新津4个县。全市共设置52个乡政府、206个镇政府、117个街道办事处、1647个社区居委会、2678个村民委员会。户籍人口为1476.05万人，其中乡村劳动力为320.31万人，农林牧渔业从业人员为148.58万人。2018年，国内生产总值为15342.77亿元，其中农林牧渔业总产值为909.34亿元。截至2018年，成都农村居民家庭人均收入为28912.5元，其中工资性收入为11155.21元，家庭经营收入为10463.06元，转移性和财产性收入为7293.23元。农村居民家庭人均支出为27264.8元，其中家庭经营费用支出为4909.8元，生活消费支出为15977.07元，财产转移性支出为1552.43元。农村居民家庭人均可支配收入为22135元，年末人均住房面积为53.3平方米。

（一）乡村振兴的政策体系构建

2017年11月13日，成都召开了实施乡村振兴战略推进城乡融合发展大会，会上推出了一系列乡村振兴的顶层设计和制度保障，先后出台了《关于实施乡村振兴战略建立健全城乡融合发展体制机制加快推进农业农村现代化的意见》《成都市实施乡村振兴战略推进城乡融合发展“十大重点工程”和“五项重点改革”总体方案》《成都市实施乡村振兴战略若干政策措施（试行）》，构建形成“1+2+22”政策体系。编制形成《成都市乡村振兴战略规划（2018—2022年）》和《成都市乡村振兴空间发展规划》，同时全域统筹布局了“大美田园”“蜀山乡韵”“秀湖云田”“天府农耕”和“山水乡旅”五条乡村振兴示范走廊。

其中“十大重点工程”分别为全域乡村规划提升工程、特色镇（街区）建设工程、川西林盘保护修护工程、大地景观再造工程、农村人居环境整治工程、农业品牌建设工程、乡村人才培育集聚工程、农民增收促进工程、农村文化现代化建设工程、城乡社区发展治理工程。①

1. 全域乡村规划提升工程

推进城乡融合发展，必须以规划为引领。成都市各区（市）县主动担当编制全域乡村振兴战略发展规划的重任，进一步完善乡村规划师制度，加强乡村规划管理，提升乡村规划的创意设计、功能统筹、产业融合能力，引领城乡有机融合、共享发展。

2. 特色镇（街区）建设工程

成都采用“特色镇（街区）+林盘+农业园区”“特色镇（街区）+林盘+景区”“特色镇（街区）+林盘+产业园”等模式，以“西控”区域为重点，规划建设100个规模在3～5平方千米的特色镇（街区），引导资金向特色镇（街区）流动、产业向特色镇（街区）集聚、人口向特色镇（街区）转移，形成产业集聚、功能复合、连城带村的特色镇（街区）。

3. 川西林盘保护修复工程

川西林盘是天府文化、成都平原农耕文明和川西民居建筑风格的鲜活载体，具有丰富的美学价值、文化价值和生态价值。到2022年，成都将全面完成1000个川西林盘整治任务。成都将坚持以绿色田园为本底、以自然山水为映衬、以天府文化为内核，加强外部风貌塑造和内部功能提升，开展以“整田、护林、理水、改院”等为主要内容的川西林盘整理、保护、修复，统筹实施山水林田湖整治。

4. 大地景观再造工程

成都以土地综合整治为主要载体，以山水林田湖草综合治理为主要抓手，以航空走廊、交通沿线、旅游景区为重点，全面开展大地景观再造工程。成都以节约集约用地为宗旨，以优化城乡建设用地结构与布局、提升农民生产生活条件、推进高标准农田建设、改善生态环境为重点，结合特色镇建设和川西林盘整理，盘活农村土地资源，构建城乡土地资源合理配置机制，推进产业发展和特色镇建设。政府主导市场化运作，分区域统筹编制大地景观规划和项目，重现天府之国壮美秀丽的景色。

5. 农村人居环境整治工程

成都为了重塑农业形态，建设美丽田园，大力开展“百镇千村”景观化建设行动，加快建设天府绿道体系，努力实现农村景观化景区化，改造提升传统民

① 《成都市实施乡村振兴战略推进城乡融合发展“十大重点工程”和“五项重点改革”总体方案》。

居、老旧院落，优化提升农村居民生活设施配套水平。到 2020 年，全面完成农村人居环境整治任务。

6. 农业品牌建设工程

成都为了提高农产品的市场竞争力，加强对农产标识、产地、质量、包装、品牌的创意设计和市场营销，以品牌整合资源、运作市场，把成都建设成为农业品牌的设计之城，以品牌运作资源的农产品集散之城。

7. 乡村人才培育集聚工程

成都支持返乡农民工、高校毕业生、退役士兵等创办领办新型农业经营主体，培养一大批有经营头脑、有专业技能的新型职业农民。要以农业农村现代化为目标，构建乡村人才建设长期规划，鼓励支持区（市）县与各校各院系各企业共建农业技术试验推广基地，鼓励支持农业龙头企业引进规划、文创、设计、金融、旅游、策划、营销品牌等高端人才，加快建设“成都农业智库”。

8. 农民增收促进工程

成都为了增加农民财产性收入，探索农村集体经济组织以出租、合作等方式盘活农民闲置农房及宅基地，引导农民采取农村产权入股、租赁、托管等方式，与社会资本开展合作经营，促进资源变资产、资金变股金、农民变股东，增加农民工资性收入。同时，鼓励支持农民工就业创业，引导发展休闲农业和乡村旅游等农村新产业新业态，加快发展农村服务业，带动农民融入产业链各环节，让农民分享产业链延伸增值收益。

9. 农村文化现代化建设工程

成都以四大举措实施农村文化现代化建设。深化乡村公民道德建设，把天府文化深度融入乡村建设和居民生活，大力弘扬古蜀农耕文明、传承天府文化，坚定农村文化自信，提升农民职业荣誉感，增强乡村振兴战略的信心。

10. 城乡社区发展治理工程

成都加快推动发展取向从以 GDP 为中心向以人民为中心转变，大力实施社区服务提升等“五大行动”，加快建设高品质和谐宜居生活社区。为此，成都加快提升社区服务能力，加快完善公共服务专项资金供给标准体系，深入推进“医疗体”“区域教育联盟”建设，深化镇村便民服务中心标准化建设，培育引导社会组织进入乡村提供专业化精准服务，促进更多优质资源向农村延伸，打造 15 分钟社区生活服务圈。

“五项重点改革”为深化农业供给侧结构性改革、深化农村集体产权制度改革、深化农村金融服务综合改革、深化公共产品服务生产供给机制改革、深化农村行政管理体制改革。其中，农业供给侧结构改革围绕打造 5 个千亿产业集群展开，坚持在创新链、供应链、价值链、产业链上着力，深化农业供给侧结构性改革，到2022 年，全市农业增加值达到 600 亿元以上，农业科技进步贡献率超过 70%。

深化农村集体产权制度改革。成都大力推进以农村土地制度、农村集体资产股份化、农村集体产权交易服务机制为重点的农村集体产权制度改革。到 2022 年，基本形成归属清晰、权能完整、流转顺畅、保护严格的农村集体产权制度。其中，农村土地制度改革将进一步深化，推进承包地“三权”分置，落实第二轮土地承包到期后再延长 30 年政策，引导土地经营权规范有序流转，发展多种形式适度规模经营；全面深化农村集体资产股份化改革，将农村集体所有的经营性资产以股份或份额形式量化到本集体成员；在此基础上发展壮大新型农村集体经济，引导村集体利用资源性资产和经营性资产，组建集体资产管理公司、土地股份合作社、农民专业合作社等新型市场经营主体，到 2022 年，村（组）建立农村集体经济组织达到 100%。

深化农村金融服务综合改革。成都分类推进金融机构改革，持续引导金融机构向农村延伸网点服务，完善农村产权担保、收储、交易服务体系，到 2022 年实现农村金融服务全覆盖。成都以农村产权抵押贷款为重点，发展担保贷款、小额信用贷款、职业经理人信用贷款等涉农信贷产品，扩大涉农融资规模；支持涉农企业直接融资，支持农业龙头企业上市，支持中小特色农业企业通过天府（四川）股权交易中心实现股权挂牌交易。持续推进政策性农业保险；完善“农贷通”金融服务平台，加快农村金融服务中心（站）建设，整合农村产权、农业政策、农村金融、农村电商等资源，拓展“农贷通”政策咨询、产权流转、融资供需对接、金融风险分担、信用信息共享等功能，打造农村金融综合服务全国样板。

深化公共产品服务生产供给机制改革。为提高农村公共产品的供给效率，成都引导社会资本进入农村，实现共建和共享。其中，主要围绕创新农村教育服务供给、创新社会保险供给、创新就业服务供给、创新医疗和公共卫生服务供给、创新社会服务供给以及创新文化体育服务供给等方面。

深化农村行政管理体制改革。成都逐步构建“两级政府、三级管理”、扁平高效的城乡管理组织架构。为减少管理层级，成都依法有序推进合乡并镇和镇改街道、合村并组和村改社区行动。为了创新管理方式，成都开展了建立现代农业功能区建设管理体制推进城乡融合发展试点，构建“管委会 + 投资公司”运营模式，统筹功能区规划建设、产业布局、环境营造、招商引资和投资促进等经济管理职能，转变管理职能。优化调整乡镇（街道）职能，组织实施转变乡镇（街道）职能优化机构设置，突出统筹社区发展、组织公共服务、实施综合管理、优化营商环境、维护社区平安等职能，推动行政执法和政务服务重心下沉。加快村级“政经分离”，让集体经济组织专注发展，让自治组织专注社区治理。

“七大共享平台”分别为农村土地交易服务平台、农业科技创新服务平台、农村金融保险服务平台、农产品品牌孵化服务平台、农产品交易服务平台、农商文旅体融合发展服务平台、农业博览综合服务平台。

（二）保障机制

1. 加强党委对实施乡村振兴战略的领导

坚持党委统一领导、政府负责、党委农村工作机构统筹协调的领导机制，落实省负总责、市县抓落实的工作机制，坚持五级书记抓乡村振兴。各级党委农村工作领导小组及其办事机构要牵头抓总，推动乡村振兴战略落地落实。建立各级党委常委会定期听取乡村振兴工作推进情况制度，落实市、县向上级党委、政府报告乡村振兴战略年度推进情况工作制度。加强乡村振兴统计监测工作，并制定乡村振兴促进条例。①

2. 落实农业农村发展“四个优先”

坚持把落实“四个优先”的要求作为做好“三农”工作的头等大事，纳入重要议事日程。优先考虑“三农”干部配备，选好配强“三农”干部，把优秀干部充实到“三农”战线，注重选拔熟悉“三农”工作的干部充实各级党政班子，选优配强市、县党委、政府分管负责同志、农口部门主要负责同志。建立“三农”工作干部队伍培养、配备、管理、使用机制，落实关爱激励政策。优先满足“三农”发展要素配置，坚决破除妨碍城乡要素自由流动、平等交换的体制机制壁垒，改变农村要素单向流出格局，推动资源要素向农村流动。优先保障“三农”资金投入，建立乡村振兴财政投入保障制度，坚持把农业农村作为财政优先保障领域和金融优先服务领域，公共财政更大力度向“三农”倾斜，鼓励金融机构将县域新增贷款投向支持乡村振兴的项目。地方政府债券资金要安排一定比例用于支持农村人居环境整治、村庄基础设施建设等重点领域。优先安排农村公共服务，推进城乡基本公共服务标准统一、制度并轨，实现从形式上的普惠

① 《四川省乡村振兴战略规划》。

向实质上的公平转变。

3. 加强基层组织建设和乡村治理

县级党委履行抓农村基层党组织建设的主体责任。完善农村基层党组织领导机制，坚持农村基层党组织领导地位。健全村级重要事项、重大问题由村党组织研究讨论机制。全面推行村党组织书记通过法定程序担任村民委员会主任，依法推行村“两委”班子成员交叉任职。建立农村基层党组织、基层群众性自治组织候选人联审机制。实施村党组织带头人队伍整体优化提升行动。对村“两委”换届开展“回头看”，坚决把受过刑事处罚、存在“村霸”和涉黑涉恶等问题的村“两委”班子成员清理出去。以县为单位对软弱涣散村党组织“一村一策”逐个整顿。实施优秀农民工定向回引培养工程。全面落实对村党组织书记县级党委备案管理制度。建立健全党组织领导的自治、法治、德治相结合的领导体制和工作机制。推进村（居）务公开民主，指导农村普遍制定或修订村规民约。成立红白理事会，推进移风易俗、殡葬改革，推动具有公益性节地生态安葬设施功能的乡村公益性公墓建设。健全以财政投入为主的稳定的村级组织运转经费保障制度，建立正常增长机制，确保县域内村级组织运转经费平均每年不低于 8 万元。开展乡村治理体系建设试点和乡村治理示范村镇创建。强化平安乡村建设，弘扬新时代“枫桥经验”，实施“雪亮工程”，推进反腐败斗争向基层延伸，扎实开展扫黑除恶专项斗争。

4. 强化实施乡村振兴战略考评激励

将乡村振兴考核纳入省委、省政府综合目标绩效考核，将考核结果作为干部任免、政策资金支持的重要参考。研究制定市、县党政领导班子和领导干部推进乡村振兴战略的实绩考核办法。实施乡村振兴战略考评激励办法，每年命名一批乡村振兴先进县（市、区）、先进乡镇、示范村。

（三）乡村振兴的成效

成都乡村振兴政策执行以来，陆续出台了若干政策措施，落实了“十大重点工程”“五项重点改革”总体方案以及专项实施方案，形成了“1 + 2 + 15”政策体系。全市共策划推出乡村振兴重大项目 586 个，计划总投资 3911.16 亿元，已落地开工乡村振兴项目 494 个（含一产业 55 个市重点项目），完成投资 614.57 亿元。此外，成都还大力推进“七大共享平台”提升建设，已初步形成“1 + N + X”（1 套运行机制 + N 项服务功能 + X 个服务主体）运行机制。产业振兴领域，成都全面启动“管委会 + 投资公司”管理体制改革试点，加快建设天府农业博览园、崇州现代农业功能区等农业产业功能区（园区），已初步构建形成“7+6”（7个农业产业功能区+6个农业产业园区）发展格局，规划总面积达到1820.78平方千米，功能区引进项目33个、总投资额576.67亿元。农村治理层面，成都全面推行农村集体“三会”制度（议事会、理事会、监事会），在全国率先成立城乡社区发展治理委员会，城乡社区发展治理新模式荣获全国“民生示范工程”第一名。人居环境领域，成都大力实施农村人居环境综合整治，突出抓好农村垃圾、污水、厕所“三大革命”，清理各类生活垃圾7.1万吨，建成农村生活污水处理设施464处，完成农村户厕改造9万余户。累计建成省定标准幸福美丽新村2905个，评选市级“三美”示范村75个、文明户1125个，建设综合性文化服务中心基层示范点44个。已建成天赋绿道2607千米，启动57个特色镇（街区）建设和100个川西林盘保护修复项目，郫都区战旗村被命名为“全国美丽休闲乡村”，蒲江县明月村获批“2018年中国十大最美乡村”。[①] 成都市各区县充分发挥自身禀赋优势，形成了独具特色的振兴模式，下面以郫都区为例。

1. 产业振兴领域

成都市郫都区安德街道广福村围绕韭菜产业打造出“一链三融”的产业格局。其中，第一产业的壮大为韭菜的深加工提供了原料基础。从2016年开始，广福村打造了以韭菜产业深加工为主导的农业产业化项目润禾家园，将研发中心和生产车间从城市搬到田间地头，研发出韭菜绿酒、韭菜挂面、韭菜干粉等产品，带动每亩增收2000元以上，人均增收200元以上，有效促进三次产业的融合。此外，韭菜的规模化种植营造了一种优美的大地景观，促进了以农业观光、特色餐饮为主的乡村旅游发展。战旗村则是将互联网与当地特色农产品结合打造出集产业、生态、文化、信息化和品牌化“五位一体”的产业体系。[②]

2. 组织振兴

成都市郫都区先锋村围绕基层组织建设，探索出打“平伙”办“九斗碗”的农村“众筹”模式。所谓打“平伙”是农村招呼客人和朋友聚会的方法，就是你出几道菜，我出几道菜，实现“众筹”。先锋村党组织、街道、村号召“打平伙”，村民一起定“菜单”，一起来办人居环境整治的“九大碗”。其中，镇党委、政府做好村庄的统一规划，完善农村基础设施，村民则做好改水、改厕、改厨、院落整治、产业植入等工作。该模式短期内成效显著，先锋村先后完成夏家院子、公共食堂院子、周家院子、罗家院子四个院落整治，是村民自主建设村庄

① http：//gk. chengdu. gov. ex2. ipv6. chengdu. gov. cn/govInfo/detail. action？id=2399569&tn=2。

② http：//www. cdrb. com. cn/epaper/cdrbpc/201906/19/c43112. html。

的典范，实现了真正的共治和共享。

3. 人才振兴

成都市郫都区通过鼓励大学生志愿参与乡村振兴活动，并建立了大学生助力乡村振兴资源库和高校结对共建微信工作群，让街道、村（社区）与结对的高校、院系分别建立起了互动机制。在摸索过程中，郫都区形成了“高校 + 支部 + 农户”的郫都模式，区内 19 所高校、33 个院系和 33 个乡村振兴示范村结对共建。郫都模式运行以来共有 2 万名大学生与 5000 多户农户长期开展政策宣讲、家风家训、文化传承、三大文明和“十破十树”移风易俗等主题志愿服务活动 1000 余场次。① 此外，成都也加大对返乡农民工创业的支持力度，探索打造了“互联网 + 返乡创业”服务——“就业数字地图”微信服务平台，为返乡创业群体提供便捷式远程服务。设立“返乡创业服务窗口”，实行外网受理、内网办理，跨地区、跨部门一网办，实现 137 事项不见面审批。围绕“乡村人才振兴”，建立由产业领军人、金融专家、风投专家、高校教师等 20 名组成的创业导师队伍，形成“创业培训 + 新型职业农民培训 + 农村实用技术培训”模式。②

（四）经验总结

1. 坚持乡村的全面振兴

成都从产业振兴、人才振兴、文化振兴、生态振兴和组织振兴着手，推进乡村实现全面振兴。其中，产业振兴是根本。成都乡村振兴规划中明确指出，要打造休闲旅游、食品饮料、农产品物流、农村电商和饲料加工五个千亿农业产业集群，并将全域旅游纳入乡村振兴的实现路径。此外，规划还明确指出要发展现代农业，开展“农业 + 旅游”“农业 + 文创”“农业 + 康养”“农业 + 会展”等行动。人才振兴是乡村振兴的保障。成都提出人才振兴的具体方式，既要培育新型职业农民、乡村工匠和农业职业经理人，还可通过建设国家农业高新技术产业开发区和农业科技创新中心引进培育聚集加快现代农业农村发展的高端人才。文化是乡村的“魂”，成都乡村文化振兴围绕乡村振兴“十大重点工程”，把深入践行社会主义核心价值观、天府文化深度融入乡村建设和居民生活以及扩大公共文化有效供给等作为乡村文化建设的重点内容，推动乡村文化振兴。生态振兴领域，成都乡村振兴“十大重点工程”中涉及生态发展的最多，如川西林盘保护修复工程、大地景观再造工程等。组织振兴则围绕创新基层组织设置，完善组织

---

① https：//www. sohu. com/a/324028404_120237。

② https：//k. sina. cn/article_6534873489_18582419100100d410. html。

体系。成都乡村振兴五年计划提出要探索建立“管委会+投资公司+共营制”运营模式，“十大重点工程”中提出的实施城乡社区发展治理工程等，构建了“一核多元”基层治理体制机制。

2. 以生态振兴为切入点，由点及面逐步展开

成都以生态振兴为抓手，由点及面推动全面乡村振兴。成都在乡村振兴过程中围绕西部林盘修复再造项目和乡村林道改造项目，通过生态振兴带动乡村的产业发展。其中，西部林盘再造项目围绕“西控”特色城镇和产业园，将生产要素引入该地区，其中产业向产业园集聚，人口则流向特色城镇。成都围绕特色林盘项目提出了创建“特色镇（街区）+林盘+农业园区”“特色镇（街区）+林盘+景区”和“特色镇（街区）+林盘+产业园”等模式。此外，为了推动生态宜居美丽乡村建设，成都还出台了特色镇（街区）建设总体方案，启动建设特色镇（街区）57个，打造AAA级旅游特色镇（街区）4个，制定“天府古镇”Logo商标使用管理办法，完成“天府古镇”Logo商标新申请注册32类45件。全面启动“互联网小镇”镇群建设项目。①

3. 乡村振兴与城乡融合发展紧密结合

成都将乡村振兴与城乡融合紧密结合，出台了一系列政策文件，如《关于实施乡村振兴战略建立健全城乡融合发展体制机制加快推进农业农村现代化的意见》《成都市实施乡村振兴战略推进城乡融合发展“十大重点工程”和“五项重点改革”总体方案》等，政策文件中明确提出乡村振兴与城乡融合同步推进。2018年，中央一号文件中明确提出，实施乡村振兴战略过程中应坚持城乡融合发展，建立健全城乡融合发展的体制机制和政策体系，到2035年形成完善的城乡融合体制。成都先行示范，将完善城乡规划体系、优化城乡功能布局提升宜居宜业品质、推进全域景观化重塑新型城乡形态、注重产业协同构建现代农业生态圈和创新城乡社区治理等作为城乡融合发展的着力点。其中，尤其是提出打造大田景观，全域构建大公园城市，让城市居民和农民均能享受到“推窗看田、开门见绿”的景观。此外，成都乡村振兴的“十大重点工程”和“五项重点改革”围绕打造千亿农业产业集群，实现第三产业融合发展，促进都市现代农业高质量发展。此外，成都还构建了灵活开放的城乡人口双向自由流动的政策体系。

---

① http：//cpc. people. com. cn/n1/2018/0910/c389394－30283697. html。

四、郑州乡村振兴案例分析

郑州地处中华腹地，史谓“天地之中”，古称商都，今谓绿城。现辖 6 区 5 市 1 县及郑州航空港经济综合实验区、郑东新区、郑州经济技术开发区、郑州高新技术产业开发区。全市总面积 7446 平方千米，中心城区建成区面积 601.77 平方千米（含航空港经济综合实验区），市域城市建成区面积 1055.27 平方千米。截至 2018 年，郑州年末总人口为 1013.6 万人，乡村人口 269.8 万人，国内生产总值为 10143.3 亿元，人均生产总值 101349 元，其中第一产业增加值为 147.1 亿元，第二产业增加值为 4450.7 亿元，第三产业增加值为 5545.5 亿元。居民人均可支配收入为 33105 元，其中城镇居民人均可支配收入为 39042 元，农村居民人均可支配收入为 21652 元，农村居民人均可支配收入为 21652 元。

（一）乡村振兴的政策体系

2018 年 4 月 4 日，郑州出台了《郑州市加快推进乡村振兴战略 2018 年实施方案》（以下简称《实施方案》），着重围绕提高农民收入、改善农村人居环境、组织人才培训、完善农村公共服务体系以及精准脱贫等几个领域展开。该方案的出台为郑州开展乡村振兴提出了具体的要求，并对后续工作进行细致部署，主要有以下几个方面：①加快编制郑州全域乡村振兴战略发展规划；②加强推进农业供给侧结构性改革，推动农业产业结构转型升级；③着力提升农村基础设施水平；④实施田园综合体建设工程；⑤着力推进基本公共服务城乡一体化；⑥加强推进农村集体产权制度改革；⑦开拓农民增收新渠道；⑧加强基层党组织建设，提升乡村治理水平。[①]《实施方案》的出台为郑州乡村振兴战略的实施提供了有效保障，从加强组织领导、突出项目支撑、加强政策引导、深化改革发展、加强监督考核、强化宣传引导等几个方面提出了具体要求。此外，郑州还陆续出台了《郑州市人民政府关于完善农村土地所有权承包权经营权分置办法的实施意见》《郑州市人民政府关于进一步深化农垦改革发展的实施意见》《郑州市科技支撑乡村振兴实施方案（2019—2022 年）》《郑州市委加强以党的建设为根本的基层

① 《郑州市加快推进乡村振兴战略 2018 年实施方案》。

基础工作实施方案》《民营企业参与乡村振兴的若干政策》《关于坚持农业农村优先发展着力推进乡村振兴战略的实施意见》《2019 年郑州市产业发展“1+3”方案》等一系列政策措施，并制定了全市乡村振兴“1+1+N”的规划体系，即 1 个全市乡村振兴战略规划和 1 个都市生态农业产业空间布局规划，制定了乡村人居环境整治、科技振兴、乡风文明、组织振兴、扶贫攻坚五个专项三年行动计划，全方位推动郑州乡村振兴。此外，为推动乡村振兴工作的顺利开展，郑州还确定了具体的时间轴，其中，到 2020 年，形成郑州乡村振兴的基本制度框架和政策体系。农村基础设施建设和城乡公共服务均等化水平显著提升，都市生态农业走在全国前列；初步建成全国农业可持续发展试验区，农业对外开放度显著提高，口岸建设和“一带一路”农业合作取得新成效；基本形成“森林、流域、湿地、农田、城市”五大生态系统；建设一批融产业兴旺、文化创意、休闲旅游、养生度假、生态宜居为一体的城乡融合共享田园综合体；农村贫困对象全部脱贫。到 2035 年，乡村振兴取得决定性进展，农业农村现代化基本实现。农村产业兴旺发达，农民就业职业化，收入差距显著缩小。城乡公共服务均等化基本实现，建成城乡融合发展示范典范。乡风文明达到新高度，乡村治理体系更加完善。农村生态环境根本好转，美丽宜居乡村基本实现。到 2050 年，乡村全面振兴，农业强、农村美、农民富全面实现。

（二）保障机制

1. 人才保障

人才振兴是乡村振兴的关键之一。郑州为保障乡村振兴战略的顺利实施开展了多项人才培训活动。一是要加强农村重点人群科学素质和实用技能培训，开展以农民为主体的农村实用人才培训，开展小农户群体科学素质培训，开展农村科技人才培训，着力培养一支综合素质高、生产经营能力强、主体作用发挥明显的“土专家”和“田秀才”乡村科技人才队伍。联合高校实施“1+X”培训，加快培养技能型人才和高素质劳动者，使毕业生除本专业毕业证书外，还掌握一门新型技能。面向农村转移就业劳动者特别是新生代农民工、城乡未继续升学初高中毕业生及返乡大中专毕业生等青年、下岗失业人员、退役军人、就业困难人员（含残疾人），实施“求学圆梦行动”、新生代农民工职业技能提升和返乡创业培训计划以及劳动预备培训等专项培训。推进产教融合、校企合作，实现学校培养与企业用人的有效衔接，开展新型学徒制、现代学徒制培训。二是提升农民科普信息化服务水平，充分发挥手机“新农具”科普效用，建设郑州科技进修学院网上培训平台，结合线下农民实用技术培训探索开展农民网络课堂学习。三是探索研究技能人才培养评价，充分发挥全国、全省、全市各级学会、协会、研究会以及涉农科研院校的智力优势和人才优势，积极开展新职业、新工种、新工艺培训鉴定。四是要完善科普培训服务条件，编创科普培训的系列制品，编创《农民实用技术培训教材》《乡村振兴农民科学素质读本》等。推进乡村科普设施融合建设，在全市各县（市）、区建立郑州科技进修学院分校，依托科普教育基地、乡镇党校等建立农民科技大学，打造农民家门口的科普大学。①

郑州还开展了驻村干部示范培训活动，旨在进一步强化驻村担当意识，提升驻村履职能力和带领群众脱贫致富的本领。学习内容突出党性教育、基层党建、乡村振兴和农村集体经济发展等。此外，郑州针对女性开展了“乡村振兴巾帼行动”巧媳妇工程示范培训班，依托以“电子商务、家政服务、种植养殖、服装加工和手工编织、农家乐”等为内容的“巧媳妇”工程，聚焦技能培训、产业扶贫、精准服务，促进妇女就业创业，累计开展培训 1100 多期，培训妇女 67000 多人次；着力扶持打造 130 多个帮助妇女就业创业的“巧媳妇”示范基地，对其中 87 个基地发放扶持资金 196 万元，安置妇女就业 38848 人，带动妇女创业近万人。②

2. 资金保障

“巧妇难为无米之炊”，乡村振兴战略的实施离不开资金的保障。郑州为保障乡村振兴的资金支持，开展了“两项整合”“三个联动”行动。其中，“两项整合”分别为积极推动涉农资金统筹整合和推动脱贫攻坚和乡村振兴的有效整合。郑州按照中央和省里统一部署，开展涉农资金统筹整合，落实涉农领域“放管服”改革要求，进一步推动市级审批权下放。在预算编制阶段对行业内涉农资金按照“大专项 + 任务清单”管理模式进行整合，明确约束性任务资金比例不超大专项总额度的 50%，转移支付提前下达比例不低于 80%。在项目谋划和预算执行阶段，依托市委农村工作领导小组联席会议，完善部门间会商机制。另外，推动脱贫攻坚和乡村振兴的有效整合。将脱贫攻坚工作和乡村振兴战略有机结合，统筹谋划、协调推进，一体推动脱贫攻坚与乡村振兴。做好脱贫攻坚资金保障的同时，结合扶持集体经济发展、农村公共基础设施建设维护等项目，加强对集体经济薄弱、基础设施较差但又不属于贫困村的地区政策扶持力度，弥补政策空白区间，力求实现“1 + 1 > 2”的政策效果，实现脱贫攻坚和乡村振兴战略

① http：//m.haiwainet.cn/middle/3544264/2019/1129/content_31673670_1.html。

② http：//www.hnflw.gov.cn/2019/08 - 21/56554.html。

相互支撑、协调推进。[①]

“三个联动”分别为促进财政内部协作联动、部门协调联动和市县两级联动。一是促进财政内部协作联动。郑州针对财政部门内部不同处室安排的涉农专项资金，建立市财政局乡村振兴工作推进联席会议制度，完善财政部门内部会商机制，在预算编制环节，沟通资金安排情况，对重复资金进行源头整合，避免涉农资金碎片化投放。在预算执行环节及时沟通项目实施进展和资金支付进度，了解财政各项支农政策落实情况，提高涉农资金使用效益。二是促进部门协调联动。会同行业主管部门，定期召开财政支持乡村振兴工作推进会，研究解决农业项目推进中存在的问题，推进财政支持乡村振兴工作。以现代农业示范园建设、土地流转财政奖补、美丽乡村建设和农村人居环境改善等涉农项目为抓手，谋划好 2020 ~ 2022 年财政中期规划，抓好财政支持乡村振兴各项资金和政策的有效衔接，确保市委、市政府部署的乡村振兴各项政策有效落实。三是促进市县两级联动。以河南省扶贫资金动态监控系统为抓手，促进市县两级抓好扶贫资金使用，每旬统计县（市、区）扶贫项目及资金支出进度，及时通报市扶贫办、有关县（市、区）财政部门，督促加快资金支出进度。以全市乡村振兴财政投入统计机制为抓手，按时汇总全市农业农村领域财政投入和项目推进情况，实时督促县级财政及市级行业主管部门加快资金支付进度，确保乡村振兴相关项目顺利推进。

3. 动员社会力量参与

郑州为动员社会力量参与乡村振兴出台了专门的扶持政策《郑州市支持民营企业参与乡村振兴的若干政策》，分别从发展环城都市生态农业、特色田园乡村建设和增强对农业民企金融支持三个方面进行扶持。其中，发展环城都市生态农业领域，郑州对在郑州主城区周围 2400 平方千米、按照要求建设的生态农业项目，给予生态补偿和基础设施建设补助。支持民营企业发展休闲农业和乡村旅游，实施休闲农业与乡村旅游星级示范企业（园区）创建工程，对认定为全国休闲农业与乡村旅游“五星级企业”“四星级企业”“三星级企业”的，分别一次性奖补 50 万元、30 万元、10 万元；对于向上晋星企业，以补差的方式进行奖补。郑州对新获得农产品国家地理标志登记的机构或组织，给予 50 万元一次性奖补；对获得有机农产品（仅限中绿华夏认证）每个产品奖励 5 万元，绿色食品每个产品奖励 3 万元。支持民营企业宣传推介农业品牌，对参加全国性的农产品

---

① http：//news. 10jqka. com. cn/20191127/c615526298. shtml。

交易会、博览会等农业展会，展位费进行全额补贴，展台搭建费用给予 50% 补贴。①

特色田园乡村建设领域，郑州采取先建后补、生态补偿、政府与社会资本合作、政府引导基金等方式，支持民营企业开展特色田园乡村示范项目建设。并于 2019 年底，基本明确城郊融合类、拓展提升类、特色保护类、整治改善类等村庄分类，完成省级示范县、示范乡镇整体建设规划，规划保留村村庄建设规划，为民营企业投资乡村建设提供规划指引。政策还提出要优先保障“厕所革命”和农村人居环境三年整治行动用地需求，新建、改建农村垃圾和污水处理设施及旅游厕所需使用新增建设用地的，可集中申报、统一办理用地手续。

农业民企金融支持领域，郑州通过财政出资，增加郑州农业担保股份有限公司注册资本金，增强担保实力，扩大担保信贷规模。进一步加大农业类专项基金实施。2019 ~2021 年，每年市级财政安排引导基金 20 亿元，县（市）区配套 10 亿元，撬动社会募资 2 ~4 倍，投资郑州城乡融合特色田园乡村示范项目建设，原则上连投三年，三年内郑州都市生态农业建设专项建设基金总规模拟达到 300 亿元，支持郑州乡村振兴建设。此外，郑州还组建郑州农业投资公司，作为设立其他农业金融业态的出资平台和管理机构，通过对郑州农业担保股份有限公司移交划转以及逐步设立基金管理、小贷公司，完善非银农业金融体系。②

（三）成效分析

近年来，郑州大力推进农业农村发展，全面实施乡村振兴战略，认真践行党的十九大报告中提出的“产业兴旺、生态宜居、乡风文明、治理有效、生活富裕”的总要求，抓重点、补“短板”、强弱项，实现乡村产业、人才、文化、生态、组织等全面振兴。2018 年，郑州新增环城都市生态农业 15 万亩，农业产业化龙头企业 10 家，农村土地承包经营权确权颁证全面完成，农村集体产权制度改革扎实推进。27 个美丽乡村和 364 个规划保留村生活污水集中处理设施加速推进，1037 个基层综合性文化服务中心、148 个乡镇公厕改造竣工投用。③

截至 2018 年底，郑州全市新发展环城都市生态农业建设项目 12.9 万亩，已实施稻鱼、莲鱼综合种养 0.73 万亩，鱼塘湿地公园项目 0.3 万亩。推广“村收集、镇转运、县（市）集中处理”的新密模式或以“户分类、村收集、乡镇集

① https：//www. zyjjw. cn/news/henan/2019 －03 －25/537740. html。

② http：//hn. ifeng. com/a/20190325/7293701_0. shtml。

③ 《2019 年郑州市政府报告》。

中处理”的登封模式，全面推进农村垃圾污水治理，全市 364 个规划保留村中 189 个村已完成农村生活污水集中处理设施建设。重点实施绿色标准化可追溯“菜篮子”工程、休闲农业和乡村旅游提升发展工程、绿色食品加工业提升工程等重点工程项目。全市休闲农业新增星级企业 17 家，总数达到 61 家，全年接待游客 3400 万人次，实现营业收入 40 亿元，同比增长 14%。全市 1334 个行政村益农信息社基本全覆盖。全市市级以上龙头企业总数达到 270 家以上，其中国家级龙头企业 13 家，省级龙头企业 54 家。分类推进乡村建设。确定新密为乡村振兴战略示范县（市），确定新郑龙湖镇、新密超化镇、登封徐庄镇、巩义小关镇、荥阳王村镇、中牟官渡镇为试点乡镇，全力推进产业发展、环境建设、乡风文明等各类建设，美丽乡村试点项目达到 30 个。2018 年底全面完成农村土地承包经营权确权登记颁证工作，农村集体产权制度改革扎实推进，选取了 126 个村（居委会）开展全市农村集体产权制度改革试点。积极开展农村集体资产清产核资工作，目前完成清产核资单位 11085 个，完成比例 55.6%。①

郑州市辖区各个县市充分发挥本地优势，推动乡村振兴。其中，登封市唐庄乡范家门村“两委”班子以旅游为引领，“靠山吃山”着力推进美丽乡村建设，成立了村集体公司，整合群众的林地、老宅等资源，作为资本入股公司，参与公司经营分红，让绿色青山成为人的幸福靠山。原来的靠山吃山是靠开采挖矿、砍伐树木、放牧，是一种破坏性的靠山吃山。现在的靠山吃山是通过村民自愿入股、每户 60 平方米的经营用房、个人在公司就业、做生意去挣钱，老百姓实现共同富裕。②

2019 年 8 月，郑州市新密市城关镇高沟村、岳村镇竹杆园村等试点村的集体资产股份合作社等五大合作社集中揭牌，标志着新密“三变改革五大合作”试点工作结出第一个硕果，推动乡村振兴提质加速走上“快车道”。2019 年以来，新密引进了“三变改革五大合作”改革发展理念，结合农村集体经济中的资产、土地、人力等资源要素，成立五大股份合作社，实现资源变资产、资金变股金、农民变股东。第一批遴选城关镇高沟村、甘寨村、米村镇朱家庵村、曲梁镇窦沟村、岳村镇竹杆园村五个村作为试点，先行先试，成立股份合作社，借助这个平台发展农村集体经济。③

---

① https://hn.ifeng.com/a/20190114/7160349_0.shtml。

② https://www.360kuai.com/pc/96394a0a039bf7975?cota=3&kuai_so=1&sign=360_57c3bbd1&refer_scene=so_1。

③ https://m.sohu.com/a/331896256_120207364。

（四）经验总结

1. 制定完善的政策体系

郑州以《实施意见》为中心，从农村土地制度改革、农村科技发展、基层党建、农业产业发展、乡村振兴人才培训以及动员社会参与等层面分别出台了针对性的政策，为乡村振兴战略的实施奠定了政策基础。此外，郑州围绕乡村振兴的实施，构建了“1+1+N”的规划体系，制订了乡村人居环境整治、科技振兴、乡风文明、组织振兴、扶贫攻坚五个专项三年行动计划，为乡村振兴提供现实指引。

2. 构建全方位的保障机制

为推动乡村振兴的顺利开展，郑州分别从人力资本培育、资金扶持以及吸引社会资本等方面为乡村振兴构建了坚实的保障体系。其中，人力资本培育针对现有存量人才，即村“两委”班子，实施农村“土专家”“田秀才”的再教育再培训，还与高校开展联合行动，使高校毕业生除本专业毕业证书外，还能掌握一门新型技能。此外，郑州还针对农村转移就业劳动者特别是新生代农民工、城乡未继续升学初高中毕业生及返乡大中专毕业生等青年、下岗失业人员、退役军人、就业困难人员（含残疾人），实施“求学圆梦行动”，为实现乡村振兴培育了大量的增量人才。乡村振兴战略实施过程中资金扶持至关重要，郑州为保障乡村振兴的资金支持，开展了“两项整合”“三个联动”行动。其中，“两项整合”分别为积极推动涉农资金统筹整合、推动脱贫攻坚和乡村振兴的有效整合，“三个联动”分别为促进财政内部协作联动、部门协调联动和市县两级联动，为乡村振兴构建了立体化的财政保障体系。此外，郑州大力推动社会力量参与乡村振兴也是一大亮点。

3. 鼓励社会力量参与乡村振兴

乡村振兴战略是我国未来发展的重点领域之一，应动员社会各界力量参与。郑州为动员社会力量参与乡村振兴出台了专门的扶持政策《郑州市支持民营企业参与乡村振兴的若干政策》，并由财政出资给予专项奖励，提高了社会力量参与的积极性，取得了良好的效果，值得其他地区学习和借鉴。

五、武汉乡村振兴案例分析

武汉地处中国中部，是长江中游特大城市、湖北省的省会，中国重要的工业、科教基地和综合交通枢纽。土地面积8494平方千米，人口1200万。形成了武昌、汉口、汉阳三镇鼎立的格局，通称武汉三镇。2018年，武汉下辖江岸、江汉、桥口、汉阳、武昌、青山、洪山、蔡甸、江夏、黄陂、新洲、东西湖、汉南13个行政区及武汉经济技术开发区（汉南区）、东湖新技术开发区、东湖生态旅游风景区、武汉化学工业区（2018年与青山区合并）、武汉临空港经济技术开发区和武汉新港六个功能区。区下辖156个街道办事处、1个镇、3个乡。全市群众自治组织3182个，其中，社区居委会1377个，村民委员会1805个。全市土地面积8569.15平方千米，建城区面积723.74平方千米。

（一）乡村振兴的政策体系

2018年，武汉农村工作暨精准扶贫工作会上发布《关于扎实推进“三乡”工程积极实施乡村振兴战略的意见》（市委“一号文件”，以下简称《意见》），提出以“三乡工程”（市民下乡、能人回乡、企业兴乡）建设为突破口，推进乡村振兴战略的实施，到2050年，实现乡村的全面振兴。其中，市民下乡主要为鼓励和引导市民长期租用农村闲置房屋和农地资源，下乡体验田园生活，并为乡村带去城市文明，提高农民收入水平。能人回乡主要体现为鼓励和引导在外创业有成、热爱家乡的企业家和社会贤达返乡创办实业，提高农村闲置资源利用效率，“反哺”家乡建设。企业兴乡主要体现为鼓励和引导有社会责任感和经济实力的企业返乡投资，利用农村资源，推动农村股份合作开发，增加农民工资性收入。

《意见》确定的乡村振兴“路线图”是到2020年，“三乡”工程建设实现全覆盖，高水平全面建成小康社会，乡村振兴取得重要进展，走在全国前列；到2035年，乡村振兴取得决定性进展，农业农村现代化基本实现；到2050年，乡村全面振兴，农业强、农村美、农民富全面实现。[①]《意见》提出，将从促进城乡融合发展、深化农业农村改革、助推现代都市农业提质增效、促进人与自然和谐发展、全面打赢脱贫攻坚战六大方面，推动乡村振兴。具体举措包括：用3年时间实现新城区现有的1902个行政村“三乡”工程建设全覆盖。实施农村电子商务发展三年行动计划，创新建设共享农庄，2020年之前建设2~3个都市田园综合体。实施现代农业科技项目35项，组建农业技术创新平台10个，新增农业高新技术企业10家以上。实施品牌农业计划，推进农业面源污染防治，发展生

① 《武汉市关于扎实推进“三乡”工程积极实施乡村振兴战略的意见》。

态循环农业，全市规模养殖场畜禽粪污资源化利用率达到82%以上。全面打赢脱贫攻坚战，实施农村人居环境综合治理3年行动计划，完成72个涉农街（乡镇）生活污水处理设施建设，完成农村1.8万户卫生户厕改造等。[①]

2019年5月《武汉乡村振兴战略规划（2018—2022年）》通过审批，把武汉乡村振兴的五大任务，统筹细化成52项重大工程、重大行动、重大计划，为武汉振兴乡村指明方向。根据规划，武汉市将坚持有兴有弃、一村一策，顺应村庄发展规律和演变趋势，根据不同村庄的发展现状、区位条件、资源禀赋等，按照集聚发展、特色保护、农耕传承、搬迁撤并四种类型，推进乡村差异化、集约化发展。规划提出，武汉产业振兴、人才振兴、文化振兴、生态振兴、组织振兴的"五个七"重大任务，30项主要指标。此外，武汉还针对乡村振兴的不同领域分别出台了针对性的政策，如《关于支持全市农民工等人员返乡创业的实施意见》《市人民政府办公厅关于创新农村基础设施投融资体制机制的意见》《关于深化财政支持农业农村发展专项资金改革促进乡村振兴战略实施的意见》《武汉市农业科技提升工程实施方案（2018—2020年）》《市人民政府办公厅关于鼓励和规范工商资本投资农业农村发展的意见》等。为保证政策落地实施，武汉每年都会出台具体的实施方案，如《2019年市"互联网+农业"资金预算实施方案》《2019年市"三农"发展奖励资金项目实施方案》《2019年武汉市农民合作社工作推进实施方案》以及《2019年武汉市新型职业农民培育项目实施方案》等，为武汉乡村振兴构建了立体化的政策体系，保障了武汉乡村振兴战略的顺利推进。

（二）保障措施

1. 人才保障

人才振兴是乡村振兴的基础。推动农业农村现代化，探索建立解决相对贫困的长效机制，须汇聚足够的人才资源，将推动乡村人才振兴摆在重要位置。2019年12月，武汉召开了农村实用人才"百千万"工程推进会，计划通过组织开展学历教育、开展大规模惠农培训、加强农村实用人才基地建设等，构建人才支撑产业、产业成就人才的递进式人才结构。[②] 此外，武汉还建立了"百千万"工程人才库，树立了一批农业农村人才带头人，累计吸引900余名有产业、有资金、

① 《武汉市关于扎实推进"三乡"工程积极实施乡村振兴战略的意见》。

② http：//nw. wuhan. gov. cn/newsDetails. htm？id = c655c109 - abb8 - 49b8 - b9d2 - 31f4d76af86e。

有项目的在外能人返乡创业，吸引大学生1万多人、海归人才50多人返乡。[①] 目前，武汉正在研究制定《关于加强武汉市“百千万”农村实用人才队伍建设的意见》，开展农村实用人才分类评价试点，探索开展农村实用人才专业技术资格（职称）认定，预计2020年分类分级评选出农业高级技术带头人（职称）30名、中级技术带头人（职称）80名、初级技术带头人（职称）100名。[②]

2019年，武汉进一步出台了《武汉市“一村多名大学生计划”实施方案》。方案指出，2019~2022年，武汉将全面实施该计划，面向全市农村地区以贫困村为重点，选拔培养300名有文化、懂技术、会经营，能够示范带动地方特色产业发展，带领群众脱贫致富的农村实用人才。其中，“一村多名大学生计划”的主要招收对象是具有高中（含职高、中专、技校等同等学力）文化程度，年龄在45周岁以下，政治素质好、身体健康、有培养前途的优秀青年农民，2020年计划招收200名。重点推荐贫困村“两委”班子成员和后备干部、入党积极分子、村级产业发展带头人等符合条件的对象。招收学生采取全日制脱产方式培养，学历层次为大专，学制为3年，其中理论学习2年、实习实训1年。培养任务由湖北生物工程科技职业学院承担，开设现代农业技术、电子商务、市场营销三个专业，培养经费由财政分级承担，学习期满经考试合格的，颁发普通高等学校专科（高职）毕业证书。参加学习的学员需与所在街道（乡镇）、村签订毕业回乡服务合同，毕业后回村服务期限不小于5年。[③]

2. 资金保障

为了保障乡村振兴战略的顺利推进，武汉出台了各项产业资金扶持政策，如《关于鼓励和规范工商资本投资农业农村发展的意见》《关于深化财政支持农业农村发展专项资金改革促进乡村振兴战略实施的意见》《关于创新农村基础设施投融资体制机制的意见》，此外，每年还会出台一些专项方案如《2019年市“三农”发展奖励资金项目实施方案》《2019年市“互联网+农业”资金预算实施方案》。

其中，《关于深化财政支持农业农村发展专项资金改革促进乡村振兴战略实施的意见》明确指出，要从产业振兴、人才振兴、文化振兴、生态振兴和组织振兴五个方面进行专项支持。产业振兴中，武汉将大力支持品牌农业发展、农业科技创新和都市田园综合体创建，扶持农业龙头企业发展，推进质量兴农、绿色兴

---

① http：//hb. sina. com. cn/news/b/2019 - 12 - 12/detail - iihnzahi6941576. shtml。

② http：//news. cnr. cn/native/city/20191212/t20191212_524895566. shtml。

③ https：//www. sohu. com/a/302902149_99933681。

农。支持推进实施“三乡工程”，引导社会资本开发乡村闲置资产资源，实施休闲农业和乡村旅游精品工程，推进休闲观光园区、森林人家、生态特色小镇等发展。人才振兴中，武汉将鼓励新型职业农民参加中高等农业职业教育，参加城镇职工养老、医疗等社会保险。加大农业科技人才投入力度，推动“星创天地”建设，鼓励农业科技人员创新创业。通过“以钱养事”、政府购买服务等方式，推进农业科技服务体系建设。文化振兴中，武汉将进一步完善农村公共文化服务保障机制，提档升级街道（乡镇）文化站、社区（村）文化室及健身场所，支持乡村小规模学校和乡镇寄宿制学校建设，新建农村留守儿童关爱服务站。生态振兴中，武汉加大农村环境保护投入，稳步推进乡村生态振兴“四三行动计划”（农村生活垃圾收集处理三年行动计划、农村“厕所革命”三年行动计划、农村村庄生活污水治理三年行动计划、农村人居环境综合整治三年行动计划）。武汉还将建立基本生态控制线区域生态补偿机制，加大对重点生态功能区转移支付力度。组织振兴中，武汉将进一步完善村级运行经费和村干部报酬保障机制，大力推进实施“红色引擎工程”，落实大学生村官、驻村扶贫工作队员补贴等政策支持建设懂农业、爱农村、爱农民的“三农”工作队伍。①

此外，武汉还根据项目设立专项的补贴机制。如美丽乡村建设项目，按户均8万元的标准进行贴补；渔业稻田综合项目，集中连片面积200亩以上的，每亩按照600元给予补贴；农民专业合作社项目，市级示范社补贴不超过15万元，联合社补贴不超过20万元等。通过“一揽子”精准政策，引导农村实用人才兴办家庭农场、农民专业合作社、农业小微企业、农业社会化服务组织等。

3. 技术保障

为强化农业科技对实施乡村振兴战略、加快农业转型升级的支撑作用，武汉出台了《武汉市农业科技提升工程实施方案（2018—2020）》方案，明确提出从2018年起，用3年时间，集成推广100项农业实用技术，引进培养100名农业创新创业优秀人才，培育壮大100家农业高新技术企业，建立完善100个农业科技服务平台，到2020年，武汉农业科技进步贡献率达到72.5%以上。②

第一，集成推广100项农业实用技术。武汉将组织本地科研院校、农业科技推广服务机构、农业龙头企业围绕农业产业升级，在设施蔬菜、水生蔬菜、生态渔业、绿色畜牧以及优质粮油、林果花卉、食用菌等主导产业链中集成组装和推广应用100项农业实用技术，并在市级都市田园综合体内建设四个农业科技综合

① 《武汉市关于深化财政支持农业农村发展专项资金改革促进乡村振兴战略实施的意见》。

② 《武汉市农业科技提升工程实施方案（2018—2020）》。

示范亮点区块，集成示范先进实用技术，此外，还将在全市各类涉农专业技术人员中，选派600名科技特派员，推广应用农业实用技术。

第二，引进培养100名农业创新创业优秀人才。武汉将从“百万大学生留汉创业就业计划”和“百万校友资智回汉工程”引进留住的优秀大学生与校友，以及留学归国人员、科技人员、回乡创业和扶贫创业的企业家、回乡能人等群体中，遴选30名农业创新型优秀人才，资助其开展面向生产及服务产业的农业技术研发活动，遴选20名农业创业型优秀人才，资助其开展现代农业和乡村新业态创业活动。还将加强对参与扶贫和在区、街道（乡镇）工作的农业技术推广服务人员的业务培训，并遴选50名应用型优秀人才，资助其长期扎根基层，解决农业生产中的技术问题。

第三，培育壮大100家农业高新技术企业。武汉将围绕“武汉·中国种都”建设，引进和培育“育繁推一体化”种业创新型企业，并建设农业科技“小巨人”企业动态基础数据库，培育壮大现代都市农业领域高新技术企业100家以上，充分发挥其技术辐射作用，提升合作社、家庭农场、种养大户等各类新型农业经营主体生产技术水平。

第四，建立完善100个农业科技服务平台。武汉将建设完善20个院士专家工作站、20个现代都市农业产业技术示范基地、40个科技特派员工作站等农业科技服务平台，为新型农业经营主体提供技术服务。武汉还将建设完善10个农民技术技能培训基地和10个农业创业孵化平台，构建功能全面、形式多样、便于农民接受的立体网络平台。①

为保障上述方案的顺利实施，武汉成立了由市人民政府分管副市长任组长，市人民政府分管副秘书长、市农委和市农科院主要负责人为副组长，市直相关部门和单位分管负责人为成员的市农业科技提升工程领导小组，领导小组下设办公室，在市农委办公，负责统筹、协调农业科技提升工程工作。领导小组定期召开会议，指导和监督各项工作，每年对农业科技提升工程实施情况进行综合考评，为推进乡村振兴提供了坚实的技术保障。

（三）乡村振兴的成效

在“三乡工程”的推动下，武汉组织实施“三乡工程”的行政村已达610个，建成黄陂杜堂村、新洲项山村、蔡甸天星村、江夏小朱湾等一批特色美丽村

① 《武汉市农业科技提升工程实施方案（2018—2020）》。

湾，培育共享农庄1570户，吸引社会投资153.1亿元，有效地促进了当地特色农业、休闲农业和乡村旅游的快速发展。闻名遐迩的“木兰花乡”景区，位于黄陂区姚家集街杜堂村，“三乡工程”实施后，姚家集街党工委任命葛天才为杜堂村第一书记和杜堂区域综合党委副书记，以党建为纽带，推动景村党组织共建，探索出“发展联动、活动联办、人才联培”的三联模式。回乡能人葛天才向杜堂村投资2.4亿元，充分利用当地村民的空闲房屋、耕地林塘等入股成立合作社，经过评估，村民空闲农房按每平方米1600元价格入股组建武汉杜堂旅游专业合作社，由旅游公司进行统一装修、统一设计和统一管理，农户按入股10%保底方式分红，上不封顶。在葛天才的带领下，杜堂村这个曾经的贫困村，如今旧貌换新颜，全村村民也走上了脱贫致富之路。①

武汉市江夏区五里界街作为武汉市“三乡工程”发源地，近些年大力发扬首创精神，勇当乡村改革先行者，高水平打造乡村振兴样板，走出了一条城市乡村振兴的“江夏路径”。“江夏路径”主要有以下几个方面的内容：

第一，以乡村旅游为抓手，带动农村产业发展。五里界街位于梁子湖和汤逊湖“两湖”之间，依托域内山清水秀、环境优美的自然禀赋，街道树立“旅游+”思维，抢抓全区大力发展全域旅游的有利时机，引资本、招项目、兴产业，变美丽生态为美丽经济。其中，五里界街南部文旅发展区围绕“旅游+农业”大做文章，大力发展观光农业和生态旅游业引进武汉花博园、当代薰衣草等现代农业企业34家，发展农家乐45家，土地流转每年亩收入达1000元，提供就业岗位1200多个，变生态优势为发展优势。北部产城融合区开展“旅游+特色城镇”建设行动，以打造宜商宜游宜业宜居的生态新城为目标，成功引进总投资500亿元、占地1万亩的恒大科技旅游城项目。此外，五里界街抓住光谷南大健康产业园的战略机遇，积极与泰康、蓝城等国际知名康养企业合作，全力打造高品质产城融合、医养结合的健康养老特色区。②

第二，以人才振兴为推力，多渠道推动人才集聚。五里界街充分利用招才引智工程，激发“能人”的活力，创新乡村人才工作机制，促使能人、乡贤联动互补，推动人才“归巢”、人气集聚，让乡村现有人才有更好的施展舞台，把更多城市人才引向乡村创新创业。五里界街通过成立“乡贤企业家联盟”，发挥乡贤和企业家的带动作用，先后吸引多名海归博士、文化名人、企业家回乡创业。此外，为凝聚人气，五里界街通过登门拜访、电话联系、座谈联谊等方式，对本

① http：//www.whrd.gov.cn/html/jdzh/2019/0122/15368.shtml。

② http：//theory.people.com.cn/n1/2019/0927/c40531－31375919.html。

地农村人才进行“点对点”动员，增强他们对家乡的归属感和认同感。近年来，乡村能人高山明、养鱼大户陈桃军等40余人回乡发展，“孔雀东南飞”变成了“春暖燕归巢”。①

第三，加强三治融合，推动民风建设。五里界街积极探索以党建引领“三治融合”乡村治理新实践，厚植新民风。自治领域，五里界街发挥红白理事会等自治组织作用，引导村民自觉抵制铺张浪费，养成崇尚勤俭节约的良好乡风。其中下辖的锦绣村建成300平方米的红事家宴中心和350平方米的白事堂，已办理红白事60多场。法治领域，推行“村民议事日”和“民主理财日”制度，真正把重大事项决定权和财经权交给群众，让权力在阳光下运行。德治领域，五里界街通过开展“好媳妇、好公婆”评选，编制“好家风好家训”，让良好的家风得以传承和发展。此外，五里界街通过深挖农耕文化，开展“美丽乡村过大年”等民俗系列活动，让传统民俗走出记忆、回归当下。

第四，加强党组织建设，强化基层组织的凝聚力和战斗力。五里界街广泛吸收乡贤能人、大学生后备干部等优秀党员进入“两委”班子，形成“头雁领飞”的良好局面。2018年，“两委”换届选举，新一届“两委”成员平均年龄39.2岁，大专以上学历28人。通过充分发挥党员志愿者的带动作用，成立“白天使”“红色细胞”等志愿服务团队，吸纳志愿者2794人，将志愿服务沉到基层、深入社区、走进家庭。五里界街针对少数村级自治组织软弱涣散等问题，建立“党领民办、群众自决”的湾级理事会，由村里的老党员、老干部、老教师、老战士、老模范等“五老”理事登门入户，拉家常、讲乡俗、谈道理，“小理事”办成“大事情”。②

（四）经验总结

1. 创新政策，推动乡村振兴

武汉在乡村振兴过程中将过去零散的政策进行集成，制定出鼓励“三乡工程”的“黄金二十条”“钻石十条”“能人回乡四张牌”以及“农业共享经济”等措施，聚焦市民、能人和企业关注的“生态农业”“乡村旅游”“民间非遗”等项目，出台一系列鼓励性措施。为保证政策体系的顺利推进，武汉还整合农业、土地、环保、财政等10多个部门力量，集成农业农村资金和政策，建立完善了“政府搭台、企业（市民）唱戏、农民受益、合作共赢”的运作模式。市

① https：//new. qq. com/omn/20191001/20191001A06QAZ00. html。

② http：//www. ce. cn/culture/gd/201909/27/t20190927_33239057. shtml。

政府还组织开展多次能人回乡导师团和市民下乡看房团活动，实现农户闲置资源与市场需求的无缝衔接。

2. 以情感为纽带推进乡村振兴

武汉以情感为纽带，推动市民和能人返乡创业，吸引企业返乡投资。其中，为推动城乡居民情感融合，武汉先后组织5次规模宏大的市民下乡“看房团”和信息对接会，并在主流媒体发表推文50多篇，营造出浓厚的舆论氛围。能人返乡过程中，武汉大打亲情乡情牌，强力推进“能人回乡”工程，促进“农业+”转型升级，推动体验农业、休闲农业以及农村电商的快速发展。此外，武汉还强化情感招商，强力推进招商引资“一号工程”，待投资商如亲人，先后吸引当代集团等16家企业下乡投资，盘活了农村闲置资产，提高了农民收入。

六、大连乡村振兴案例分析

大连共辖七个涉农区市县，包括庄河、普兰店、瓦房店市，金州、甘井子、旅顺口和长海，还有高新园区、保税区、长兴岛开发区、花园口经济区四个国家级对外开放先导区。全市设114个乡镇（涉农街道办事处），其中有66个乡镇、48个涉农街道办事处、917个行政村。2018年，大连全年农林牧渔业及服务业总产值达900.7亿元，其中农业产值262.2亿元，林业产值7亿元，牧业产值171.9亿元，渔业产值达到385.9亿元。截至2019年底，大连农村常住居民人均可支配收入达19974元。大连近些年大力发展都市现代农业，都市现代农业发展综合水平持续保持在我国前列。

大连坚持党对乡村振兴工作的领导，成立市委农村工作领导小组，建立完善的市级总负责、县级抓落实的工作机制。率先在辽宁省完成市级乡村振兴规划编制工作，制定落实农村人居环境整治、农村扶贫攻坚、农民增收致富等三年行动计划，为全市乡村振兴发展绘制出详尽蓝图。建立乡村振兴联络员制度，下派1024名干部进驻乡镇和低收入村，推动乡村振兴与落实“重强抓”专项行动有机结合，确保乡村振兴任务有效落地落实、取得成效。强化乡村振兴发展投入，市级财政投资32.7亿元，完成乡村振兴重点工程项目24个。

（一）乡村振兴的政策体系

大连市委、市政府近年来高度重视乡村振兴工作，坚持城乡统筹发展，深化农业供给侧结构性改革，持续推进都市现代农业建设。2018 年，大连出台了《关于实施乡村振兴战略的意见》，围绕提升农业发展质量等 10 大领域，提出推进乡村振兴重点举措 52 项。指出大连乡村振兴应深化农村综合改革，推进承包地“三权分置”改革和农村集体产权制度改革，激活主体、激活要素、激活市场，确保农民受益；推进都市现代农业发展，实施质量兴农战略，推动三次产业融合发展，加快构建具有大连特色的现代农业产业体系、生产体系和经营体系；扩大农业农村开发开放，打通人才、资金、技术、信息、管理等要素上山下乡的通道，引导工商资本参与乡村振兴，鼓励社会各界人士投身乡村建设；实施“蓝天工程”“净土工程”“碧水工程”，打造农民安居乐业的美丽乡村；着力保障和改善民生，解决好产业发展、务工就业、基础设施、公共服务、医疗保障等方面农民关心的实际问题。①

为推进乡村振兴战略的顺利实施，大连还编制了《大连市乡村振兴战略规划》，明确其乡村振兴发展目标以及实现路径。

产业振兴领域，大连先后出台了《关于发展都市型现代农业的意见》和《大连都市型现代农业发展规划纲要》。大连坚持用工业化理念谋划农业，深入推进农业供给侧结构性改革，转变农业发展方式，全面构筑现代化的农业产业体系、生产体系和经营体系。其中，《大连都市型现代农业发展规划纲要（2011—2020)》分别从发展战略、发展思路目标、空间布局、重点部署、重点工程和政策措施等方面对大连都市型现代农业提出要求。发展战略指出，要根据大连环境条件和发展基础，强化城乡一体的产业支撑，努力实现科学发展、率先发展和转型发展。发展思路则坚持遵循农业农村经济发展规律，实现优势特色提升、节本降耗增效和功能服务创新。空间布局层面要求优化全域区市县层面的产业功能片区和乡镇（街道）层面的开发板块布局，建立产业功能空间分工协作机制，提高资源配置整体效应。重点部署则分别从设施农业和种苗农业发展、精品农业和外向农业发展、生态农业和循环农业以及休闲农业和创意农业等方面展开具体的部署。重点工程则分别包括优势产业提质增效工程、产业功能融合开发工程、基础设施支撑保障工程以及公共服务强化提升工程等方面。② 综上可知，大连从 2010 年开始就已经在乡村产业发展领域大做文章，与乡村振兴实现完美契合，为后续实现乡村产业振兴垫定了良好的产业基础。

为保障现代农业的快速发展，实现农业规模化经营，大连还出台了《2018

① 《大连市关于实施乡村振兴战略的意见》。

② 《大连都市型现代农业发展规划纲要（2011—2020)》。

年农业保险保险费补贴政策指南》，依托大连商品交易所2019年“农民收入保障计划”县域覆盖试点支持政策，人保财险大连市分公司与鲁证期货股份有限公司合作，将价格保险升级为收入保险，是国内首次将价格险和收入险列入地方试点险种的尝试。

为提升农村集体经济整体实力，大连出台了《大连市发展壮大村级集体经济3年行动计划（2018—2020年）》，确定通过加大财政支持力度、落实税收优惠政策、落实土地支持政策、落实金融信贷政策等举措，力争用3年时间全面消除239个没有集体经济收入的“空壳村”（“空壳村”为没有集体经济收入的村，集体经济收入包括经营收入、发包及上交收入、投资收益和其他收入，不含项目补助和村干部报酬补助、村级组织办公经费补助），市财政每年安排预算资金不低于5000万元，用于扶持“空壳村”集体经济发展。其中，年度具体目标任务为2018年消灭“空壳村”53个，2019年消灭“空壳村”102个，2020年消灭剩余“空壳村”84个。没有消灭“空壳村”工作任务的涉农区市县（开放先导区）要基本消除集体经济年收入不足10万元的集体经济薄弱村，壮大一批集体经济年收入超100万元的富裕村。3年中，各涉农区市县（开放先导区）村集体经济总收入当年增幅力争不低于辽宁省上年平均水平。其中，具体工作坚持县级主导、乡镇具体落实、村为主体。①

生态振兴领域，大连出台了《大连市农村人居环境整治三年行动实施方案（2018—2020年）》，以建设美丽宜居村庄为导向，开展农村垃圾、污水治理和户厕无害化改造、村容村貌提升工作。实施方案指出，到2020年农村生活垃圾处置体系基本实现全覆盖，非正规垃圾堆放点集中整治基本完成，实现全市90%的村庄生活垃圾得到治理，新建生活污水集中收集处理系统19套，全市17%以上的行政村生活污水实现收集处理。基本完成农村户用厕所无害化改造，升级卫生县城（乡镇）比例达5%。村内路网基本形成，村内泥泞道路基本消除，建设20个美丽乡村，初步建立农村人居环境整治建设和管护运行机制。②此外，大连还制定实施了《大连市“百村美丽、千村整洁”行动方案》，全面落实农村人居环境整治三年行动各项任务。为推进村庄科学规划和管理，大连编制完成了《大连市（县）市域乡村建设规划编制指导意见》，为县（市）域乡村建设规划、村庄规划的编制提供依据和指导。

人才振兴领域，大连制定了《大连市人民政府办公厅关于支持返乡下乡人员

---

① 《大连市发展壮大村级集体经济三年行动计划（2018—2020年）》。

② 《大连市农村人居环境整治三年行动实施方案（2018—2020年）》。

创业创新的实施意见》（以下简称《意见》），明确了在市场准入、金融服务、财政支持、用地用电和社会保障等方面对返乡下乡人员进行配套。《意见》强调要加强创业师资队伍建设，将返乡下乡人员纳入新型职业农民培育、农业职业经理人教育培训、农村青年电商培育工程等培训计划。建立健全创业指导制度，充实创业指导专家服务团队，为返乡下乡创业人员提供创业辅导。支持返乡下乡创业培训实训基地建设，为返乡下乡创业人员提供创业实训服务。培育专业化市场中介服务机构，健全专业化、社会化、网络化市场中介服务体系。充分利用创业服务企业、电子商务平台、行业协会、群团组织等社会力量，帮助返乡下乡人员解决企业开办、经营、发展难题。返乡下乡人员可在创业地按相关规定参加各项社会保险，按规定将其子女纳入城镇（城乡）居民基本医疗保险参保范围。对返乡下乡创业创新的就业困难人员、离校未就业高校毕业生以灵活就业方式参加社会保险的，可按规定给予一定社会保险补贴。对返乡下乡人员初始创业失败后生活困难的，可按规定享受社会救助。持有居住证的返乡下乡人员的子女可在创业地接受义务教育，依地方相关规定接受普惠性学前教育。《意见》要求加快将现有财政政策措施向返乡下乡人员创业创新拓展，将符合条件的返乡下乡人员创业创新项目纳入强农惠农富农政策范围。大学生、留学回国人员、科技人员、青年、妇女等人员创业的财政支持政策，要向返乡下乡人员创业创新延伸覆盖。把返乡下乡人员开展农业适度规模经营所需贷款，纳入大连市农业信贷担保体系，返乡下乡人员创办农业企业或新型农业经营主体，可按规定给予创业担保贷款。各级政府将返乡下乡人员创业创新培训经费纳入财政预算，落实定向减税和普遍性降费政策。①

此外，2018 年大连还针对女性同志印发了《“乡村振兴巾帼行动”以奖代补资金项目实施方案》，申请市财政局 300 万元以奖代补专项资金，开展大连“乡村振兴巾帼行动”项目。本项目是大连市妇联围绕实施乡村振兴战略，结合扶贫攻坚建设年工作任务，变更自 2006 年开展的“巾帼示范村”创建项目，调整工作目标和具体措施而形成的。其主要内容是通过扶持“乡村振兴村”和女性领办的“乡村振兴巾帼基地”，开展新型女农民培训和贫困母亲脱贫致富工程等具体措施，促进低收入村发展，带动农村妇女脱贫致富，激发广大妇女投身“乡村振兴战略”的积极性、主动性、创造性。②

农村公共服务领域，大连规定要全面提升农村教育、医疗卫生、社会保障、

① 《大连市人民政府办公厅关于支持返乡下乡人员创业创新的实施意见》。

② 《“乡村振兴巾帼行动”以奖代补资金项目实施方案》。

养老、文化体育等公共服务水平，加快推进城乡基本公共服务均等化。制定出台《大连市全面加强乡村小规模学校和乡镇寄宿制学校建设的实施方案（2019—2020年）》，建设标准化村卫生室30所，聘用特岗计划全科医生累计达到36人，开展“送戏下乡”150场，由政府出资为全市城乡分散供养的特困老年人每人办理一份意外伤害保险。①

（二）保障性措施

1. 人才保障

乡村振兴的核心是人才振兴，乡村振兴的发展最终取决于人才，人才振兴是乡村振兴的重要保障。2018年，大连共分三个批次选派1024名干部到乡镇和村工作，实现应派尽派。选派工作以来，大连市政府引导选派干部在农村振兴一线担当作为。同时不断总结第一书记的经验做法，从基层推荐的30个先进经验做法中确定10种做法，作为全市2018年度驻村“第一书记”助力乡村振兴工作法，并在全市范围内推广。

为实现人才振兴，大连出台了《关于支持返乡下乡人员创业创新的实施意见》指出将构建教育培训、创业指导、基地实训“三位一体”创业培训体系。其中教育培训体系将返乡下乡人员纳入新型职业农民培育、农业职业经理人教育培训、农村青年电商培育工程等培训计划。大连还构建了完备的创业指导制度，为下乡创业人员提供创业辅导。为推动下乡人员更好地融入农村，大连还建立了专门性的实训基地，为下乡创业人员提供创业实训服务，并借助创业服务企业、电子商务平台、行业协会、群团组织等社会力量，帮助返乡下乡人员解决企业开办、经营、发展难题。此外，《意见》指出，返乡下乡人员可在创业地按相关规定参加各项社会保险，按规定将其子女纳入城镇（城乡）居民基本医疗保险参保范围。对返乡下乡创业创新的就业困难人员、离校未就业高校毕业生以灵活就业方式参加社会保险的，可按规定给予一定社会保险补贴。对返乡下乡人员初始创业失败后生活困难的，可按规定享受社会救助。持有居住证的返乡下乡人员的子女可在创业地接受义务教育，依地方相关规定接受普惠性学前教育。《意见》还进一步要求，将现有财政政策措施向返乡下乡人员创业创新拓展，将符合条件的返乡下乡人员创业创新项目纳入强农惠农富农政策范围，《意见》的出台为大连乡村振兴提供了坚实的人才保障。②

① 《大连市全面加强乡村小规模学校和乡镇寄宿制学校建设的实施方案（2019—2020年）》。

② 《大连市关于支持返乡下乡人员创业创新的实施意见》。

2. 资金保障

为保障乡村振兴有充足的资金保障，大连针对返乡创业人员制定了专门的财政扶持政策，把返乡下乡人员开展农业适度规模经营所需贷款，纳入大连农业信贷担保体系，返乡下乡人员创办农业企业或新型农业经营主体，可按规定给予创业担保贷款。各级政府将返乡下乡人员创业创新培训经费纳入财政预算。落实定向减税和普遍性降费政策。此外，大连对女性领办的“乡村振兴巾帼基地”进行专项财政支持。大连为振兴农村集体经济，市财政每年安排预算资金不低于5000万元，用于扶持“空壳村”集体经济发展。①

为推动农业现代化发展，大连出台农业机械化发展的扶持政策，引导金融机构加大对农机企业和新型农机服务组织的信贷投放，灵活开发各类信贷产品和提供个性化融资方案。在合规审慎的前提下，按规定程序开展面向家庭农场、农机合作社、农业企业等新型农业经营主体的农机融资租赁业务和信贷担保服务。大连还鼓励保险机构积极开展农机保险，并规定农机融资租赁服务按规定适用增值税优惠政策，允许租赁农机等设备的实际使用人按农业农村部、财政部规定享受农机购置补贴。此外，农业机械耕作服务按规定适用增值税免征政策。

为保证乡村振兴有重组的资金支持，大连还开展了“整村授信”活动。“整村授信”是大连农商银行结合农村信贷资金需求小额、分散、快捷的特点，以行政村为单位，对符合条件的村民进行整体而有差别的授信，按照“整村推进、信用评定、批量授信”的方式规模化开展。银行的办贷人员与村民小组的组长共同组成了预授信小组，并根据每位村民的家庭及信用情况，合理确定预授信额度，现场向村民发放贷款卡。②

3. 技术保障

大连通过组织制修订符合全市农业生产实际和彰显地域特色的农业技术规范，强力助推农业发展、乡村振兴。截至2019年底，大连已发布实施农业技术规范213项，涵盖保障农产品质量安全、促进农业产业化、恢复自然生态资源以及健全农产品配送标准体系等方面。

为形成联合推进农业标准化发展的工作机制，大连制定了《大连市标准化工作联席会议制度》，单独设立由有关行业主管部门组成的农业标准化专项小组，整合行业标准化资源，建立权威高效的标准化协调机制。同时，科学开展标准立项，确保项目的必要性、先进性、科学性和符合性。形成以行政主管部门为引

① http：//www. women. dl. gov. cn/info/81_138818. htm。
② http：//dl. sina. com. cn/news/finance/2019 -08 -23/detail - ihytcern2957527. shtml。

导、以涉农组织为主体、以农业科研部门为保障、以标准化专业机构为支撑的农业标准化工作格局，有效推进全市统一农业标准体系建设。①

此外，大连还着力强化农业标准化示范区建设。大连市场监督管理局指导项目承担单位主持制定国家、行业和地方标准 32 项，并发挥示范拉动作用，推广“公司 + 基地 + 农户 + 标准化”的生产经营模式，直接带动 4000 余户养殖户转型和增收致富。

（三）乡村振兴的成效

1. 农业产业化、规模化发展效果显著

大连大力实施农业产业聚集发展工程、提质增效工程、功能融合工程，重点发展设施农业、海洋牧场、优质水果等产业，先后建成 10 个国家级海洋牧场示范区、109 个市级以上水产品健康养殖场、1403 个标准化畜牧养殖场、214 个标准化果园、80 个特色花卉生产园。蔬菜标准化生产基地面积达 3.47 万公顷。全市水产品和水果人均占有量继续保持全国领先。建成全国最大的樱桃、蓝莓、蛋鸡、海参、扇贝、鲍鱼六大生产基地。全市优势农产品集聚化率达 92% 以上，每公顷土地产出效益达 14 万元以上，渔业、水果、蔬菜、畜牧、花卉五大优势产业产值占农业总产值的 90%。大连在全省首批创建了大连国家现代农业示范区，建成了瓦房店市和庄河市两个国家县级农业示范区、金普新区和旅顺口区两个国家县级农业科技园区，培育乡镇级都市型现代农业园区 95 个。其中，乡镇级都市型现代农业园区面积达 1.4 万公顷，投资 15 亿元以上，辐射带动面积达 15.33 万公顷以上。②

2. 生态宜居效果显著

大连大力推进农村人居环境整治工作，实施农村人居环境整治三年行动，共建成生活污水集中收集处理系统 11 套，行政村生活垃圾处理体系覆盖率达到 85%，改建完成无害化卫生户厕 2 万座。建成通屯油路 411 千米，大中修农村公路 550 千米，全市低收入村全部通上油路。③

3. 农村综合改革硕果累累

大连实施壮大集体经济三年行动以来，53 个集体经济“空壳村”经济收入实现“零突破”。大连为推进农村集体产权制度改革，新组建土地股份合作社 30

---

① http：//www.ln.xinhuanet.com/2019－10/30/c_1125169492.htm。

② http：//www.dlxww.com/news/content/2019－03/10/content_2266818.htm。

③ https：//baijiahao.baidu.com/s？id＝1631707490154121803。

家，土地流转面积累计达到181.5万亩，占家庭承包耕地的41.5%。[①]

4. 人才振兴成果显著

2018年以来，大连选派1000多名干部下乡担任第一书记，成果显著。第一书记经过在基层的探索，结合农村实际，探索出十种工作方法：①“党建+村办企业”双引擎工作法；②主动发展+援建帮扶“1234”工作法；③“四点一线”引领产业发展工作法；④“新奇特菜品”创收致富工作法；⑤“支部+农家乐民宿”工作法；⑥微信社交促销工作法；⑦“支部+合作社+电商”工作法；⑧“一核三化”促发展工作法；⑨“打井开源”工作法；⑩肉牛养殖项目扶贫工作法。[②]

（四）经验总结

1. 以第一书记作为支点，通过党建引领带动乡村实现全面振兴

大连市通过派遣“第一书记”下乡，发挥第一书记的模范带头作用，总结出“十佳做法”并进行推广，引起很大的社会反响。“十佳做法”充分发挥了第一书记的带头作用，第一书记通过将理论与实际相结合，深入挖掘所在村庄的资源禀赋，丰富了自身基层工作经验的同时，也带动村民实现发家致富。

2. 以深化改革推动乡村发展

大连以破除城乡协调发展障碍为重点，积极搭建农村综合改革“四梁八柱”，为现代农业发展提供了制度保障。其中，农村承包土地确权登记工作基本完成，全市确权登记颁证工作经验做法获得农业农村部相关领导和专家高度认可，先后四次在全国进行经验交流。此外，大连还加强推动农业规模化经营，推动农村土地向农民合作社、农业龙头企业、社会化服务组织等新型农业经营主体集中，通过充分发挥农机合作社等新型主体作用，按照“土地股份合作社+农业职业经理+农业综合服务”的模式，持续推进农业共营制模式试点。

---

① http://dangjian.people.com.cn/n1/2019/0408/c117092-31017581.html。

② http://www.dl.gov.cn/gov/detail/detail.vm?diid=100B060011911094526191111 28&lid=2_4。

第八章　企业参与乡村振兴的典型案例分析

一、碧桂园集团：“4+X”助力乡村振兴

碧桂园集团作为一家世界500强的民营企业，一直积极响应国家号召，参与社会扶贫事业，做党和政府的有益补充。回顾碧桂园集团20多年的扶贫历程，从单个项目帮扶到试点驻村帮扶，再到由点及面开展大规模驻村扶贫，到目前全国9省14县全面推进，集团立足贫困地区实际，充分发挥自身优势，因人因地施策，形成了脱贫攻坚与乡村振兴领域的“4+X”模式，即党建扶贫、产业扶贫、教育扶贫、就业扶贫，并结合帮扶地区的实际自主选择田园综合体建设、美丽乡村建设等其他帮扶措施。“4+X”模式为民营企业参与脱贫攻坚与乡村振兴提供了有益借鉴。

2018年，碧桂园集团设立了乡村振兴基金，成立精准扶贫乡村振兴领导小组、办公室，将扶贫与乡村振兴提升到主业高度，进一步推动脱贫攻坚与乡村振兴的有机衔接，并在全国9省14县开展精准扶贫和乡村振兴工作，继续深化完善“4+X”模式，探索“可‘造血’、可复制、可持续”的乡村振兴道路。

（一）碧桂园集团参与乡村振兴的做法及成效

1. 党组织结对共建夯实乡村组织基础

碧桂园集团在脱贫攻坚与乡村振兴事业中高度重视党建的引领作用，在具体实践层面主要体现在三个方面：

一是与贫困村党组织结对共建。集团将党支部设立在扶贫一线，脱贫攻坚与乡村振兴工作队前往帮扶县的第一件事就是建立党支部，与村党组织开展党建共建活动，举办特色党课、发展扶贫队员、乡村积极分子入党，发挥党管农村工作的优势和党员的先锋模范作用。截至2020年7月，集团已经在14个帮扶县设立了一线党支部，与155个村党支部结对共建，共同开展了约470场党群活动，惠及群众约12万多人次。

二是链接多方资源开展各类学习与培训活动。集团与县组织部门合作，组织贫困村党组织书记前往清华大学学习，邀请专家开展入村专题讲座等，学习培训的内容主要包括基层党组织建设、乡村产业发展、乡村治理、矛盾调解等。截至2020年7月，已举办村支书研学班基础班14期、提升班26期，有效提升了基层党组织书记的带动发展能力与基层治理能力。

三是发挥“老村长”的桥梁作用与带动作用。“老村长”是集团设立的协助工作队开展当地工作的“公益岗位”，选聘德高望重、有公心、村民信服的当地人担任项目部党支部副书记，主要负责对接村民，做好集团与帮扶点的双向沟通，宣讲党的思想，国家相关政策，以及碧桂园“4 + X”帮扶模式等，帮助项目组向村民普及新技术、新理念，发挥党在思想上的引领作用，破除部分村民“等靠要”思想。截至2020年7月，集团已在14个帮扶县选聘了140名“老村长”，开展“老村长”百日攻坚行动、“老村长接待日”、走访帮贫贫困户、脱贫励志报告会等活动，累计覆盖贫困人口5.9万人次。

2. 依托碧桂园平台助力产业发展

产业发展是带动贫困户脱贫致富的核心，也是实现乡村振兴的重中之重。集团立足帮扶地实际情况，依托集团优势，重点做了两大模块的工作：一是帮助当地进行产业链升级、传授新技术、培训管理经营人才、支持专业合作社发展等；二是优化市场，打通产品销售渠道，建立长期稳定的农产品产销机制，集团通过自身的优势，链接相关企业进行产品的深加工、转化、销售推广，通过“碧优选”“碧乡”“碧家”等线上平台和展览会等线下销售渠道拓展产品的销售市场，截至2020年上半年，已累计转化30个帮扶县208种优质扶贫农产品，实现销售金额约1.2亿元，帮助超10万名贫困户增加收入。如集团对口帮扶的甘肃省东乡有东乡羊、东乡土豆与东乡刺绣三大传统产业，但是因为技术落后、销售渠道有限等原因，一直没能发展起来。在前期调研后，帮扶队伍按照“强主体、抓两端”的帮扶思路，成立专业化的消费扶贫运营主体“碧乡农业公司”，开展市场化运营帮扶，一手抓帮扶农产品供应水平和质量，一手抓市场端销售，不断提高运营主体的市场经营能力，强化合作社带动能力、延长产业链，提升产品的附加值。项目队伍与农民专业合作社共建了东乡羊养殖场，由集团旗下的农业公司专家进行指导，提升东乡羊的养殖技术与品质。在销售方面，联合“碧乡农业”等线上平台共同助力东乡羊拓展销售渠道，2018 年和 2019 年“双 11”期间，共计销售 20000 多只东乡羊，累计收入 2000 万元，受惠贫困户约 3000 名，平均每户增收约 3000 元①，销售有了保障之后，村民开始增加养殖数量，规模养殖有效促进了农户增收。在土豆产销方面，集团出资 320 万元为东乡 12 个乡镇 50 多个贫困村 5000 多户提供了技术迭代之后的马铃薯种子，并邀请专家进行种植方面的技术指导，联合马铃薯淀粉企业开发淀粉产品，如鲜薯条、土豆榴莲曲奇、土豆芥末海苔饼干等，通过电商平台和展会等线上线下销售渠道，已助力销售东乡土豆 3000 多吨。为提升东乡刺绣的工艺，集团联合北京服装学院开展东乡刺绣设计合作，进行工艺上的改进，通过集团采购等形式支持刺绣产业的发展。据统计，集团联合县妇联累计培训了 260 多名东乡绣娘，2019 年共完成订单 18000 多件，发放绣娘工资总计约 60 万元②，有效带动了穆斯林妇女解放思想、勤劳致富。2020 年，集团将联动中国妇女发展基金会，在东乡县落地 1 个东乡刺绣产业枢纽，集生产、运营、培训、展示、交流为一体，打造为展示东乡文化和扶贫成果、东乡刺绣产业的示范和交流体验基地。同时，协助开发披肩、香包、环保袋等刺绣产品，对接销售渠道，预计可以帮扶增收 100 万元。共同推动东乡刺绣产业规模化、品牌化发展。

3. 促进就业助力稳定增收

就业是贫困户增收脱贫、防止返贫的重点，在就业帮扶方面，集团以农村需要、市场需求及实现就业为导向，结合当地实际情况，为贫困户提供就业岗位，实现培训、就业“一站式”服务，帮助其掌握致富门路和技术③，实现稳定脱贫致富。

一是以需求为导向开展技能培训。集团联合旗下企业为贫困劳动力提供在集团内部就业的机会，完成岗前培训即可上岗。开展菜单式、订单式技能培训，有针对性地培训目标工作所需要的技能，如电工、保洁、保姆、月嫂培训等，确保有工作意愿的贫困劳动力能够胜任期望的工作。同时，集团考虑到乡村就近、就地就业的问题，采取了送教下乡、送技术到家门口，以及远程培训等形式，让在

---

① 《碧桂园开展“4 + X”扶贫帮扶》，《国务院扶贫办扶贫简报》2019 年第 41 期。

② 碧桂园集团内部资料：《碧桂园助力东乡县精准扶贫工作情况》。

③ 《碧桂园：“4 + X”组合拳助力脱贫攻坚》，《公益时报》2019 年 11 月 22 日，http://www.gongyishibao.com/html/qiyeCSR/17712.html。

地劳动力在家中学习技能，做到“生产、生活、培训”三不误，推动劳动力培训与就业无缝对接。这一形式也提高了一些行动不便的特殊人群学习技能，帮助其进行就业。2012 年至 2020 年 7 月，累计培训 66148 人，就业 355820 人，其中粤菜师傅培训已开展 31 期，该项目预计培训学员总数达 3000 余人；星级保姆培训 1436 人，月薪基本在 5000 元以上，集团各单位、合作伙伴提供了约 10000 个就业岗位。[①] 此外，为提升农村弱势群体的就业能力，集团在贫困地区农村特别开办了残疾人云客服培训班，为残疾人群体提供互联网和电商技能培训。

二是培育就业带头人。培训是快速就业的主要措施，但是要做到可持续，就需要培育积极就业、努力奋斗的文化氛围。为此，集团特别重视就业带头人的培育，发挥带头人的示范效应和带动作用，选出一批具有号召力、有组织能力、肯奋斗的村民作为乡村的就业带头人和就业培训中心的骨干成员，为村民链接就业信息，提供就业指导，必要时进行思想教育和典型事迹宣传，改变村民的思想观念，塑造价值感，提升村民就业的积极性。同时，集团围绕乡村人才回流，开展了“青创 10 万 +”项目，支持青年返乡创业，截至 2020 年上半年，通过实地走访、乡镇政府推荐等方式，集团在 14 县已支持 2000 多名返乡青年扎根创业，带动了超 30000 名贫困人员增收[②]，有效地促进了当地发展，增加了村庄活力。

4. 发展教育阻断代际贫困

抓教育是从根本上切断贫困代际传递的重要手段，同时也是乡村组织振兴的人才保障，从精准扶贫到乡村振兴，一代人又一代人，教育是根本，是需要一直做下去的。[③] 早在 1997 年，集团及创始人就开始通过捐赠助学、开办慈善学校等方式持续开展教育扶贫，通过多年的实践深耕，积累了深厚的助学经验。

一是创办非营利的慈善学校。2002 年 9 月，捐资 2.6 亿元，创办了国华纪念中学，免费招收家庭困难、品学兼优的初中毕业生。创办至今，国华纪念中学共接收了 3096 名处于辍学边缘的学生，截至 2019 年，在校学生 518 人，已毕业 2045 人，毕业后取得硕士学位的有 707 人，取得博士学位的有 120 人，出国深造 91 人。[④] 2013 年，国强公益基金会捐资 4.5 亿元创办了针对贫困生免费的广东碧桂园职业学院，通过校企合作的方式精准培养专业技术人才与管理骨干，通过技术改变贫穷的命运，为集团、社会输送有需要的人才。截至 2019 年，学院累计

① 碧桂园内部材料：《2020 年工作会议》。

② 《碧桂园：“4 + X”组合拳助力脱贫攻坚》，新华网，2019 年 10 月 16 日，http：//www.xinhuanet.com/house/2019 - 10 - 16/c_1125110285.htm。

③ 国强公益基金会工作人员的线上访谈，2020 年 3 月 28 日。

④ 国强公益基金会官网关于国华纪念中学的介绍，https：//www.guoqiangfoundation.com/info/16。

招收高中毕业生 2472 人，其中贫困家庭学子 2043 人，累计已毕业 1007 人，毕业生就业率达 100%，约 72% 的毕业生成为基层技术骨干和一线管理干部①，实现了“一人成才，全家脱贫”的目标，更重要的是向学子传达了一种靠奋斗改变命运，学会感恩奉献社会的正能量。2019 年，国强公益基金会积极响应习近平总书记在甘肃考察期间关于发展职业教育保证机会公平的讲话，捐赠约 3 亿元，参照广东碧桂园职业学院，在甘肃省东乡县达板镇投资新建临夏国强职业技术学校，预计建成后将容纳 2500 名学生就读，学校坚持公益属性，将对贫困家庭学生免除一切费用，以帮助其掌握就业技能，实现“一人成才，全家脱贫”。

二是设立助学基金，开展“一对一”帮扶。助学基金主要是帮助因学致贫的贫困生完成学业，基金主要来自集团员工的资金捐赠，2018 年，国强公益基金会共收到集团员工 27930 人的捐款，累计金额约 1150 万余元。同时，集团鼓励员工与贫困学生结对，帮助其完成学业，并给予学习生活、职业规划等方面的指导，目前已结对帮扶了 6724 名贫困学生。② 2019 年，中国光华科技基金会、碧桂园集团、国强公益基金会合作发起“碧桂园·光华助学金”网络众筹项目，通过“心愿 100”教育扶贫助学捐款行动、公益徒步等多种方式，向集团员工、全社会爱心人士发起助学捐款活动，截至活动结束，共有 176 个单位、爱心团体参与，累计捐款人次 142204 人，筹集到善款 1060.25 万元，碧桂园集团另捐赠 289.6197 万元，用于资助 7500 名建档立卡贫困学子完成学业及微心愿。

三是改善办学条件，扩大教育规模。主动改善帮扶县学校的办学条件，如在甘肃东乡县捐赠建设龙泉学校，扩大招生规模 180 名学生，并解决了 316 名学生的住宿问题，打造成县级“教育示范基地”。在河北对 11 所学校开展“3 + 3”教育扶贫行动，即为学校配备操场、厕所、水井“三大件”和冰箱、微波炉、净水设备“三小件”，改善学生的学习生活环境，完善配套附属设施。

为了满足贫困地区留守儿童的成长需要，国强公益基金会捐赠 540 万元，在全国留守儿童问题较为突出的 12 省 44 县开展了首批 114 个“童心港湾”关爱留守儿童项目③，动员集团员工、楼盘业主，结合当地教育部门、共青妇联等资源，开展留守儿童陪伴关怀活动，保证孩子身心健康成长。

5. 田园综合体建设探索乡村全面振兴

早在 2017 年，碧桂园集团在广东省政府办公厅的引导下，便开始构思社会

---

① 国强公益基金会官网关于广东碧桂园职业学院的介绍，https：//www. guoqiangfoundation. com/info/15。

② 国强公益基金会官网，https：//www. guoqiangfoundation. com/info/35。

③ 碧桂园集团内部资料，《2020 年工作会议》。

主义新农村示范村建设，提出了“产业发展、人居环境提升、打造新乡风”的发展思路，累计投入帮扶资金超过5600万元，陆续开展了“韶关市黄塘村新农村示范项目”“乐昌市和村新农村示范项目”“生水塘新村扶贫项目”“英德市连樟村项目”等①，取得了显著成就，积累了丰富的经验。

2019年，碧桂园在新农村建设的基础上提出田园综合体的理念，田园综合体是集现代农业、自然教育、休闲旅游、生活体验、田园社区于一体的乡村综合发展模式，通过平台化运营，整合土地、资金、科技、人才等资源，为农业综合开发转型升级、创新发展打开突破口，实现从农民到经营者的身份转变，通过旅游助力农业发展、促进三产融合，完善农民充分参与、充分受益的有效机制②，探索“可‘造血’、可复制、可持续”的乡村振兴模式。

目前，集团正在岳阳市平江县丽江村进行田园综合体实践，项目总投资2.3亿元，分三期开发，一期投资7000万元，重点解决吃、住、行、游、娱的问题，同时配套涵盖乡村振兴学习中心、文化艺术展示、农产品加工体验、休闲平台于一体的美丽乡村艺术馆，打造精品院落民宿、现代农业园等特色项目。通过对丽江村整村开发，以丽江村为中心，辐射周边旅游景点、乡村产业，发挥田园综合体的带动作用。

（二）碧桂园集团参与乡村振兴的模式与经验

党建扶志、产业扶贫、教育扶智、就业扶技，以及自选动作美丽乡村建设、乡村综合体建设，对应了乡村振兴战略中的“五大振兴”措施。党建帮扶助力组织振兴和乡村治理有效，通过村书记研学班、党建结对共建、发掘“老村长”等方式，完善党组织对农村工作的引领，打造党性强、有公心、能力突出的农村基层党组织队伍，在乡村振兴战略中充分实现主心骨的作用。

产业帮扶助力产业振兴与文化振兴，集团发挥在现代农业发展方面的优势，帮助提升产品转化率与品质，拓宽产品的市场销售渠道，如依托旗下农业公司开展种子改良、科技创新、技术培训等，提升农户的生产效率，帮助农民专业合作社链接相关企业提升产品市场竞争力。同时，挖掘产业背后的文化意涵，弘扬乡村传统文化，因势利导发展乡村特色文化旅游产业，实现产业发展与传统文化的有机融合。如平江县的“谷雨烟茶”项目，通过挖掘当地传统烟茶文化，形成

---

① 《精准扶贫乡村振兴》，国强公益基金会官网，2019年4月24日，https：//www. guoqiangfoundation. com/info/21。

② 碧桂园集团内部材料：《碧桂园平江县丽江田园综合体介绍》。

了集烟茶产业链、茶文化体验、乡村旅游为一体的发展模式。目前，有茶园1300多亩，厂房803平方米，两家实体旗舰店，带动了当地1300人就业，人均增收2200元[①]，“谷雨烟茶”也正在进行非物质文化遗产申请。

就业帮扶与教育帮扶助力人才振兴，人才是乡村振兴的基石，乡村振兴的主体是农民，当下农村的发展需要通过多种形式培育新型职业农民，碧桂园集团开展了一系列入村进户的技能培训与技术普及活动，同时，吸引和鼓励外出能人、大学生等返乡就业创业。长远来看，人才教育是乡村发展的不竭动力，碧桂园集团的教育助学项目为家庭困难的农村学生提供全方位的帮助，为未来乡村的发展积累坚实的人才基础。

田园综合体建设助力生态振兴。田园综合体建设对乡村整体的改变首先体现在生态环境改善和人居环境提升方面，帮扶小组通过“三清三拆三整治”“厕所革命”、污水处理及其他公共设施改造和基础建设项目等，改变农村“脏乱差”的现象[②]，在充分保护当地自然生态环境，挖掘优秀传统文化的基础上，开展嵌入田园综合体的康养项目及乡村旅游相关业态，田园综合体的建设改善了乡村的人居环境，美丽的自然风光让村民对家乡产生了更加浓厚的归属感与参与感。

总结“4+X”模式，有三点经验特别值得参考与学习：一是企业在参与脱贫攻坚与乡村振兴事业时，同样需要重视党组织建设工作。“乡村振兴落到实际上还需要基层组织去做，建好党组织队伍，乡村振兴就有了得以长存持续稳定推进的基础”[③]，一方面是做好企业帮扶队伍自身的党组织建设，另一方面是做好和帮扶地的党建共建。尤其是“老村长”的角色与功能值得重视，企业前往地方首先需要解决融入和信任的问题，“老村长”既是帮扶工作队党支部的副书记，也是村民信任的当地人，双重身份很好地降低了帮扶队与村民之间的陌生感，便于工作队尽快了解当地情况，开展帮扶工作，同时，有“老村长”的帮助，极大地降低了沟通成本，提升了帮扶工作的效率。

二是产业帮扶两手抓，既要扶持产业本身，也要打造产业链，两者相结合，产业才能可持续发展。乡村振兴工作中，产业兴旺是重点，但是现实情况往往是企业、政策撤离之后，产业就倒了，出现这一现象的原因之一是只关注产业扶持，缺少对产业链的打造，产业缺少可持续性。同时，多数产业，农户只在生产

---

① 碧桂园集团内部资料：《中国古茶：平江烟茶》。

② 《碧桂园：“4+X”组合拳助力脱贫攻坚》，新华网，2019年10月16日，http://www.xinhuanet.com/house/2019-10-16/c_1125110285.htm。

③ 安徽舒城县青墩村第一书记的线上访谈记录，2020年4月28日。

端，而没有参与到价值创造更大的产品加工端与市场销售端。因此，需要从整个产业链视角入手，在生产端通过技术普及等提高农户的种植、养殖能力，培育现代化职业农民；在产品转换端，积极支持当地合作社发展，通过“合作社＋企业”“农户＋企业”等形式，进行产品深加工，提升产品转换率；在销售端，通过挖掘产品背后的文化价值打造品牌，通过线上、线下等多种平台为产品打开销售渠道。全产业链视角下的产业发展使村民可以获得每个生产阶段的收益，每一个阶段的参与也在培养农户发展产业的能力，即使在各方支持抽离的情况下，产业也可以持续发展。

三是整体布局，系统规划，重视各帮扶模块的有机融合。在精准扶贫、精准脱贫的过程中，主要以户为单位进行帮扶，政策与项目资源的投入具有精准性。乡村振兴是一个全方位提升的战略，具有系统性、整体性，要求从整体乡村出发全盘谋划，整合资源，挖掘潜力，展现乡村的特色和优势。碧桂园集团实践探索的田园综合体建设便是从乡村整体出发，将产业、生活、文化、生态、就业等内嵌于其中，使各个部分形成聚合力，从而达到乡村全面的发展与振兴。

（三）结语

碧桂园集团从创建之始，就积极履行企业社会责任，投身国家脱贫攻坚与乡村振兴事业，并总结出了独具特色的“碧桂园模式”。未来，碧桂园集团将继续在党委政府指导下，携手各单位，在精准扶贫、乡村振兴方面持续发力，做党和政府的有益补充①，持续探索企业参与脱贫攻坚与乡村振兴的长效机制与实践模式，推动农业全面升级、农村全面进步、农民全面发展，谱写新时代乡村全面振兴新篇章。

二、华润集团：创建希望小镇，助力乡村振兴

自2004年以来，“中央一号”文件已经连续16年聚焦“三农”问题，“三农”问题已经成为制约国家实现全面现代化和可持续发展的突出问题之一。党的十九大报告也明确提出，“当前我国社会主要矛盾已经转化为人民日益增长的美

① 国强公益基金会：《乡村振兴：携手共帮扶，打造宜居美丽乡村》，2020年4月15日，https://www.guoqiangfoundation.com/。

好生活需要和不平衡不充分的发展之间的矛盾”。而其中“不平衡”最突出的表现就是城市与农村发展不平衡；“不充分”最突出的表现就是农业、农村发展不充分。为此，党的十九大报告从全局和战略高度，明确提出乡村振兴的国家战略，加快推进农业农村现代化。而华润作为一家在港央企，一直高度关注国家“三农”问题和贫困革命老区的脱贫攻坚工作。自2008年以来，华润充分发挥自身多元化经营的资源优势，不忘初心，主动回报社会，创新性地构建了“华润希望小镇”模式，在全国的革命老区捐建了12座华润希望小镇，为央企积极参与乡村振兴贡献了华润经验。

（一）华润集团参与乡村振兴的做法及成效

自2008年以来，华润积极响应中央扶贫开发的号召，提出利用华润企业和员工捐款，到贫困地区和革命老区的贫困乡村建设华润希望小镇的创想。截至2019年底，华润累计捐资超过8亿元，精准对接革命老区、贫困地区，以“环境改造、产业帮扶、组织重构、精神重塑”为四大目标愿景，在全国范围内建成了广西百色、河北西柏坡、湖南韶山、福建古田、贵州遵义、安徽金寨、江西井冈山、宁夏海原八座华润希望小镇，贵州剑河、湖北红安、陕西延安、四川南江四座华润希望小镇也正在规划建设中。十余年来，华润希望小镇直接受益农民总计3024户、11420人，辐射带动小镇周边10万余人脱贫致富奔小康。华润希望小镇的建设既是华润不忘初心、主动回报社会、履行央企社会责任的创新之举，更是华润利用企业多元化经营资源优势，积极参与国家乡村振兴的实践与探索。

党的十九大报告明确提出了乡村振兴的国家战略，号召我们要按照产业兴旺、生态宜居、乡风文明、治理有效、生活富裕的五大总要求，加快推进农业农村现代化。从2017年底开始，华润联合中国社科院社会责任研究中心，结合希望小镇建设经验，对“乡村振兴”进行了政策研究。社科院专家用了8个月时间，研究了11个小镇的发展模式，发现希望小镇的“四大愿景”全面响应了“乡村振兴”的五大总要求。

1. *以环境改造为基础，实现希望小镇生态宜居*

环境改造，是华润希望小镇建设的基础。华润对希望小镇统一开展的环境改造主要聚焦在“和谐的民居改造”“生态环保的市政基础建设”和“功能齐备的公共配套设施”三大方面。在民居建设过程中，华润主要实施了“改厨、改水、改房、改厕、改圈、改院”六大工程；在改造市政基础设施时，华润本着生态环保的理念，对乡村水、电、路、气进行彻底改造，并通过三格化粪池、生态湿地等设施低成本、高效益地解决了农村排水难的问题。在全为旱厕的海原希望小镇，华润还发起了一场“厕所革命”，通过引入一体化污水处理设备，彻底解决了当地原有旱厕粪污排放难的问题，处理后的水质可达到一级B标准，可直接用于农户家庭的蔬菜灌溉和牲畜喂养；在公共配套设施方面，华润除了捐建希望小学、幼儿园、卫生院、党群服务中心、村民文化站、健身广场以外，还在希望小镇为村民改建新建了祠堂、公屋等专门的公共活动场所，方便村民集会和婚丧嫁娶使用。完善的教育、卫生、养老等市政及公共配套弥补了乡村基础设施严重匮乏的“短板”。通过环境改造，乡村的人居环境彻底改变，希望小镇村民享受到了城市文明所带来的舒适、卫生与便利，在小镇内基本实现了生态宜居。

2. 以产业帮扶为抓手，实现希望小镇产业兴旺、生活富裕

在乡村产业振兴方面，华润主要通过建立“企业＋合作社＋农户”的基本模式，利用企业自身资源优势，帮助希望小镇农民成立润农农民专业合作社，并以合作社为平台开展土地流转，充分发掘每个小镇的资源禀赋，因地制宜地发展现代特色农业和特色乡村旅游业。目前，华润已经帮扶七个希望小镇成立了润农农民专业合作社，形成了能够发挥自身特点的特色种植业、养殖业和乡村旅游产业。在井冈山华润希望小镇，华润建设了第一座米兰花乡村民宿示范酒店，并以此为龙头，引导村民将闲置房屋改造成为乡村民宿，大力发展红色旅游。从2017年6月井冈山米兰花乡村酒店开业至2019年底，营业额已突破480万元；为希望小镇当地村民提供了18个就业岗位，已累计支付职工薪酬约196万元；带动村民发展了9家民宿，共计73间客房129张床位，接待游客近26000人，酒店盈利则全部用于井冈山希望小镇的可持续发展或作为当地民政领域的救助资金。从第一产业到第二产业再到第三产业，华润充分发挥了各个小镇的资源禀赋，有效地推动了小镇三次产业的深度融合发展，激发了农村创新创业活力。经过十多年持续的产业帮扶，希望小镇“一镇一品”的产业格局已基本形成，产业兴旺、生活富裕的目标已基本实现。

3. 以组织重构为依托，实现希望小镇有效治理

华润每建设一个希望小镇，都会将希望小镇原来的村委会升级为新型的农村社区居民管理委员会；在润农农民专业合作社的章程中，明确规定润农农民合作社的一部分利润将用于希望小镇集体开支，为希望小镇社区居委会开展公共服务、行使管理职能提供了稳定的经费来源。每个希望小镇建设伊始，华润都会从各个利润中心抽调7～8名优秀年轻员工组成项目组，全面参与小镇建设。环境改造建设任务完成以后，华润还会继续派出产业帮扶小组，继续帮助村民发展特

色产业。与此同时，华润还以润农农民专业合作社为突破口，帮助希望小镇加强基层党组织建设，积极培育村里的经济带头人和基层优秀党员，支持他们成为润农合作社理事或骨干，提升他们的综合素质，支持他们参加村“两委”的选举，从而实现小镇党、政、企三位一体交叉任职。通过华润的帮扶，把真正政治意识强、综合素质高的“乡村经济带头人”扶持成为村“两委”的领导人，真正实现村民“自治”。在当地政府的支持下，华润项目组和希望小镇的村“两委”紧密配合，乡村民主自治的治理能力和治理结构日益稳固，基本实现对小镇各项事务的有效治理。

4. *以精神重塑为目标，实现希望小镇乡风文明*

在扎实推进产业帮扶工作的同时，华润还注重物质文明和精神文明一起抓。在百色希望小镇，华润通过制定《居民社区公约三字经》，用村民喜闻乐见的方式宣传社会主义核心价值观。同时，华润非常注重保护发展农村优秀传统文化，高度重视对公屋、祠堂的保护性修缮，在有条件的希望小镇专门建设了文化站，并以公屋、文化站为基地，通过树乡贤、立乡约、整乡风、塑乡情，大力倡导以乡贤文化为核心的优秀农耕文化，充分发挥乡约、家训等凝聚人心、教化群众、淳化民风的重要作用。在金寨希望小镇，华润对已荒废多年的徐氏祠堂进行了保护性修缮，对徐氏家训进行了发掘整理并张贴在祠堂最显著的位置。修葺一新的祠堂不仅将整个徐氏家族的46户宗亲凝聚到了一起，也成为小镇开展公共事务、村民活动的场所。在华润和当地政府的积极引导下，希望小镇村民已经开始自觉摒弃赌博、迷信活动等不良生活习惯，乡风文明、积极健康的生活方式逐渐成为小镇村民精神生活的主流。

（二）华润集团参与乡村振兴的模式与经验

在华润希望小镇的建设过程中，华润创新扶贫机制，将华润的企业资源与贫困乡村的综合建设全面对接，将华润的业务发展与贫困乡村的可持续发展全面对接，将华润单方面的资金捐助和智力支持，变成华润、地方政府、受助村民携手脱贫，共建美好家园，充分发挥受助地区基层政府、村民在脱贫攻坚中的作用。同时，华润集团从“环境改造、产业帮扶、组织重构、精神重塑”四大帮扶愿景出发，强力推动贫困乡村全面改造人居环境，从改善生活环境上扶贫；形成“一镇一品”的乡村产业，从提升经济收入上扶贫；建立党、政、企三位一体的乡村治理模式，从组织建设上振兴乡村，提升乡村的治理能力；重塑乡土文化，从增强乡村活力上扶贫。每个华润希望小镇，经过3~5年的帮扶改造，都已经彻底改变了原本贫穷落后的乡村面貌，实现了农民“走平坦路、喝干净水、用清洁灶、上卫生厕、住安全房”的梦想，成为具有农业发展活力、鲜明地方特色的社会主义美丽乡村。

乡村振兴，产业帮扶是关键。在希望小镇发展初期，华润进行产业帮扶时，主要聚焦在特色种植业和养殖业，随着希望小镇建设持续推进，华润认识到单靠发展传统的第一、第二产业不足以支撑小镇产业帮扶工作的可持续全面快速发展。在近年来红色旅游快速发展的行业红利和政策红利引导下，华润致力于结合各地不同的资源禀赋，探索小镇产业扶贫的创新转型发展之路。因此，从第七个希望小镇——井冈山华润希望小镇开始，华润便开始探索“民宿酒店＋小镇物业管理＋乡村旅游”的产业扶贫模式。而在即将竣工落成的红安华润希望小镇，华润将利用红安希望小镇距离武汉仅1.5小时车程的区位优势，在引入米兰花乡村民宿示范酒店的同时，还将利用小镇内有限的土地资源，发展红色共享休闲农业，以“科技引领＋创新发展”为理念，通过“互联网＋农业”的模式，把红安希望小镇范围内有限的土地资源分割成小块建成“共享农庄”，农庄内的小块土地将按年租赁给武汉市民作为家庭菜园。农庄则由希望小镇统一集中种植管理，家庭菜园收获的果蔬全部归租赁者所有。“共享农庄”建成后，武汉市民可以通过互联网线上随时观察到家庭菜园的种植情况，也可在假期来到红安希望小镇所在的七里坪镇进行红色旅游，在小镇影戏馆欣赏红安非遗项目皮影戏和荡腔锣鼓，还可以在“共享农庄”家庭菜园内体验采摘种植，最后在米兰花乡村酒店内体验民宿和红安特色农家乐餐饮服务。未来，华润还将不断发现培育自身资源优势与其他在建小镇资源禀赋之间的结合点，将一镇一品的产业内容从单一种养业向乡村旅游、休闲观光农业、共享农业扩充，切实推进小镇发展模式的持续创新与转型升级，为乡村振兴贡献华润智慧和力量。

（三）结语

华润希望小镇十年的建设历程，是华润集团在履行社会责任、参与乡村振兴、推进脱贫攻坚方面做的一些实践和探索。未来，华润将继续以习近平新时代中国特色社会主义思想为指导，认真落实党中央、国务院决策部署，按照国资委工作要求，立足国情、农情、司情，切实增强责任感、使命感、紧迫感，继续履行好央企的社会责任，不断探索可持续发展的扶贫开发新模式，为新时代乡村振兴贡献华润智慧和力量。

三、中国旅游集团：黄岗村百美村宿项目

（一）项目背景

打赢脱贫攻坚战是党中央、国务院做出的重大战略部署，是党向全国人民作出的庄严承诺。旅游扶贫作为国家脱贫攻坚战略的重要组成部分，是产业扶贫的主要方式之一，是全面建成小康社会的重要推动力量。

让贫困地区的好风景变成贫困群众的好风景，这是中国旅游集团有限公司的不懈追求。党的十八大以来，中国旅游集团认真落实中央脱贫攻坚决策部署，积极承担企业社会责任，发挥公司优势，以旅游扶贫破解“美丽贫困”，扎实在定点帮扶地区开展特色景区项目支撑、扶贫产业同步发展、旅游营销先行三大旅游扶贫战略，着力推动贫困地区旅游资源优势转化为产业优势，切实将旅游扶贫打造成贫困群众能增收、可脱贫的富民产业。

2018 年 3 月，由中国旅游集团、中国扶贫基金会联合发起的百美村宿——中国旅游集团黄岗村旅游扶贫示范项目在黄岗村正式启动，项目周期为 3 年，将发挥黄岗村侗族旅游文化集散中心旅游住宿服务、文化传播和产品购买三大核心功能，提升本地旅游市场吸引力和游客二次消费水平，带动提高当地居民收入。

通过合作社搭建的平台，吸引资源和投入，同时让利于民，既不让资本侵占村民利益，也保障资本在当地的良性循环。分配方面遵循“一个基本、三个原则”，“一个基本”保障全体村民受益，“三个原则”遵循“多投多得”“多劳多得”和“帮扶贫困”，调节分配，实现共同富裕。

黄岗村项目将利用好当地侗族文化和生态资源优势，进行适应乡村旅游的整体规划改造，并以合作社为平台进行全村资源管理和经营，通过乡村旅游驱动村庄经济发展，实现村民脱贫致富。

（二）项目模式及具体做法

1. 整体规划定位，重塑乡村价值

黄岗村的整体规划以保护、保育、创生三个维度为方向。传统文化保护：保护传统村落风貌的完整性，保护黄岗传统稻鱼鸭农耕生活文化的完整性，保护传

统侗族民俗人文的完整性；传统文化保育：保存传统村落文化脉络，对传统文化进行培育；传统文化创生：对传统文化进行系统评估，挖掘并激活传统文化价值，创造催生传统文化活力。

在具体操作上，注重“以点扩面”和“以线连面”。所谓“以点扩面”是指打造村落核心文化区，塑造村落新文化名片；通过核心文化区，激活村落传统文化脉络，从而拓展激活村落整体文化呈现。所谓“线连面”是指策划游览动线，以动线为媒介连接村落生活文化节点，形成立体的文化脉络呈现，从而激活村落整体文化价值。

规划设计团队针对核心建筑区提出了四项提升策略：一是对景观系统进行整治和提升。以大会堂为核心景观带，将周围景观进行立体化改造和提升。二是对排污系统进行整治和提升。不仅解决卫生问题，还减缓环境因素对建筑物木柱的破坏。三是对道路系统进行合理性恢复和提升。后建建筑阻隔了原有道路系统，建议打通大会堂边上空间，取得通透合理的道路脉络。四是对大会堂周边建筑系统进行调整。建议拆除一些附属建筑，对部分建筑进行通透性处理。减小密度，提升核心建筑的通风和采光。

2. 引导村民合作，盘活乡村资源

首先，组建合作社。在中国扶贫基金会的帮助下，黄岗村成立了乡村旅游专业合作社，制定了合作社成员确权方案，设立“三级联动、五户联助”的管理模式。

2018 年 6 月中旬，黄岗村召开第一次合作社代表大会，会上选举吴显成等七位理事，吴启新等五位监事，陈禄敏等三人出任村“两委”成员；吴显成任黎平黄岗古稻部落乡村旅游合作社理事长，吴启新任监事长。2018 年 7 月，合作社正式注册成立。

其次，建立合作社管理机制。全村村民按照每 5 ~ 10 户一名代表的比例选举村民代表，日常由合作社村民代表大会履行代表全体村民参与讨论重大事宜、监督理事会和监事会日常工作的相关职责。合作社理事会和监事会从合作社村民代表大会中选举产生。根据合作社组织架构，设立“三级联动、五户联助”管理模式。

三级联动中，第一级，由理事会、监事会及村“两委”等合作社骨干成员组成；第二级，由合作社当选社员代表组成；第三级，由以户为单位的村民组成。

五户联助中，将明确合作社社员代表对接管理一般村民 5 ~ 6 户，其中必须包含至少 1 户贫困户，再明确合作社骨干成员对接和管理社员代表 3 ~4 名。如此，便构成“三级联动、五户联助”的管理模式，形成“如臂使手，如手使指”的高效管理体系。

3. 加强传播运营，提升项目影响

结合市场需求与村庄实际，打造品牌的独立 IP。通过建造特色民宿，培育多样性的农副产品，拓展各种渠道，依托线上线下的销售方式来促成服务和产品的市场化运营。实现村庄价值的同时，提升项目影响。

2018 年 8 月，黄岗村召开运营评审会，先后听取贵州循美匠心旅游文化发展有限公司和婺源县尚逸轩进行运营方案解说，双方通过运营方案 PK，最终确定贵州循美匠心旅游文化发展有限公司为黄岗村运营方。2018 年 9 月，贵州循美匠心旅游文化发展有限公司与合作社正式签订运营合同。双方正式确定合作后，运营方派出调研团队到黄岗村实地考察，调研了解当地的银饰、手镯、服饰、装饰品、竹编、手工艺品等，为黄岗本地特色手工艺品开发奠定了基础。

此外，还积极对接知名主持人何炅，著名演员、导演、制片人、编剧黄磊，歌手赵英俊，词曲创作人、演员、主持人黄雅莉等明星为项目做前期宣传推广。

4. 精准扶贫、帮扶到人

中国旅游集团黄岗村百美村宿项目通过合作社搭建的平台吸引资源和投入，同时让利于民，既不让资本侵占村民利益，也保障资本在当地的良性循环。分配方面遵循“一个基本、三个原则”，“一个基本”保障全体村民受益，“三个原则”遵循“多投多得”“多劳多得”“帮扶贫困”，调节分配，实现共同富裕。

黄岗村合作社自成立至 2018 年底，先后召开了四次代表大会，除确定了合作社章程制度，选举了理事成员和监事成员外，还讨论确定了合作社确权方案及分红方案：确定了贫困户、困难户和低保户每人头两股，普通农户每人头一股分红原则。

5. 成立公积金、公益金、传导金，助力乡村发展

按照一定比例提取合作社收益，成立村级公积金，再投入扩大产能，再发展；提取一定比例公益金，解决村庄公共服务，倡导丰富村庄精神文化生活；提取一定比例成立传导金，帮助其他需要帮助的村庄发展。

（三）项目成效及经验模式

百美村宿——中国旅游集团黄岗村旅游扶贫示范项目通过对村庄进行整体规划、民居设计与建设、村庄合作社与产业发展、村庄公共服务社区融合，进而建

设环境优美、收入稳定、村民乐居、人际和谐的村庄。通过整村规划、设计和建设，改善村民生产生活环境；同时也重新梳理村庄的潜在资源，为民宿运营等项目提供发展空间；通过组建村民合作社，整合村庄资源；通过村民共享合作社股份的机制，实现村庄共同富裕；通过优化村庄产业结构，促进村庄产业发展和开展能力建设，实现经济提质增效。

经过近三年的探索，中国旅游集团不断通过资源梳理重塑乡村价值，让乡村在最大限度上保留村落元素的同时，改善村民的生产生活环境，在此过程中有两点重要经验在发展乡村旅游时可参考借鉴。首先是一定要将因地制宜落到实处，通过培育、设计、创新等方法来丰富项目业态，围绕吃、住、娱、游、购等方面，打造具有差异化和乡土气息的农事体验活动或乡村娱乐产品，避免同质化竞争，强调参与性、可持续性，甚至是唯一性，吸引特定人群，带动乡村人气，填补市场空缺，满足市场需求。

其次是一定要以合作社为基础，通过组建合作社，将农民组织起来，将村庄资源整合在一起，盘活乡村闲置资源，壮大村集体经济，为其注入商业资源，搭建村庄经济合作社，引入“乡村旅游扶贫 +”的模式，培训村民的市场意识。同时推行“三级联动、五户联助”等制度，培养本土化人才，引导合作社在管理制度、内部机制运行方面实现真正合作。此外，要建立公平公正的分红机制，中国旅游集团黄岗村的百美村宿项目要求将合作社经营产生的盈利用于分红，所有村民共享发展的收益，其中，建档立卡贫困户按照一定倍数享受额外分红，精准帮扶。合作社在具体经营过程中，结合村民的实际能力匹配工作岗位，对于建档立卡贫困户根据其能力，优先安排适合的岗位。

四、亿联集团：温商回归，“反哺”乡梓

乡村振兴是我们党立足于全面建成小康社会、实现中华民族伟大复兴中国梦所提出的国家战略，更是解决“三农”问题，推动城乡均衡发展的必由之路。实现乡村振兴，一个重大难题就是缺乏足够的工商资本支持。2018 年9 月，中共中央、国务院发布的《国家乡村振兴战略规划（2018—2022）》中明确指出，“鼓励工商资本投入农业农村，为乡村振兴提供综合性解决方案”。具体实践中，乡村振兴需要打通阻碍工商资本流通的症结，引导更多的工商资本支持乡村发

展。浙江是中国民营经济大省，温州更是中国民营经济的先行地，享誉全球、驰骋海内外的广大温商一直是温州、浙江乃至全国经济社会发展中一支举足轻重的力量，在乡村振兴的过程中，更扮演了“开路先锋”的重要角色，在经济建设、社会治理等诸多领域发挥着重要作用。

亿联控股集团是中国民营企业500强、中国民营企业服务业100强，集团董事长严立淼是著名温商，曾荣获“中国市场领军人物”“中国市场十大年度人物”。集团公司以专业市场、智能制造、电商物流、文化旅游、未来社区、施工产业、智慧农业七大领域的投资、开发、经营、管理为主营业务。同时，集团长期关注乡村问题，秉持企业、政府、百姓利益兼顾、共建共享的原则，因地制宜，助力脱贫攻坚和乡村振兴。华东大峡谷氡泉旅游度假区项目就是由亿联集团投资开发建设的温商乡贤反哺家乡、造福桑梓，强力推动山区乡村振兴的重大项目和标志性工程。亿联集团以项目为载体，积极探索乡村新时代发展新路径，为工商资本参与乡村振兴、促进“三农”发展提供了宝贵经验。

（一）亿联集团参与乡村振兴的做法及成效

亿联集团投资开发建设的华东大峡谷氡泉旅游度假区项目，是泰顺县的大型旅游龙头项目、温商回乡兴业标志性项目、乡村振兴“发动机”项目，项目体量大、带动性强、辐射面广，具有典型的代表意义。亿联集团依托项目建设，分别从产业兴旺、生态宜居、乡风文明、治理有序、生活富裕五大方面助力乡村振兴，贡献力量。

1. 扎根项目建设，助力实现产业兴旺

华东大峡谷氡泉旅游度假区项目选址于浙江省温州市泰顺县雅阳镇。泰顺县是国家生态文明建设示范县、国家重点生态功能区，旅游资源十分丰富，但囿于长期交通不便、产业落后、资本匮乏，一直“养在深闺”。近年来，在华东大峡谷氡泉旅游度假区等重大项目的带动下，在工商资本注入的强力拉动下，泰顺沉睡的资源不断被唤醒、蕴藏的潜力不断被激发、乡村的活力持续增强，“绿水青山”正在加速向“金山银山”转化，全县旅游产业呈现跨越发展的良好态势，先后创成氡泉国家AAAA级旅游景区和省级休闲农业与乡村旅游示范县。

亿联集团对于泰顺县旅游产业的发展推动主要体现在以下三点：

一是立足于自身建设，努力打造泰顺旅游产业支柱项目。华东大峡谷氡泉旅游度假区项目，是浙江省“大花园”建设十大标志性项目、浙江省“152工程”项目、温州市市长工程项目，项目规划总用地面积24平方千米，总投资166亿

元，为浙江南部迄今单体最大的招商项目。项目建成后，预计可年创税 1.4 亿元以上，带动 2 万人以上就业，年接待国内外游客人数 1000 万人次以上，切实成为泰顺县加快推进“两山”转化、打造全域旅游示范县、推动乡村振兴的强力加速器，也将成为泰顺全域旅游的金名片，为泰顺加快绿色高质量发展提供强劲支撑，为泰顺坚决打赢精准脱贫攻坚战、更快更好推动乡村振兴注入强大动力，开创工商资本回归、温商乡贤反哺的崭新局面。

二是辐射带动，为产业集聚增添动力。亿联集团对泰顺县的乡村振兴产业支撑及辐射带动主要体现在两个方面。一方面，亿联集团在主打文旅融合的华东大峡谷氡泉旅游度假区项目所在地雅阳镇与周边乡镇接壤处又先后布局了投资 15 亿元的雅阳镇—柳峰乡主打农旅融合的仙峰竹海项目，以及投资 55 亿元的雅阳镇—泗溪镇主打体旅融合的松垟花开项目，通过山地旅行小火车将三者串联，形成了庞大的旅游项目集群。其中，仙峰珠海项目通过打造国家山地户外运动示范基地，联合相关行业协会、专业培训机构、户外爱好者俱乐部，定期举办山地运动赛事和活动，如山地自行车赛、国际山地车越野赛等，实现体育产业和旅游产业的有机结合；松垟花开项目则在打造中以农业为产业基底，通过创新升级乡村旅游产品，积极探索构建现代乡村产业体系的新模式，布局养殖、种植、体验三大类农旅产业，带动当地农业与旅游业健康发展。另一方面，整个氡泉旅游度假区区块，又与泗溪镇的廊桥文化园区块联动，构成了廊桥氡泉省级旅游度假景区，目前该景区正在全力创建国家级旅游度假区，廊桥、氡泉这两块泰顺旅游金字招牌的强强联合在未来一定会绽放出更加耀眼的光芒。

三是聚焦特色，推进产城深度融合。以华东大峡谷氡泉旅游度假区项目为核心区，项目所在地雅阳镇政府有效整合周边莲云谷温泉度假村、玉龙山氡泉度假村等 5 个亿元招商项目、8 家茶叶专业合作社、11 家农业观光园，百福岩、塔头底等三百年历史古民居村落，千年宝刹宝林寺、崇化寺等资源，积极打造以氡泉已有资源为依托，以“氡泉秘境 · 康旅福地”为主题，以休闲观光、生态旅游、度假康旅、养生养老、文化体验为特色核心产业的三产融合“旅游 +”特色小镇，三年来已经累计完成投资 26.2 亿元，其中民间投资 15.5 亿元。目前“氡泉小镇”已列入浙江省省级特色小镇创建名单。

亿联集团扎根项目建设，同步探索推进产业融合、产城融合，促进泰顺县旅游产业迅速发展，助力实现产业兴旺。

2. 多方携手合作，助力实现生态宜居

“乡村振兴，生态宜居是关键。”亿联集团在进行华东大峡谷氡泉旅游度假区项目建设的同时，注重当地生态环境的修复、保护工作，因地制宜，通过与政府合作、与村民沟通，致力补齐泰顺县生态“短板”，培养百姓环境意识，坚守可持续发展理念。亿联集团始终贯彻“人与自然和谐共生”的原则，奉行“绿水青山就是金山银山”，助力实现泰顺县生态宜居。亿联集团的主要做法有以下两点：

一是与政府合作，完善水利设施建设。亿联集团在“华东大峡谷”项目启动后，及时与泰顺县政府进行合作，不计代价关闭在项目规划用地范围内的全部7座小水电站，铲除一大污染源头，进行生态修复工作。同时，在项目落地的雅阳镇开展了新的污水处理厂建设。原厂的日处理能力仅1000吨，通过引入新技术手段，新建污水处理厂的日处理能力预计为4万吨，完全满足项目规划内所有子项目的需求，以最小的成本实现了最大限度的生态保护。

二是与村民沟通，环境意识深入人心。亿联集团在项目建设伊始，通过协调会、村民代表大会、村民会议、个别谈话等形式积极与村民展开沟通、交流，介绍项目的同时不断强调“以保护为前提进行开发”的原则。随着项目的逐步推进，村居民房的外立面得到统一美化，村里的垃圾不再乱倒而是统一收集，村里的家禽养殖不再杂乱无章，村容村貌得到极大改善，村里的每一棵树、每一根草都能成为一景，都成为爱护的对象，环境意识深入人心。“大峡谷”项目也带动了当地的民宿产业迅速发展，村民自发地开展环境整治、生态维护工作，努力打造更优美的村落环境，助推经济建设与生态文明建设的并行发展。

3. 凝聚乡贤力量，助力实现乡风文明

泰商是温商、浙商的重要组成部分。泰顺县被称为“中国市场投资开发第一县”，全县在外泰商约14万人，约占全县总人口的1/3。在外的泰商乡贤，一直是泰顺经济社会发展中一支十分重要的力量。亿联集团董事长严立淼作为泰顺著名乡贤，同时作为温州市天津商会会长，一直在泰顺的经济、教育、卫生等方面发挥自己的领头作用，引领泰商乡贤参与乡村投资建设、回馈家乡，树立乡贤文化，具体表现在以下三个方面：

一是引领回乡投资热潮。亿联集团董事长严立淼、总裁包松安一直担任泰顺县的“招商大使”，亿联集团的回乡兴业举动，极大地激发了在外泰顺籍温商回乡投资的热潮。2018年，泰顺新签约茶文化现代农业科技园等项目14个，总投资245亿元，引进总部回归企业8家，实现省（市）外浙商回归到位资金16.4亿元。2019年，新签约18个产业项目，总投资371.9亿元，实现了泰商回归项目翻番、总部回归税收翻番，总部回归税收完成率温州第一。

二是帮扶家乡社会事业。亿联集团积极发挥带头作用，在教育、医疗等民生方面团结乡贤资源，助力乡村民生事业。全县共有在外乡贤出资设立建立“泰商教育基金会”23个，覆盖90%以上乡镇，吸引社会资金约7000万元，每年发放奖学奖教金600万元。特别是亿联集团出资建设的泰顺县雅阳镇教育基金会，自2008年成立以来，先后共募集资金总计1480.8万元，合理科学运作收益2430万元，累计发放各类奖学资教、助医扶老、救危济困等资金达2070多万元，奖励扶持教师、学生和各类救助对象达4655人次，惠及4655人次，在解决民生难题中发挥了重要作用。在华东大峡谷氡泉旅游度假区项目建设过程中，经过多方努力，亿联集团成功引入设立华东师范大学附属温州泰顺学校，为泰顺县及周边山区的适龄学子实现就近上名校的梦想。

三是驰援家乡，全球抗疫。在本次疫情防控期间，亿联集团第一时间安排工作人员采购口罩等应急物资，向泰顺县人民政府捐献6万只一次性医用口罩，缓解燃眉之急。在亿联集团的带动下，全县各界乡贤及时发出防疫爱心捐赠倡议，累计捐款1115多万元，通过各种渠捐赠防护服、口罩等医疗物资50多万件；成立乡贤律师服务团，接受各类法律咨询180多例。海外疫情暴发后，海外侨领杨雪克服重重困难从国内运送“爱心包”援助西班牙侨胞；华侨徐赣安向尼日利亚各州市共捐赠10万只口罩、2台呼吸机、1万升酒精等抗疫物资，为打赢疫情防控阻击战贡献力量。

以亿联集团董事长严立淼为代表的泰顺乡贤，怀揣乡土情怀，在家乡经济建设、教育保障、医疗卫生、风险应对等方面积极作为，助力实现乡风文明。

4. 共建共治共享，助力实现治理有效

亿联集团借助华东大峡谷项目建设，先后参与推动在泰顺建立乡贤馆、乡贤参事会等交流合作平台，发动乡贤参与基层矛盾纠纷调处化解，从源头上减少矛盾纠纷的发生，保持基层社会和谐稳定。泰顺县政府也充分发挥乡土、乡情、乡愁的纽带作用，建立873人在内的“乡贤智库”，19个乡镇全覆盖建立乡贤参事会，依托基层商会成立了村级乡贤参事会56个、村级联络站18个。

亿联集团积极与泰顺县政府开展合作，推进政府、市场、社会等多元主体共同参与泰顺县社会治理工作，具体有以下三条途径：

一是共同建立乡贤泰商参事会，化解矛盾纠纷。依托乡贤泰商数量大、实力强、情怀厚的优势，泰商乡贤与泰顺县政府积极合作，坚持上下联动，全面打造县乡村三级乡贤参事会，目前已实现19个乡镇乡贤参事会全覆盖，并成立了56个村级乡贤参事会和23个村级乡贤联络站。通过乡贤参事会的调解，村民的矛盾能得到切实解决。乡贤参事会的建立，避免了由于政府部门推诿、扯皮等现象导致的村民矛盾长期拖延、无法得到及时反馈等问题的出现，也减少了村民上访等极端现象的发生，促进社会和谐稳定。

二是建立“村‘两委’+乡贤泰商”调解机制。泰商乡贤与村镇负责人积极沟通，建立各村乡贤调解室，并聘用一批乡贤配合村“两委”参与公共事务决策咨询、基层协调民主建设、矛盾纠纷调处化解等社会治理。近 3 年来，全县共受理调解各类矛盾纠纷 10609 件，成功调解 10565 件，成功率为 99.59%，涉及协议金额为 1.4 亿元。

三是参与重点项目政策处理。近 3 年，近 400 名乡贤参与了全县 32 个重点项目的政策处理工作，形成了政策处理的“泰顺速度”。如亿联集团牵头的雅阳镇乡贤泰商“政策处理百人团”，返乡协助镇政府在 25 天内完成华东大峡谷项目一期 3489 亩土地、1084 穴坟墓和 75 间房屋等政策处理任务，减少政策攻坚阻力，确保政府政策在基层得到落实。

亿联集团通过参与建设乡贤泰商参事会、村镇乡贤调解室等方式，与政府部门、村镇干部、村民百姓展开合作沟通，形成共建、共治、共享的乡村治理新格局，助力实现治理有效。

5. 探索发展路径，助力实现生活富裕

亿联集团依托华东大峡谷氡泉旅游度假区项目，与泰顺县政府、农户一道，积极探索农村改革、村集体经济发展、低收入农户增收的新方法、新路径，走出了一条政、企、民“共建共享”的增收致富新路子。

一是直接带动项目驻地群众增收。主要是四项举措：其一，在用工上优先向项目驻地所在的八个村倾斜，项目建设用工 50% 以上为当地村民；其二，将土石方等小工程优先发包给当地村民；其三，在项目建成后，项目内的经营店面优先出租给当地村民，并在价格上予以优惠减免；其四，按项目驻地八个村的占地比例，在未来的项目门票中抽成，按比例分配给各村集体。

二是先行探索龙头企业带动模式。泰顺县政府以华东大峡谷氡泉旅游度假区等一批投资主体为媒介，试点“不占股投资”龙头企业等方式，带动低收入农户稳定增收。2019 年，统筹 2100 万元扶贫资金，实施第一批 52 个省重点帮扶村抱团投资华东大峡谷，带动低收入农户 2152 户，每户每年可增收 770 元，每个村集体可增收 1 万元。在此基础上，大力推行“合作社+农户”“泰商+村庄抱团”“泰商+总部经济园”等模式带动农户增收。

三是推广实行村级集体带动模式。有了华东大峡谷氡泉旅游度假区“抱团投资”的经验，泰顺县在折股量化的基础上，率全省之先，注重低收入农户和村集体经济共同发展，依托壮大村集体经济发展带动低收入农户增收，采取项目产生收益30%归村集体、70%分配给本村低收入农户的方式推广“抱团投资”的经验。目前，已累计投入2060万元资金在全县38个村实施，带动低收入农户976户，预计可实现低收入农户增收110.74万元，村集体增收47.46万元。

亿联集团助力实现生活富裕成果显著。2019年，全县共接待游客685.2万人次，实现旅游综合产值45.1亿元，同比增长23.8%、25.5%。农村常住居民人均可支配收入达18805元，增长10.5%，增长率在浙江省“26个加快发展县”中位列第二；低收入农户人均可支配收入达11156元，增长15%，增长率位居温州第一。

（二）亿联集团参与乡村振兴的模式与经验

中共中央、国务院印发《乡村振兴战略规划（2018—2022年）》强调，“始终坚持把农民更多分享增值收益作为基本出发点，着力增强农民参与融合能力，创新收益分享模式，健全联农带农有效激励机制，让农民更多分享产业融合发展的增值收益”。亿联集团以华东大峡谷氡泉旅游度假区项目建设为核心，布局了“文旅融合+农旅融合+体旅融合”的三大项目板块，积极探索“泰商回归”“泰商+村庄抱团”“泰商+总部经济园”等多种形式带动村集体及村民增收致富，并通过遍布全国的泰商乡贤积极回归“反哺”助力家乡经济发展和社会基层治理，具有一定的典型示范意义。

乡村振兴，基础是强力的产业支撑来夯实发展的经济基础，工商资本的“下乡”不可或缺。亿联集团不仅投资建设了浙南最大的单体招商项目，还配套继续投资数十亿元建设了仙峰竹海、松垟花开项目，多引擎驱动，构建了三次产业融合发展的完整产业链条，形成了一块完整的旅游大型综合区块，对县域经济的拉动效益是十分显著的。在此基础上，亿联集团通过牵线搭桥、亲情感召，又为泰顺招引落地了一大批亿元以上项目，切实为泰顺的绿色高质量发展奠定了坚实基础。乡村振兴，也是“以人为本”的振兴。低收入农户增收致富、村集体经济薄弱村的“消薄”是重中之重。亿联集团结合农村改革，先行先试，探索系列泰商项目与村集体经济、村民的“共建共享”模式，实现了政府、企业、群众的三方共赢，有效地激活了乡村的沉睡资源。乡村振兴还体现在乡土文化的振兴、社会治理的有效上。以亿联集团董事长严立淼、总裁包松安为代表的泰商乡贤，在助力家乡经济发展的同时，积极投身社会民生事业建设，是乡村社会资本、社会网络参与基层治理、矛盾纠纷化解的有益尝试，更是“志愿活动”在惠及教育、扶贫等民生领域的典型代表。乡村振兴更是城乡互动发展的振兴，某种意义上，更可以满足城市发展过程中对乡村产品供给侧结构性改革的多元化需求，是生态性、个性化、逆城市化等多种价值观的交融，亿联集团积极响应助力山海协作，更为发达地区与相对欠发达地区的互动协同发展做出了实践探索。

总结亿联集团温商回归“反哺”乡梓的实践探索，对于工商资本参与乡村振兴，有四点经验值得特别关注：

一是立足农业，因地制宜，带动当地特色产业共同发展，引领农民拓宽致富途径。工商资本“下乡”，带来的是资金、技术、人才、理念、管理，是农村极度匮乏的资源。企业利用好这些资源，结合地方优势，多办农民“办不了、办不好”的产业，引领农民就业、投资，服务农民，才能持续发展。

二是产业的联动集聚，单个龙头项目的引领辐射作用是有限的，要想彻底夯实乡村振兴的产业基础，必须形成完整的产业链条和规模化的集聚效应。特别是要发展三次产业融合的新产业，通过打造全产业链，形成农村产业融合发展的新局面。

三是注重乡村文化发展。企业家对家乡发展的情怀，是广大外出经商的游子与乡土割舍不开的情感纽带。工商资本参与乡村振兴，更需要在文化层面发挥作用。丰富教育资源、提供医疗保障、倡导环保理念，企业应发挥自身优势，弥补政府职能的缺失、不足，探索多种途径树立文明乡风，促进乡村绿色健康发展。乡情一线牵，工商资本的回归“反哺”更为纯市场化的投资行为增色了许多温情。

四是打造乡村治理新格局。在基层治理中，政府部门与农民之间依然存在隔阂，协商效率低下，基层矛盾难以得到很好的解决。外出企业家等著名乡贤作为村镇里德高望重的人物，在矛盾纠纷调解中具有突出表现，在乡村治理结构转变，在“乡土中国”中依然扮演着重要的角色。工商资本下乡，推动企业、政府、农民多方合作，发挥乡贤力量，打造“共建共治共享”的乡村治理新格局。

（三）结语

亿联集团助力泰顺县乡村振兴的实践探索，是工商资本助力乡村振兴的典型代表，更是浙商、温商、泰商“反哺”家乡发展的典型代表，还是乡贤参与乡村基层社会治理的典型代表。亿联集团的实践，是在进行工商资本市场化的“进军”，也是在履行大型企业的社会责任，更加体现了浓厚的乡土情怀。亿联集团的实践，证明了工商资本“下乡”是乡村振兴不可或缺的力量，也证明了“政企民”共建、发展成果共享的强大生命力，同时也更加证明了“乡情感召”在乡村振兴中的强大力量，具有一定的参考意义。

五、中国三星：打造分享村庄，助推乡村振兴

乡村是具有自然、社会、经济特征的地域综合体，兼具生产、生活、生态、文化等多重功能。乡村兴则国家兴，乡村衰则国家衰。中国在全面建成小康社会和全面建设社会主义现代化强国的过程中，最艰巨最繁重的任务在农村，为此中国政府在党的十九大报告中提出“乡村振兴战略”，把此战略作为新时代“三农”工作总抓手，为乡村发展指明了方向和道路。

自 1992 年进入中国以来，中国三星在不断与中国社会分享先进技术与产品成就的同时，时刻关注中国贫困群体的生活与发展，注重将经营成果与他们共享。其中，“一心一村”行动是中国三星自 2005 年起开展的代表性公益活动，是一项立足于发展新农村建设而实施的社会公益活动。活动主要是由中国三星各分公司通过与附近的一个村庄姊妹结缘，帮助其改善村内基础设施、发展相关产业，最终实现村庄的富裕。

2015 年，中国正式吹响了脱贫攻坚的冲锋号，中国三星更是以坚定的信念与中国携手踏上打赢脱贫攻坚战役的征途。2018 年，中国三星根据中国政府乡村振兴战略需求、社会认同程度、企业力所能及等因素，确定了《2018 年至 2020 年扶贫新战略》——聚焦精准扶贫，通过产业扶贫、教育扶贫、健康扶贫的方式，重点支持三区三州和集中连片深度贫困地区的脱贫攻坚事业，推动产业扶贫、助残、扶智一体化的可持续发展战略。

入华 28 年来，从“一心一村”行动到三年扶贫新战略，中国三星始终着眼于中国乡村的发展与振兴，不断扩大帮扶领域，用科学有效多元的帮扶手段，推动中国乡村逐步摆脱困境，在拥抱新生活的同时，掌握获得持久幸福的本领，为中国的乡村振兴事业贡献三星智慧和三星力量。

（一）中国三星参与乡村振兴的做法及成效

1. 创新产业发展模式，立体赋能美丽乡村

“输血”不如“造血”，授人以鱼不如授人以渔。在国家乡村振兴战略的指

导下，中国三星一直在积极研究适合中国农村发展的思路，并在实践中逐渐形成了以“分享经营”为理念，以“产业扶贫”为主轴，以“激活村民内生动力”为根本的“三星分享村庄”产业扶贫模式。

2015 年，中国三星联合中国扶贫基金会为河北涞水南峪村搭建贫困乡村和外部旅游市场的联结平台，创造以乡村景色为基础、全新休闲文化为导向的旅游新经济。通过建立合作组织，实现村民共同富裕，达到脱贫及可持续发展。截至 2018 年末，南峪村已实现全村全面脱贫，这标志着“三星分享村庄”南峪村项目全面成功。

南峪村的成功，更加坚定了中国三星开展产业扶贫的信心。2018 年，中国三星决定投入 6000 万元，将“三星分享村庄”南峪村项目模式推广复制到全国 10 个贫困村，包括 5 个高端民宿旅游示范村和 5 个农产品基地村（见表 8 -1），计划于 2020 年全部完成。

表 8 -1　“三星分享村庄”模式推广

高端民宿旅游示范村	农产品基地村	
贵州雷山县白岩村	广西田东县联合村	芒果
四川广安市干埝村	四川盐源县树子洼村	苹果
陕西蓝田县下杨寨村	吉林舒兰市双河村	大米
陕西柞水县车家河村	陕西富平县湾里村	柿饼
陕西扶风县农林村	新疆喀什地区巴什喀其村	干果

“三星分享村庄”通过“选村精准、项目精准、资金精准、效果精准”的模式，实现“五个分享”，即游客与村民“分享良好的居住环境”、贫困户与非贫困户“分享村庄产业资源”、扶贫村与周边村“分享发展机会”、全部合作社成员“分享发展成果”、示范村与后续村“分享发展经验和模式”。五个分享不仅让村庄摆脱了贫困，更发现了贫困村更多的价值，创造了以乡村景色和特色农产品为基础的乡村新经济。

2. 建立村民合作组织，共创和谐有序的善治乡村

“三星分享村庄”项目点大多在比较偏远、与外界基本隔绝的地域。由于当地村民受教育程度低、文化知识水平落后、接受和应用新技术的能力较低、小农意识蔓延、集体意识弱化、市场信息指导跟不上等原因，在开展项目时受到了不少阻碍。为了让更多村民参与到项目、共享发展成果，“三星分享村庄”项目协

助村民成立了村民自主管理的合作组织。通过高层带底层、先进带落后等方式，带动全村人参与到改善村庄、发展产业、脱贫致富的过程中。合作组织的成立不仅提升了村民们的集体意识，也提高了村民们的积极性，让所有人主动积极地为自己的村庄贡献力量。此外，发展产业所取得的收益也是通过合作组织进行有效分配。其中，一半的收益用在全体村民的分红，另一半的收益则用于合作组织的运营管理、村庄贫困群体的帮扶以及周边其他村庄的支援。

村民自主管理组织的成立，推动了“三星分享村庄”项目的顺利开展，打造出了村民关系和睦、干群关系融洽、共享产业成果的乡村治理新场景。

3. 改善乡村生态环境，筑牢乡村振兴之基

实现乡村振兴的过程中，“三星分享村庄”项目在推进产业发展的同时，不忘加强乡村生态保护。2018 年，“三星分享村庄”项目落地“三区三州”的盐源县树子洼村，将这个以苹果种植为主要经济来源的村庄，打造成“三星分享村庄”农产品示范基地。中国三星以苹果生态种植为切入点，以苹果病害综合防控、虫害绿色防控为重点，以提高苹果种植效益为基本点，通过项目示范基地建设，以点带面，逐步向周边区域推广苹果生态种植。

项目基地通过种植三叶草、木樨，提升土壤有机质，有效地改善了施用化学肥料产生的土壤板结现象，常态下的土壤保湿效果明显。同时，通过与村内大型养牛场合作，充分利用牛粪、秸秆、米糠、花椒壳等资源，组织开展有机肥自制实验，综合试验处理时间、效果、经济投入、可操作性等对比分析，选出最优发酵菌剂，进而减少化肥的施用，促进生产节本增效。项目基地还通过太阳能杀虫灯、黄板覆盖等绿色防控技术进行病虫害的物理防治。

“三星分享村庄”农产品示范基地，通过节肥、节药、节能等先进的种植技术，在发展乡村产业的过程中，优先考虑乡村生态环境，为乡村可持续发展打好基础。

4. 传承乡村文化特色，展现传统文化内涵

“三星分享村庄”项目在进行高端民宿建设时，会考虑当地自然风景、文化风情、特色民俗等要素。在改造村里原有老房屋的过程中，坚持“修旧如旧”的原则；对新建房屋，则注重当地文化特色，使民宿建筑能够完美融入到原有风景之中。如贵州白岩村拥有独特的云海梯田风貌和深厚的苗族文化风情。设计师在进行白岩村民宿设计时，从传统苗寨建筑中汲取灵感，用“木饰白墙”搭配“青瓦屋顶”，使建筑完美融入白岩的美丽梯田，保留了苗寨的独特之处。而目前建设中的陕西农林村，拥有特色鲜明的传统窑洞，其民宿建造将采用“地坑

窑”的方式，在当地原有窑洞的基础上进行，传承现有文化景观，给游客提供独特的体验。

除了对文化遗址的保留，“三星分享村庄”项目对振兴和传承当地传统工艺也发挥了很大作用。白岩村有很多手工匠人，他们一生都在制作木勺、板凳等木工制品。随着时间的流逝，这种在当年用来养家糊口的技术现已无人问津，村里已没有年轻人愿意学习这种传统的木工制作工艺，匠人们的技艺无法继续传承下去。这一方面是因为现今少有年轻人能有这份耐心花上一个多小时将一块木头砍砍磨磨，只为了做出一把勺子；另一方面则是虽然费时费神地做出了木工制品，但得到的经济收入特别少，导致大多数年轻人为了增加收入去外地务工。对此，“三星分享村庄”项目在发展当地旅游业的同时，带动了周边文化产业的发展，创造了更多新的就业岗位，并通过从根本上提高村民议价资本，增加了村民的收入，让更多的年轻人愿意返乡发展，继而让当地的民俗文化继续传承下去。

5. 注重人才培养，赋能于乡村振兴“带头人”

2020 年是打赢脱贫攻坚战的收官之年，中国三星已经着手思考下一个议题——在帮助贫困村脱贫后，如何实现真脱贫不返贫，如何在乡村振兴的道路上持续发展。

以“人才第一”为核心价值的三星认为，“人”是最关键的一环，村庄带头人的能力提升和思想解放是带动整个村庄脱贫致富、奔小康的关键因素。2019 年 8 月，中国三星分享村庄村长访韩项目应运而生，这是中国三星“分享式”扶贫模式的再一次创新。十余名分享村庄村长通过实地探访和考察调研，收获了更多的观念革新，也为今后村庄产业创新发展、村民脱贫致富注入源头活水。在 7 天的访问活动中，村长们通过课程学习和实地观摩，极大地开阔了眼界，并与韩国村长及专家充分交流村庄产业脱贫及乡村发展经验，吸收了韩国乡村的先进经营理念和成果，在提升自身创新性领导力的同时，切实提高了帮助村庄村民实现脱贫致富的思维与能力。村长们在参观韩国尚州“柿饼村”的过程中，了解到如何通过完善加工、销售、服务等环节，推动三次产业融合，进而撬动“大市场”。

根据项目跟踪回访发现，已有三个村庄带头人将项目收获成功运用于产品包装、质量控制、产品周边品类扩展等方面，并收获可喜成效。其中，贵州省白岩村积极尝试开发民宿周边产品，茶叶、鱼子酱成为热销爆款，预计带来周边收入 50 万元；陕西省湾里村严格管控柿饼质量，设计全新包装，打造“好柿成霜”的品牌概念，计划 2020 年开发柿子醋和柿子糖；四川省树子洼村利用所学知识加大宣传，设立微商销售平台，2019 年线上销售盐源苹果 55 万斤，线下销售 123 万斤，收入达 200 万元。

（二）中国三星参与乡村振兴的模式与经验

1. 分工明确，各尽所能

中国三星产业扶贫项目整合了中国三星、中国扶贫基金会、地方政府以及其他专业运营团队的资源。合作各方不仅拥有一大批专业的人才队伍和资源，且在相关领域拥有丰富的经验，在项目执行过程中，充分发挥了各自的优势，努力做好自己的工作。其中，中国扶贫基金会吸收全国各地不同流派的专家与专家团队，对项目给出专业性指导意见，并在合作各方之间起到协调作用。地方政府则对项目给予高度的关注和支持，使项目在落地过程中与地方资源有效对接，保证项目的顺利开展。其他专业运营团队如民宿运营方则通过专业的民宿运营经验，在民宿的管理、服务、培训等方面给予了帮助。而中国三星，并不仅仅是项目捐资方，在项目战略方向确定、项目选拔、运营维护、宣传推广等方面，充分发挥了企业的优势。如“三星分享村庄”是基于中国三星“分享经营”理念打造而来的创新产业扶贫模式，在借鉴韩国乡村建设理念的基础上，通过有效整合并带动乡村资源，打造出可持续、可复制的乡村振兴产业发展模式。

通过合作各方的共同努力，“三星分享村庄”项目在执行过程中减少甚至规避掉了诸多风险，让乡村振兴行动更专业，更具科学性与可行性。

2. 多方合力，品牌先行

“三星分享村庄”南峪村扶贫成果显现成效后，为了让更多人知道这个隐藏在深山里的美丽乡村，中国三星在地方政府、扶贫基金会等的协助下，计划将南峪村打造成精品民宿的标杆。为此，中国三星充分发挥企业优势，为南峪村高端民宿进行品牌设计、包装及推广。在进行品牌设计时，中国三星努力挖掘当地特色，发现了生长在南峪村山坡上的一种野菜“麻麻花”，基于此，中国三星将同样分布在不同山坡上的民宿取名为“麻麻花的山坡”。之后，中国三星通过公司内部平台、丰富的媒体资源等，将“麻麻花的山坡”民宿品牌推广至市场，成功吸引了那些在繁华都市中寻求避世轻奢的游客。同样，作为中国三星分享村庄西南地区的新标杆，白岩村的民宿也被起了一个诗意的名字——“牧云涧”。这个名字一方面是源于白岩独特的云海梯田风貌，另一方面则是希望来到这里的游客能够放松身心，不仅“牧云”，而且“牧心”。

中国三星分享村庄民宿的品牌承载的不只是简单的脱贫任务，它更是着眼于打赢脱贫攻坚战后，继续落实乡村振兴战略的强有力的保障。

3. 因地制宜，市场运作

“三星分享村庄”项目的产业规划均在实地考察、多方验证、专家指导的基础上，综合考量当地区位、人文与社会等多层因素，依托当地特色农、牧与资源优势，打造出本土脱贫致富模式。

中国三星在陕西省有四个“分享村庄”项目点，通过对村庄村容村貌、交通区位、特色资源等的考察，对四个村庄分别定制了产业发展模式。如位于陕西省蓝田县的下杨寨村，地处秦岭北麓，自然环境优美，东河、西河环绕村外，生态环境保护良好。所在镇内有全国重点文物保护单位、被誉为“中国第二个敦煌”和“泥塑瑰宝”——水陆庵。基于这独特的资源优势，中国三星决定在此发展“高端民宿”产业。而陕西富平县是中国的“柿子之乡”，湾里村地处乔山脚下，顺阳河畔，也多以种植柿子和花椒为主，其中柿子种植属于主导产业。通过实地考察和调研后，中国三星确立了湾里村柿饼“农产品基地”。可以看出，“三星分享村庄”的两种产业发展模式，均立足于乡村本土特色及优势，并以市场化的视角评估并定位每个村庄的发展方向。这不仅有利于项目顺利落地扎根，也保证了乡村产业的可持续发展，为实现乡村振兴奠定了坚实基础。

4. 持之以恒，结对帮扶

在中国三星的帮扶下，“三星分享村庄”的项目村多数已经脱离贫困，预计2020 年实现全部脱贫。但我们知道脱贫并不代表实现了乡村振兴，为了做好脱贫攻坚战与乡村振兴战略的有机衔接，中国三星将持续关注这些村庄的发展。

2019 年 3 月，中国三星设立“中国三星员工公益团总团”作为公益团管理机构，各法人公益团作为“分团”，并与“三星分享村庄”进行结对。在总团的指引下，各个分团通过不同的渠道，陆续对结对扶贫村开展了公益活动，包括异地送物资以及现场慰问等方式。如东莞三星视界公司分团赴贵州省雷山县白岩村开展三星公益同行送温暖活动；苏州三星半导体公司分团向对接的四川广安区干埝村捐赠首批爱心生活物资；苏州三星电脑公司分团慰问树子洼村贫困户，协助进行苹果采摘、装运、分级和装箱操作，并开展公益教育活动，为学校捐赠图书、体育器材等。

在乡村振兴的道路上，中国三星将继续强化帮扶、持续关注村庄发展动态，引领村民逐步走向致富之路。

（三）结语

中国三星在推进脱贫攻坚、实现乡村振兴过程中，通过“分享”的理念，引入资金、信息和人才等核心要素，运用市场化的方式让乡村产生“造血”能力，从根本上提高村民的工资性收入、经营性收入和资产性收入的来源，助其稳定脱贫、真脱贫、不返贫。未来，中国三星继续将“做中国人民喜爱的企业，贡献于中国社会的企业”作为核心理念，将“身在中国，心为中国”作为责任口号，不忘初心，砥砺前行，继续参与中国的乡村振兴事业，持续推动中国经济社会繁荣发展，为全面建成小康社会贡献力量。

六、温氏股份：“公司＋农户”模式，以富民产业振兴美好乡村

乡村振兴战略是党的十九大提出的重大发展战略，是关系全面建设社会主义现代化国家的全局性、历史性任务，是新时代“三农”工作的总抓手。农业强不强、农村美不美、农民富不富，决定着亿万农民的获得感和幸福感，决定着中国全面小康社会的成色和社会主义现代化的质量。2020 年中央一号文件指出：“发展富民乡村产业。支持各地立足资源优势打造各具特色的农业全产业链，建立健全农民分享产业链增值收益机制，形成有竞争力的产业集群，推动农村一二三产业融合发展。”温氏股份作为农业产业化国家重点龙头企业，坚持以产业发展带动农民脱贫致富，加速构建现代农业产业体系，助力农业全面升级、农村全面进步、农民全面发展。

（一）温氏股份参与乡村振兴的做法及成效

1. 发挥主业优势，助力产业兴旺

温氏自成立以来一直扎根于中国农村，针对中国农户在养殖过程中的痛点难点，早在成立初期便开创了启动易、风险低、销路稳的“温氏模式”，通过“公司＋农户（家庭农场）”的形式，将合作农户纳入公司产业链条、共建共享体系之中，并为其提供全方位一站式支持服务体系，带动广大农户通过发展现代养殖业实现增收致富。在此基础上，充分考虑不同家庭农户情况和不同地区的发展需求，“定制化”发展出企业垫资、政企合建、农户参股、雇佣劳动等多种精准扶贫方式，拓宽产业带动覆盖面，丰富农户增收渠道，实现了多方合作共赢、项目持续发展的良好效果。温氏在构建养殖业全产业链的基础上进一步推动三产融

合，将新理念、新技术、新业态、新模式引入乡村，让更多农户参与到现代化农业产业建设之中，进一步提升农民群众的获得感、幸福感、安全感，促进农村社会和谐稳定、乡村产业兴旺发展。

利益共享，风险共担。温氏深谙中国养殖农户看天吃饭、靠市场要价的难处，秉承“利益共享、风险共担”的原则，与合作农户、家庭农场建立高度互信的合作关系，形成完善的风险防御机制及紧密的利益联结机制。温氏根据市场行情及生产经营状况制定肉鸡、肉猪、肉鸭养殖月度收益标准，并将合作家庭农场收益考核纳入区域公司年度考核；即使在遭遇行业危机冲击、公司承受经营亏损的情况下也按照约定价格回收，为合作农户承担市场风险、保障合理收益。此外，温氏依托自身强大的销售网络体系，负责对接销售所有合作家庭农场符合品质要求的产品，免去家庭农场主寻找市场、客源之忧，全方位保障合作农户的长效稳定增收。

科技兴农，提质增效。温氏深入实施创新驱动发展战略，加快科技兴农步伐，为合作农户（家庭农场）提供现代化养殖设备与技术支持，帮助农户快速掌握现代养殖技术和管理方法，并不断推动设施设备自动化、智能化改造，通过研发关键核心养殖技术、推广高效智能化生产方式引领养殖业现代化发展，降低劳动强度，提高合作农户养殖效率和效益。温氏积极推动物联网技术创新，从农户日常管理与业务开展出发，上线农户“农管宝”“智养宝”以及“运管宝”等多项应用，助力农户实现养殖智能化、过程全溯源、体系实时管控，规范养殖过程科学化管理，减少畜禽疫病、提升出栏品质，帮助合作农户省钱省心省力，以科技创新引领支撑农业转型升级、提质增效。

政企协同，创新模式。温氏积极响应政府加快建设现代农业产业园，支持农村产业融合发展示范园建设，办好农村“双创”基地的号召，与地方政府广泛合作。采取政府全资、政府部分出资入股以及公司自有资金建设三种模式，充分利用各地区政策、资金以及公司在养殖业产业链与技术方面的优势，通过“公司+现代养殖小区+农户”模式大力打造新时期现代农业示范园区，推动现代养殖业升级发展。中小养殖户可租赁小区内养殖场，通过合作养殖获取合理代养收益。同时，养殖小区创造了大量养殖产业链岗位，帮助区内农民实现家门口就业，获得长期稳定收入。温氏通过政企共建形式，充分整合双方资源优势，推动现代养殖小区的高效管理和顺利落地，项目覆盖广、农户收益快，更为农村产业融合发展打造新载体、新模式。

品牌强农，升级转型。温氏坚持走质量兴农、品牌强农的道路，着力打造以

“民食为天，食唯安鲜”为使命的“温氏食品”品牌，积极推动三次产业的深度融合发展，在以鸡猪养殖为主的经营模式基础上，全面发展农牧设备、生物制药、食品加工、生鲜营销等业务体系，建成了“原料采购—畜禽养殖—屠宰加工—终端门店”贯通的全产业链条，实现“从农场到餐桌”的全程监管、无缝对接。通过三产融合强化温氏品牌建设，一方面有效推进农业供给侧结构性改革、提升乡村养殖产业规范化、标准化水平；另一方面进一步挖掘和提升优质畜禽产品资源价值，推动广大农户有效对接主流市场需求，增强农民开拓市场、获取利润的能力，有力促进农民创收增收。

2. 激发内生动力，培育农业人才

乡村振兴，人才是关键。面对农村地区普遍存在的人才短缺问题，温氏坚持引育并重，在积极培育本土人才的同时，呼吁外出能人返乡创业，为乡村振兴提供有力的人才支撑。

提升留守人员技能，培育新型职业农民。依托“温氏模式”，持续为合作农户提供全程服务和相关技术培训，定期安排技术人员到现场进行技术指导、举办技术培训班，帮助家庭农场主掌握先进养殖技术、学习使用现代农装设备。2018年，温氏共开展2700多场专题培训，培训合作养殖户5万多人次。为了让合作农户跟上现代养殖业技术发展的步伐，温氏还通过APP发布最新的养殖技术与合作信息，增进农户学习与交流。经过长期体系化的培训、学习、实践与交流，合作农户逐渐蜕变为“懂技术、会管理，善经营、有文化”的新型职业农民，成为助力乡村振兴的生力军。

吸引外出人才返乡，添注乡村发展活力。自2018年起，温氏运用“公益帮扶+产业振兴”的方式，搭建就业创业平台，为外出务工人员提供从种苗、饲料疫苗到养殖场规划和技术培训为一体的一站式服务支撑体系。养殖流程中的种苗、饲料营养、疾病防治、品质控制、市场营销等关键环节均由温氏提供技术、人才及管理支持，合作者只需负责鸡猪的养殖现场管理，便可获得稳定合理的收益，更能照顾老幼共享天伦之乐。“在温氏技术员手把手的指导下，我从对养猪一无所知变成养猪能手，收益也越来越稳定。在家乡创业致富，‘年父母’变成了‘周父母’，老人小孩方便照看，小日子越过越美满。”与温氏合作四年的养殖户陈润姣这样说。

3. 提振精神风貌，繁荣乡村文化

乡村振兴，既要塑形，也要铸魂。温氏在扎实推进产业帮扶工作的同时，重视物质文明和精神文明一起抓，依托“温氏模式”吸引大批外出人员返乡创业，不仅为乡村产业发展注入持续动力，更有力破解农村“人口空心化”问题，让乡村因人口回流而重新焕发活力与生机，重振乡风文明。同时，温氏积极推动乡村文化振兴，在农村地区投资建设基础文化设施和公共活动场所，加强农村思想道德建设和公共文化建设，同时鼓励村民积极参与乡村公益事业，组织开展敬老慰问等爱心活动，弘扬主旋律和社会正气，改善农民精神风貌，培育文明乡风、良好家风、淳朴民风。2018 年，北英慈善基金会积极配合政府开展文化振兴工作，支持建设村民文化楼 8 座，用于支持文教体卫等公益慈善事业的捐助资金达 2659. 11 万元，占 2018 年基金会总支出的 44. 16%。

4. 推动生态养殖，守护绿水青山

乡村振兴，生态宜居是重要内容。温氏牢固树立和践行绿水青山就是金山银山的理念，以绿色发展引领乡村产业振兴，打造绿色生态养殖模式，提高农业可持续发展水平。温氏遵循“资源化、生态化、无害化、减量化”原则，重视对水资源、土地资源的保护和可持续利用，将清洁生产、废弃物综合利用融为一体，形成种养结合、农牧循环的可持续发展模式，助力美丽乡村建设。温氏养殖场项目均严格执行“三同时”制度，按照环保要求进行配套，2019 年公司持续举办 267 场各类环保培训项目，组织员工 11869 人次参与培训，提高员工和利益相关方的环保意识和工作效率。2019 年，公司环保投入资金约 6. 78 亿元，对 10 个种猪场和 22 个养禽场进行环保设施升级改造，贯彻落实清洁生产、污染物综合利用、生态设计和可持续发展，助力构建人与自然和谐共生的乡村发展新格局，实现百姓富、生态美的统一。

5. 深化基层党建，稳固治理根基

乡村振兴，治理有效是基础。基层党组织，是实施乡村振兴战略的“主心骨”。温氏全面落实新时代党的建设总要求，充分发挥党建工作“政治、管理、服务、引导”四项优势，增强企业发展动力，让党建成为“看得见”的生产力，同时积极发挥企业党建优势，推进农村基层党组织建设。温氏股份党委组织全国范围内 85 个基层党支部与所在村党组织开展结对共建，将现代先进的管理理念导入到村级管理中，通过开展产业帮扶、就业帮扶、公益帮扶、文化帮扶等“四帮扶”活动，帮助结对村基层党组织增强影响力、提升向心力，形成资源共享、互带互动、共同发展的基层党建工作格局，建立健全现代乡村治理体系，打造充满活力、和谐有序的乡村社会。2018 年，在温氏党委的帮助下，11 个结对村的集体经济收入均达 10 万元以上，合作农户户均年养殖收益 15 万元以上。

（二）温氏股份参与乡村振兴的模式与经验

温氏创造出的紧密型“公司+农户（家庭农场）”合作模式，将广大农民朋友纳入到公司产业链条、共建共享体系之中，带动当地村民发展畜牧养殖业，助力富民兴村产业发展。如今，温氏已稳步发展成一家以畜禽养殖为主业、配套相关业务的跨地区现代农牧企业集团，2019 年带动近 5 万合作农户获得养殖收益 94 亿元，户均效益 18.8 万元。“温氏模式”的成功探索与实践，也为更多社会力量参与乡村振兴提供了思路和借鉴。

1. 顶层优化，全面发力强保障

温氏在参与乡村振兴的过程中，从顶层设计上建立了完善的体制机制，全面发力、全要素投入，保障了现代化农业农村建设的效率和质量。制度方面，出台了《关于全力推动建设“公司+农户（家庭农场）”长效合作机制的指导意见》《关于促进家庭农场发展的指导意见》等相关制度文件，指导乡村振兴工作规范有效开展；组织方面，由总部明确规划与方向，给予制度、资金与技术等支持，深入发动各地分公司落实推进，上下联动，确保各项工作持续深入开展；机制方面，将合作家庭农场收益考核纳入各地分公司年度考核，建立风险防御、利益联结机制，保障合作农户的合理稳定收益。

2. 主业为基，聚力“三农”共发展

温氏作为一家农牧业企业，30 多年来一直扎根农村，立足农业，服务农民。在振兴乡村养殖业的过程中，温氏充分发挥养殖技术、高新人才、智能设备、管理模式、销售渠道等全产业链优势，从根本上提升产业建设的整体效果，帮助当地政府、农户接收新的理念意识，掌握新的技术技能，逐步融入主流市场，提升当地产业发展、农民增收致富的能力与信心。同时，对于企业而言，更是形成了一种互利共赢的可持续商业模式。温氏在国家推进农业农村现代化建设的政策红利下，紧抓机遇，实现企业快速发展，其辐射带动农户增收效益也进一步显现。温氏积极提出科技兴农、品牌强农、三次产业融合等一系列战略举措，延伸扩大产业链布局，打响温氏自有品牌，助力企业高质量发展，更为农业供给侧结构性改革、乡村产业兴旺发展提供强劲引擎。

3. 模式升级，因地制宜增福祉

自 1986 年实践以来，“温氏模式”见证了改革开放背景下乡村经济社会的演变发展，也在 30 多年的探索实践中不断优化创新、迭代升级。如今，顺应现代农业的发展趋势，“温氏模式”已升级为“公司+现代养殖小区+农户”模式，并根据农村地区实际情况不断探索丰富，针对农户的养殖能力、资金情况、技术水平等形成多样化“定制式”扶贫模式。同时，温氏充分整合企业与政府资源，大力打造新时期现代农业示范园区，进一步丰富了企业、农户、政府三方合作形式，包容纳入更多主体参与其中，为农民谋福祉，为农业谋发展。

4. 利益联结，精诚合作创美好

温氏始终坚持把农民利益作为基本出发点，完善紧密型利益联结机制，着力增强农民参与融合能力，让农民更多分享产业融合发展的增值收益。“温氏模式”鼓励农民以土地、劳动力等形式积极参与企业发展共建共享体系之中，并提供一站式服务支撑和稳定销路支持，为农民参与产业融合创造良好条件。同时，不断创新收益分享模式，丰富了包括合作养殖收益、入股分红、务工工资收入等利益联结方式，并建立完善的风险防御机制，保障农民获得稳定收益。中国社会科学院学部委员、研究员张晓山评价：“‘温氏模式’不仅考虑股东、员工和客户的利益，也注重养殖户的利益，并把部分养殖户培育为创业者和潜在的农业企业家。”温氏通过与农户精诚合作、利益共享、风险共担，从根本上激发了农户自我发展、增收致富的积极性、主动性和创造性，与广大农民朋友同心同行、齐创美好。

（三）结语

作为农牧业龙头企业，温氏秉承“精诚合作，齐创美满生活”的文化核心理念，将实现广大农民对美好生活的向往视为企业发展的目标。未来，温氏将继续立足“三农”，按照产业兴旺、生态宜居、乡风文明、治理有效、生活富裕的总要求，以政策为先导，以产业为依托，以“温氏模式”为基础，争做乡村振兴的主力军，携手农民伙伴走上共同富裕的道路，为决胜全面建成小康社会、全面建设社会主义现代化国家添薪蓄力。

第九章　社会组织参与乡村振兴的典型案例分析

一、郝堂村乡村振兴的探索

（一）背景

郝堂村位于河南省信阳市平桥区东南部，西边紧邻浉河区，南边与罗山县接壤，距离信阳市区 10 千米，是豫南典型的山区村。全村面积约 20 平方千米，耕地面积 1900 亩，下辖 18 个村民小组，620 户，2240 人①，以种植小麦、水稻为主，经济作物有茶叶、板栗等。郝堂村地处山区，交通不便，无法进行规模化农业种植，劳动力大龄外流。但也正是因为这些原因，郝堂村开发程度低，自然生态优越，传统乡村形态保留完整，为后来的美丽村庄建设和发展生态旅游业打下了基础。

“2009 年左右的郝堂是出了名的穷村，年轻人都出去了，村里就只留下了老人，那时候老人自杀是常有的事。”② 当时，“三农工作”是河南省的重点工作，为推动“三农工作”，河南省政府将信阳市划为省级农村改革试验区。2009 年，郝堂成为信阳市第一批试点村，在“农村改革试验区”的大政策框架下，平桥区党委和区政府大胆尝试引入外部社会组织，推动郝堂村的农村改革。2011 年，平桥区委、区政府将郝堂村列为可持续发展实验村，探索新农村建设，开始了美

---

① 郝堂村官方网站：http：//haotangvillage. com/Item/list. asp?id = 1694。

② 郝堂村前任村支书的访谈，2019 年 11 月 18 日，地点：信阳市平桥区郝堂村会议室。

丽乡村建设的新征程。

郝堂美丽乡村建设的亮点在于多方主体的共同参与，基层党委负责协调沟通，政府主要提供政策支持和财政支持，村民是直接的参与者、实践者和受益人，乡建院、北京“绿十字”等社会组织负责乡村的整体规划，落实基金会支持的项目，如六和公益、中国教育基金会联合开展的阅读教育项目，中国社会福利基金会开展的免费午餐项目，首都保健营养美食协会开展的“食育”课程等。

郝堂村前期的内置金融实践主要由李昌平带领的乡建院负责，后期的美丽乡村建设主要是北京“绿十字”负责整体规划与实施。乡建院是一家为乡村建设提供系统性、创新性解决方案的专业机构，2011 年，由“三农”问题专家李昌平等一群从事乡村建设的实践者发起成立，领域涵盖规划设计与实施指导、内置金融与社区发展、环境治理、乡村经营、乡建人才培训等方面，内置金融是组织乡村的重要基础，为乡村建设发展提供组织供给和金融供给，发展乡村经营①，达到“组织乡村、建设乡村、经营乡村”的目的，建设“生产、生活、生态共赢”的智慧乡村。

北京“绿十字”是长期从事乡村建设的社会组织，成立于 2003 年，在北京市延庆县民政局注册。自成立以来，秉承“把农村建设得更像农村”“财力有限，民力无限”“乡村，未来中国人的奢侈品”的理念②，开展了多种模式的新农村建设尝试，与“硬件”投入的乡村建设路径相比，北京“绿十字”专注于乡村“软件”建设，如乡村生态文明提升、组织建设、绿色生态修复、村民能力提升、传统文化回归等内容。

（二）乡建院与北京“绿十字”参与乡村振兴的主要做法

1. 第一阶段：内置金融实践与内生性自我“造血”机制

如何激发村民的内生性动力是目前乡村振兴遇到的普遍问题，郝堂村的实践是从内置金融破题。

内置金融是乡建院一直探索，并在广大农村地区推动的一项激活乡村金融自主性的实践。内置金融是指不借助外部资金，只依靠本村农民募资、运营的金融模式③，即在村社内部建立内置金融，通过内置金融把农民重新组织起来，让农

① 乡建院官网：http：//cnrpd. com/。

② 北京“绿十字”官网：http：//www. bjlsz. org. cn/。

③ 乡建院内置金融工作室总监访谈，2019 年 11 月 18 日，地点：信阳市平桥区郝堂村乡建院会议室。

村组织变得有力量，建立农村“造血厂供血站+发电厂供电站”的新体系，组织起来的村民就可以和外部力量建立连接，这样就能把农村社会带入现代社会中去。[①] 2009年，在“信阳现代思想论坛”上，乡建院院长李昌平围绕内置金融进行了主题分享，李昌平的分享得到了信阳市平桥区政府领导的高度认可，随后，平桥区政府正式与乡建院团队确立合作关系，聘请李昌平为平桥区新农村建设顾问，开展内置金融的实践探索。乡建院的团队成员与当地政府经过广泛考察与反复比较，最终确定出了名的穷村郝堂为内置金融试验点。当时，郝堂村最大的问题是养老问题，老人自杀事件时常发生，乡建院李昌平计划从最棘手的养老问题入手，发展村社内部的资金互助。

内置金融需要启动资金与专门的资金互助合作社负责运营管理，在时任村支书的动员与劝说下，一共募集了34万元本金成立了资金互助合作社[②]，合作社以“资金互助求发展，利息收入敬老人”为基本愿景，2009年10月正式在工商部门登记，登记名称为“夕阳红养老互助合作社”。资金互助合作社成立后，社员们原本希望由乡建院团队来帮助他们制定规则，但为了激发村民的主体性，乡建院认为，应该引导社员自行商议制定规则，根据时任村长的回忆：“当时，社员们完全不知道应该定什么样的规则，这种事还是头一次，大家都不知道应该怎么弄，在区政府工作人员、学者、村干部的协助下，社员们聚在一起‘吵’了两天两夜，终于制定出一套合作社章程。”[③] 章程对制度设计与管理、资金筹集与利益分配、抵押与还款、放款规则和惩罚机制几个方面进行了说明：在制度设计与管理方面，管理制度由村内民主协商决定，管理团队（理事会）从村民中经过民主选举产生，理事会负责人一般由村干部或德行较高的长者担任，坚决依照管理民主原则，财务定期对外公布，接受社员的监督。在资金筹集方面，资金来源全部由村民众筹，尤以村内老人为主，不接纳外部资金，运转也只限于内部流通，合作社吸收村民存款，限时向村民发放生产生活贷款，规定3个月以上定存，月息较信用社上浮1个点，而贷款1年月息1分，3~6个月的月息1分半，1~2个月的月息2分。在收益分配方面，内部资金收益的40%作为老人分红，30%并入基金总量，15%为团队管理费，15%为风险控制。在抵押与还款方面，抵押形式一般以承包地、房屋，林地、田地为主，时间以自然年为界，每户人家

---

① 《李昌平：内置“金融村社”为农村造血》，《环球时报》，2015年3月16日，https://opinion.huanqiu.com/article/9CaKrnJIPfm。

② 其中，李昌平研究团队课题费用5万元，平桥区科技局平桥区为了鼓励农村金融探索支持了10万元，7位村民每人2万元共14万元、15位老人本金每人2000元共3万元、村集体出资2万元。

③ 郝堂村前任村长的访谈，2019年11月18日，地点：信阳市平桥区郝堂村乡建院会议室。

贷款需要有 2 位老人同时担保，并经过理事会审核方可放贷，且每位老人不能同时为 2 位借款人担保，这就促使年轻人要贷款，要先和老人在日常生活中处好关系。最后，合作社制定了严格的放款规则和欠债惩罚机制，按照乡土规矩制定出了“五不贷”，即在银行有不良贷款不贷、吸毒不贷、赌博不贷、家庭不和睦不贷、信誉口碑不好不贷。

2010 年 1 月 24 日，合作社首次对入社老人进行分红，村“两委”招集全村村民参加分红仪式，每个入社老人领到 340 元，当现金交到村内老人手上时，不少老人流下了眼泪。[①] 村民们通过拿到手里实实在在的钱，重新恢复了对村干部的信任，同时因为乡建院的参与，村民对“专家”和社会组织的参与有了全新的认识，为后续的工作开展打下了坚实的群众基础。截至 2018 年底，入社老人达到 285 位，人均分红 491 元（见表 9－1），运转 7 年以来，只有 1 名村民因为特殊原因无法还贷外，其他所有借贷人都实现了 100% 的信用还款。[②]

表 9－1　2009～2018 年“夕阳红养老互助合作社”入社人数及人均分红情况

年份＼类别	入社老人数	人均分红（元）
2009	15	300
2010	90	570
2011	135	720
2012	175	800
2013	215	800
2014	225	800
2015	296	500
2016	275	550
2017	272	450
2018	285	490

资料来源：郝堂村前任村支书的访谈及其提供的文字材料。

郝堂村内置金融的成功跨出了大家心目中新农村典范的第一步，内置金融的实践取得了一定的成功，激发了村庄的内生性“造血”机制，党委领导、政府负责、社会组织协同、村民参与的乡村治理格局初步形成，村民实实在在地得到

①② 郝堂村前任村支书的访谈，2019 年 11 月 18 日，地点：信阳市平桥区郝堂村乡建院会议室。

了好处，开始积极响应村“两委”的号召，这些改变为接下来的美丽乡村建设打下了坚实的基础。

2. 第二阶段：美丽乡村建设

在内置金融的基础上，区政府、村“两委”、乡建院、村民都希望让郝堂能更进一步发展，将郝堂建设得更美。但是，对于如何把郝堂建设得更美，各方缺少明确的概念体系。在乡建院李昌平的介绍下，平桥区政府邀请到了北京“绿十字”的设计团队为郝堂的美丽乡村建设提供规划方案，从垃圾分类到农房改造，再到“郝堂茶人家”特色文旅项目的打造，经过多方努力，郝堂美丽乡村建设成绩显著，一跃成为全国美丽乡村的名片。

（1）观念的转变：从垃圾分类做起。美丽乡村建设是个系统工程，需要有一个切入点。当时的郝堂和大部分农村一样没有垃圾分类和循环利用的习惯，村民们对如何处理垃圾完全没有概念，大多直接往公共区域乱扔。北京“绿十字”团队在考察后认为，郝堂村的美丽乡村建设可以从垃圾分类做起。

随后，村“两委”召开村民大会，号召每家每户进行垃圾分类。看似一件小事却在执行之初便步履维艰，无论村“两委”如何号召，村民仍不为所动。村“两委”很快就意识到要开展垃圾分类活动，首先要改变村民固有的观念。党员干部首先带头清理自家门口和房前屋后的垃圾，村干部对村民们进行理念倡导，向村民绘制郝堂干净、整洁的未来，激发村民的主人翁精神。为了进一步给村民更加直观的感受，在平桥区政府的资金支持下，村党支部决定组织村民前往国内各地垃圾分类、农村建设做得较好的农村观摩考察，通过“下车观摩、上车讨论、人人发言”的方式鼓励村民相互之间交流体会，在整个过程中就村民们聊的最多一句话就是“别的村庄可以，为什么我们不行，我们和他们差在哪里，怎么做可以赶上他们”①。出村观摩这一举措让村民在观念和认识上“大受冲击”，回村后村民开始主动参与垃圾分类。经过一段时间的坚持，垃圾分类行动收到了显著效果，垃圾四处乱堆的郝堂村彻底改头换面，垃圾分类已经成为村民的一种习惯，村民们看到了垃圾分类带来的效果，村庄变得干净、整洁，慢慢地，一种自然而然的对家乡的自豪感开始生发。

（2）房屋改造与修复。就在郝堂村实施垃圾分类的这段时间，北京“绿十字”正在紧锣密鼓地制订郝堂乡村建设的规划草案。2011 年 4 月，北京“绿十字”将规划草案提交给当地政府，几方讨论后确定了郝堂村建设的方向，决定正

① 郝堂村前任村支书的访谈，2019 年 11 月 18 日，地点：信阳市平桥区郝堂村乡建院会议室。

式启动房屋改造与修复工程。

房屋改造不同于垃圾分类，乡村有着“安土重迁”的说法，在农村观念中，改建房子是一件大事情，尤其是打破他们原有的建造习惯，接受新的建造理念。面对如此巨大的阻力，北京“绿十字”始终坚持“参与式发展”的理念，通过参与的过程改变村民的观念。

但是在实践中，尤其是涉及切身利益时，村民的观念并不容易改变。这时，北京“绿十字”团队的专业性便充分体现了出来。按照北京“绿十字”的改造方案，房屋改造需要在原有房屋架构不变的形式上拆掉院墙改为开放式院落，改平面设计为立体设计，每一步改造在村民眼中都是如此不可思议。在与“一号院”房主进行沟通时，北京“绿十字”团队充分发挥了社会组织的特长，将专业性和沟通技艺体现得淋漓尽致，没有高深的建筑术语、宏大的发展蓝图，只有讲农民听得懂、愿意听的话，正如团队人员所说：“耐心地去讲，尊重村民，村民是愿意听的。”① 例如，在很多农民的观念里，高高的院墙是私密性的保证，没了院墙就不像个家，拆墙是第一个难题。北京“绿十字”团队人员耐心地向村民讲“道理”：第一，房子是农村人的脸面，改好了得“炫耀”给别人看看；第二，原来开门见厕所，拆掉以后开门见山，风水大好；第三，围墙里面一个人字是“囚”，寓意不好，非常不利于家里小孩子的成长。村民听到这里，心里已经接受了拆围墙的观念。进一步，团队人员从专业设计层面分析居住的功能，无墙更方便通风，猪圈的味道就没有了，而且没了院墙，原本墙外的空地只要稍加整治，面积无形中便被加大了一两倍，将来还可以在家做个小生意。至此，村民完全转变了观念，拆墙、改门改窗等的难题就这样解决了。经过耐心的摆道理和专业的分析，最终，“一号院”房屋改造顺利完成，北京“绿十字”团队通过“一号院”向全村村民展示了改房的“好”。

“一号院”改造完成后，北京“绿十字”和建设院、村“两委”、政府共同合作，开始了“由点到面”的全村规划建设，主要包括房租改造、基础设施建设等部分。硬件改造包含改水、改厕、改厨和改房等，区政府为改造的农户提供每平方米 130 元的政策补助款。基础建设包含村庄联外道路建设、自来水厂等，在区政府的帮助下，郝堂村开展了扩充集体资产、征地等工作，经费总共 500 万元左右，主要是来自热心企业家借款、“夕阳红”资金互助社贷款以及区政府新

① 乡建院内置金融工作室总监访谈，2019 年 11 月 18 日，地点：信阳市平桥区郝堂村乡建院会议室。

农村建设的项目资金。[①] 在多方共同参与下，郝堂村美丽乡村建设取得优异的成绩。2013 年，郝堂村被住建部列入全国第一批 12 个“美丽宜居村庄示范”名单，被农业部确定为全国“美丽乡村”首批创建试点乡村。

（3）“郝堂茶人家”：特色项目的模式探索。孙君带领的北京“绿十字”团队的房租改造取得了显著的效果，接下来，团队围绕郝堂特色，试图打造产业发展、休闲旅游为一体的乡村项目。在多方调研后，“郝堂茶人家”项目初步成型。项目的主要目标是调动广大农民内在的生活和生产积极性，建设以茶文化为核心的、有历史文化感的新农村，建立跨越第一、第三产业的农耕朝阳产业，建设河南省现代有机茶、原种茶景观示范区，建成乡村建设与可持续发展、生态低碳与绿色节能建筑示范区，创建乡村资源分类系统，开展以家庭、社区为中心的健康教育和健康促进活动。针对项目目标，北京“绿十字”团队对郝堂村进行了整体规划，其核心理念是“取之于农村用之于农村”“农村没有垃圾，只有放错的资源，通过设计可以让垃圾变成艺术品”。[②] 具体包含以下几点：

一是在既有布局的基础上挖掘景观潜力。郝堂村随处可见坍塌的土坯墙、生长茂盛的茅草、随意丢弃的陶缸陶罐、堆放在路边的木柴堆、靠在门后的自家扎制的扫帚以及扔在路边的石磨盘，这些带有浓厚乡土气息的景观元素被人们所忽略，成为影响村容的不利因素。因此，在郝堂村的景观设计过程中，设计师着重对这些具有潜在景观价值的元素进行了规整与修饰，让它们以景观小品的形式出现并装点着乡村的重要节点，形成具有独特风格与意境的景观环境。这些景观满足了参观者追求简单、返璞归真的情感需求，在人们心里留下了深刻的乡村景观印象。

二是对既有建筑进行有机更新。郝堂村在新农村建设中没有拆除一栋旧有建筑，依照它们的特点进行了改造。建筑的院落保留原先的四合院形式，建筑的装饰构件采用传统的元素符号，表皮肌理选择灰色的青砖颜色和泥巴的土黄色，与乡村的自然色彩相协调，原来的农家院改造成现在旅游居住、喝茶品茗的休闲空间。这一系列在原有风貌上的更新，既让老建筑在视觉上舒适美观，又延续了乡村的传统文化。

三是创建农村特色景观，挖掘经济价值。在对环境、建筑进行改造后，北京“绿十字”在郝堂村开启了乡村旅游、生活休闲体验等项目，以吸引周边市民休

---

① 郝堂村前任村支书的访谈，2019 年 11 月 18 日，地点：信阳市平桥区郝堂村乡建院会议室。

② 乡建院内置金融工作室总监的访谈，2019 年 11 月 18 日，地点：信阳市平桥区郝堂村乡建院会议室。

闲消费。截至2019年，根据北京“绿十字”团队统一规划，郝堂村已建成了50多家农家乐，形成规模以后，农民收益比以往开“农家乐”翻了一番。此外，外出务工的人员大多也回到了村庄中，农村重新焕发了人气和生机。

（三）社会组织参与郝堂村乡村振兴的主要成效

在多方共同努力下，郝堂村通过内置金融激活了乡村的内生性动力，通过美丽乡村建设使乡村面貌焕然一新，对照乡村振兴的总体要求，郝堂村在乡风文明、生态宜居、产业兴旺、生活富裕、治理有效五个方面成效显著。

内置金融回应了郝堂村最为迫切的养老难题，截至2019年底，已有285位老人加入“夕阳红养老资金互助合作社”，合作社累计14万余元①，老人的物质生活水平与社会地位得到明显提升，孝道文化开始在村庄复兴，邻里之间互帮互助，邻里纠纷显著减少，村庄的精神面貌焕然一新，形成了爱老、敬老、互助的新文明乡风。资金互助社带动了村容整治，进而改变村庄治理结构，促进了经济发展。村“两委”在村民当中重建了威信，村民看到了合作的力量与价值，工作难做、村民难组织的情况明显好转。内置金融盘活了村庄资金，促进了农户家庭经济的发展和村庄共同体成员的相互合作，解决了农民小额信贷难的问题，让农民静态的生产要素变为动态的金融资产，加强了农民的金融能力，撬动了村庄集体经济的发展，增强了村集体的组织力、凝聚力和战斗力，实现了“经济发展、社区建设、社区治理”的“三位一体”有机结合，“产权、财权、事权、治权”的“四权统一”，这些改变为乡村治理有效打下了坚实的基础。

内置金融将村民有效地组织起来，形成了村社共同体，为美丽乡村建设提供了组织平台，在此基础上，北京“绿十字”进行整村规划，有效改善了人居环境，在保留乡村原有生态的基础上，开展村容村貌改善项目，实现生态宜居。在产业兴旺方面，依托自然生态，形成了以“郝堂茶人家”为核心，集乡村旅游、民宿、农家乐为一体的特色文化产业群，为村民提供了在地就业机会，带动了人口回流，实现了稳定增收。目前，村庄中90%的外出务工者已经回到村庄，开展多样的经营，普通家庭经营农家乐年收入在50万元左右②，村民不用出村，便过上了富裕的生活。2013年，郝堂村被住建部列入全国第一批12个“美丽宜居村庄示范”名单，被农业部确定为全国“美丽乡村”首批创建试点乡村，2014年荣获“2014年度河南十佳美丽乡村”荣誉称号。

---

① 乡建院官方微信公众号：https：//mp. weixin. qq. com/s/PP5rJp2SZWZfMBFE_JEQcA。

② 郝堂村前任村支书的访谈，2019年11月18日，地点：信阳市平桥区郝堂村乡建院会议室。

（四）经验与教训

郝堂村的发展，源于乡建院的“内置金融”实践，发展于北京“绿十字”“美丽乡村”建设，在整个过程中，得到了各级党委、政府的大力支持，总体来说，郝堂村的乡村振兴之路有以下四点经验值得学习借鉴：一是各级党委、政府的引领与支持是基础。内置金融在开始之初，存在一定的政策风险，能够顺利在郝堂村开展实践，得益于市、区党委的认可，以及各级政府在政策、资金等方面的支持，包括在后期，政府大量的项目资金投入是美丽乡村建设能够持续下去的关键。二是强有力的农村基层党组织是关键。一个有公心、团结、为群众办实事的党组织是村庄发展的核心，是带领村民建设乡村、实现乡村振兴的“发动机”。从2011年开始，郝堂村的党组织成员只想着如何把村子建得更好，即使牺牲了休息时间，一个月只有980元的工资，也没有任何怨言。[①] 因此，推动乡村振兴战略的有效实施，农村基层党组织是关键。三是社会组织的广泛参与是重点。多元化的社会组织参与是郝堂村美丽乡村建设的一大特点，社会组织一方面为村庄带来了新的理念，另一方面也因为其专业性，形成了政府之外的良好补充。四是村民的积极参与是保障。村庄建设不能缺少村民的参与，建设什么样的村庄、怎么建设都需要从村民的角度出发来规划，通过建设过程将村民的积极性调动起来，激发村民的主体性，村民的参与和主体性的激发是村庄持续焕发生机的有力保障。

与此同时，郝堂村十多年的发展也存在许多值得反思与改进的地方，例如，忽视了后备人才队伍的培养，未能建立起鼓励村民自发参与，激发内生性动力的长效机制等。经过十年的发展，郝堂已经成为美丽乡村建设的一张名片，坚实的干部队伍为郝堂的发展做出了巨大贡献，一心为民的作风赢得了村民的信任与认可。但是，在建设初期，郝堂村“两委”忽略了后备人才的培养，在人才接续方面遇到了瓶颈，老的班子卸任后，新的班子工作能力有待提升，在村民当中的威望不足，村庄整体发展速度不如前期，为郝堂村今后的发展增添了不确定性。另外，村民缺少参与的长效机制，在村庄建设的过程中，由于村庄自治组织、经济组织和社会组织的能力有限，这就导致在外部力量抽离后，乡村的发展后续乏力。

（五）小结

郝堂村的实践，其最大的特色在于党委领导、政府负责、社会协同，村民参

① 郝堂村前任村支书的访谈，2019年11月18日，地点：信阳市平桥区郝堂村乡建院会议室。

与、法治保障、科技支撑的乡村治理格局初步形成。对于郝堂村这类资源薄弱、基础条件差、完全依靠自身力量一时难以发展的贫困村，基层党组织的坚强有力领导是关键，自治组织能力的提升是基础，引入外部市场或社会组织等社会力量的参与是重点，村民主体性的发挥是动力源泉。郝堂村的实践充分发挥了多方力量的优势，改变了以往大拆大建的模式，在认同乡村价值的基础上，对村庄进行更新改造，将乡村建得更像乡村。在此基础上，发展特色产业，修复乡村文化，重建文化认同，打造文化品牌，促进三次产业融合发展，从而实现了乡村各方面的振兴。

二、陪伴式乡建：沙溪镇马坪关乡村振兴案例

习近平总书记在党的十九大报告中指出，“中国特色社会主义进入新时代，我国社会的主要矛盾已经转化为人民日益增长的美好生活需要和不平衡不充分发展之间的矛盾”。我国社会主义进入新时代后，面对人民日益增长的美好生活需求，我国面临的主要问题已从生产落后转变为发展的不充分和不平衡。这种不平衡和不充分在农村发展中表现得更为突出，农村已经成为当前决胜建设小康社会阶段的短板，也是我国现代化建设中的障碍。因此，必须始终把解决好“三农”问题作为当前发展阶段的重中之重。乡村振兴则是我国有效解决“三农”问题的重要路径。党的十九大报告中进一步对乡村振兴战略提出了总体要求，即坚持农村优先发展，按照“产业兴旺、生态宜居、乡风文明、治理有效和生活富裕”的总体要求，推进城乡融合发展，实现农业现代化。

为进一步响应国家的号召，各地纷纷开展乡村振兴活动，形成了各具特色的发展模式。本章选取云南省剑川县沙溪镇马坪关自然村作为研究对象。马坪关和我国大多数乡村相似，传统的农耕和闭塞的环境增加了其发展的难度，人口流失进一步引发了老龄化和“空心化”问题，更限制了其发展。近些年，在政府和社会组织的深度参与下，马坪关形成了“陪伴式乡建”的乡村振兴模式，发展效果较为显著。本章通过深入剖析马坪关乡建过程，有助于丰富我国乡村振兴的路径选择，为我国打赢乡村振兴仗提供经验借鉴。

（一）背景

马坪关自然村隶属于云南省剑川县沙溪镇，沙溪乃滇藏茶马古道上最重要的

转运中心，也是唯一的历史重镇。唐南诏时期沙溪被称为沙追，到宋代大理国时期又改为沙退。当时由于沙溪人手工艺精湛，加之勤快麻利、心灵手巧，外地人喜欢沙溪当地人制作的手工品。随着沙溪手艺人到大理、保山、凤庆、腾冲及西藏等地宣传盐产业，各地商人纷至沓来做起了生意，于是沙溪逐步成为滇藏茶马古道上重要的中转站（驿站），并逐渐发展成古集市，直至明末清初逐渐形成了古老的夜市。

沙溪西卡的马皮关（马坪关）是元至正二十九年设立的最早的西关卡，是通往弥沙盐井路上的重要关隘，也是商人停脚住宿的地方。关卡设在大山中的马帮通道上，而马坪关则是由守关官兵发展而成的自然村，交通不便导致其成为唯一保留至今的关卡旧址。村里绝大多数人都姓段，是明万历年间被尊为皇帝太师的沙溪人段良增告老还乡后重整东西南北四卡时，派到马坪关的段姓守关人的后裔。

马坪关自然村隶属于沙溪镇鳌凤行政村，属于山区，原本只有几十户外地人驻守，后期逐步形成小村寨，并成为盐马道上的重要驿站。其平均海拔 3000 米，国土面积 26.02 平方千米，距离鳌凤村委会 13.2 千米，距沙溪镇 15.3 千米。适宜种植芸豆、马铃薯等农作物。耕地面积为 365 亩，有林地 37804.1 亩，人均耕地面积 1.79 亩。全村辖 1 个村民小组，有农户 43 户，有乡村人口 186 人，其中农业人口 186 人。马坪关还是传统的农业社会，村民的主要经济收入来源于农产品种植和靠山吃山的松茸采摘，以及野生蜂蜜。由于土地稀少且受海拔高的限制，马坪关的农产品种植只能满足村民的自给自足，发展远远落后于其他村庄。其发展主要面临以下问题：

（1）农村社区发展内生力不足。马坪关村存在教育资源匮乏、交通闭塞、资源不平衡以及信息不畅通等问题，导致村庄发展严重滞后，村民发展空间有限。因此，需通过自身能力建设实现个体的成长，从而让社区经济实现可持续发展，实现共同富裕。

（2）缺少公共活动空间。农忙时村民们都成为劳动力，农闲时由于活动空间匮乏，形成了赌博等不良风气。老年人、妇女和儿童等弱势群体地位都偏低，缺少可以让群体间相互交流、形成良好习惯、提高生活品质的空间和氛围。

（3）农村社区缺乏活力，呈现个体原子化发展趋势。儿童成长缺乏社区教育氛围，青壮年劳动力忙于干农活很少关注村庄发展，呈现“各扫门前雪”的状态。

（4）社会资源分配不均，长期处于贫穷状态。马坪关的社会资源非常匮乏，尤其是教育资源。马坪关村的儿童难以得到系统的教育，很多人初中毕业就外出打工。由于缺乏基本的科学文化知识，外出务工青年难以在城市立足，进一步陷入贫穷的泥潭。

但是马坪关具有以下优势：①马坪关自然村长期交通不便利，不容易受到城市化的冲击，有自主发展的可能；②村中尚有中青年群体留守，没有完全空心化，中青年是村庄发展的主力军；③项目主题可以覆盖所有村民，有利于推动社区的整体发展。

因此，如何针对马坪关的实际情况，扬长避短，因地制宜地探索发展方式，推动美丽乡村建设至关重要。

（二）参与马坪关乡村振兴的社会力量简介

马坪关是一个自然村，是隶属于沙溪镇鳌凤村委会下面的一个村民小组兼自然村，只有一个村民小组长。为了便于处理村内的相关事务，2016 年马坪关成立了村民自治委员会，委员会共有 8 名成员（委员会架构为：2 名理事长、3 名监事、3 名理事）。村民自治委员会是属于村民内部自我管理和协调的机构，是沙溪镇建制镇试点的机制体制改革的产物，主要负责协助村民小组长进行村民内部管理和协调。马坪关村民自治委员会自成立以来，担负着村庄自我管理的重任，因为较长时间地主持村内各项公共事务，所以在村内建立了一定的公信力。马坪关是茶马古道上保留得比较完整的一个关卡，在沙溪镇党委和政府以及各级部门的大力支持下，马坪关先后进行了基础设施的建设以及各类古建筑的修缮，希望通过发展旅游业提高村民的物质生活水平，进而提升村民的文化生活水平。由于长时间的交通闭塞导致的信息阻隔，再加上多数村民文化水平较低，村民对于如何进行旅游发展认知薄弱，马坪关村民自治委员会希望通过走出马坪关，带领更多的村民认识外面的世界、增长见识、开拓视野，从而更好地参与到村庄旅游发展中。

沙溪源乡村合作中心成立于 2015 年 1 月 22 日，是独立的民办非企业法人机构，其严格按照国家法律进行治理。理事会是中心的最高决策机构，不设监事会，但设有监事，中心主任负责日常工作的执行、监事负责监督，并对外承接项目，对内指定项目负责人，项目负责人每周向中心主任汇报进度，每季度召开一次理事会。中心共有全职员工 10 人。沙溪源乡村合作中心理事长黄印武先生在成立沙溪源中心前十余年内负责多项国际慈善资金管理和使用，并获得多项国际奖项，中心成立后，作为当地政府发展和建设顾问，提供策划并参与具体项目的实施。中心不定期组织社区活动、外国志愿者进行社区服务、村民技能培训等活动。沙溪源乡村合作中心以原沙溪复兴工程和沙溪低碳社区中心项目组为基础，延续和发扬中瑞国际合作的成果和经验，建立长效合作机制，在国际合作、城乡互惠、村民互助三个层次为沙溪发展提供咨询和支持，积极吸引社会资源参与乡村发展建设。它是“走出马坪关”项目的在地执行团队，负责项目管理、与政府衔接、同村民沟通并整合多方资源助力社区发展。

卡卡果果信息科技有限公司（以下简称卡卡果果）在南京注册，成立于2015年9月23日，是一家有公益目标、商业运作的企业法人。卡卡果果团队由“马帮”[①]团队更名而来，其在马坪关乡村振兴过程中发挥了重要作用，是一支会集全国各地多种专业人才和社会资源的团队，以专业力量支持村民自我发展，满足乡村发展全方位的需求，共有90位核心成员，从2015年开始以志愿服务的方式陪伴马坪关的发展。卡卡果果志愿者发起了卡卡果果助学金项目，针对马坪关所有在读学生提供助学金，前后三年总计资助近7万元助学金，鼓励马坪关的教育持续进步，马坪关的学生由此形成了卡卡果果环保小组，在马坪关开展环境清理的环保志愿活动，推行垃圾不落地，有效地改善了马坪关村庄卫生环境。通过卡卡果果团队对接社会资源，在剑川县政府和沙溪镇团委的配合下，总计有64人次的村民通过走出马坪关项目在全国范围内参访、学习，内容包括旅游导览、民宿运营、发酵床养殖、幼儿教育、合作社发展、活框养蜂、中药材种植、自然教育等。

青谷社区营造社成立于2015年5月，属于民办非企业法人，共有全职员工三人，分别设有理事会和监事会。其发展宗旨为以推动社区发展为己任，推动城市社区发展，探索农村社区发展模式，通过城乡互助，实现城市与农村协同发展。其治理方式主要采取自愿治理，即对项目有意愿的个人均可成为项目负责人，并被授权全权负责项目进展。在“走出马坪关”项目中主要提供社区营造专业技术和人力支持及财务管理。后期因为机构各自的原因，目前已经不再参与走出马坪关项目。

沙溪源乡村合作中心是一个在地的民间非企业法人，中心的负责人是卡卡果果公司的董事长，卡卡果果公司委托中心协助开展马坪关的乡建工作。无锡市滨湖区青谷社区营造社的负责人是卡卡果果公司的股东之一，应“走出马坪关”项目（中国扶贫基金会的ME计划要求）的需求，无锡市滨湖区青谷社区营造社

① “马帮”是马坪关项目初期参与者对自己的戏称，核心成员主要包括吴楠、王静、邓浩和黄印武等。

和沙溪源乡村合作中心共同申请了该项目，在项目执行初期，无锡市滨湖区青谷社区营造社协助和支持了走出马坪关项目的执行工作。

（三）马坪关乡村振兴的主要做法

马坪关乡村振兴的特点在于“陪伴式乡建”，即由农民自己组织、跨领域专家团队指导，致力于乡村营造与落地实施，为农村提供长期的系统性、整体性的服务，陪伴农民，与农民一起建设新农村的过程。马坪关陪伴式乡建项目立足于城乡互助，形成于公益情怀，发展于实践探索，服务于马坪关村民，通过推动马坪关村民的自我成长，为从根本上突破乡村持续发展的“瓶颈”，真正实现长久的脱贫提供了一种新的可能。陪伴式乡村发展的重点是村民的发展，从而激发乡村发展的内生动力。卡卡果果团队联合剑川县政府和沙溪镇政府、团委，结合自身的社会资源，在中国扶贫基金会和南京爱德基金会的支持下，发起走出/走进马坪关项目。走出马坪关项目结合村民需求，通过整合外部资源，组织村民走出马坪关，亲身体验和学习交流。与此同时，组织外部专家学者走进马坪关，针对村民的集体需求进行统一培训和再教育。通过走出和走进相结合，在活力建设、组织建设和能力建设三个方面推动了整个村庄的发展，得到了广泛的社会关注、认同和参与，有效地推动了马坪关发展。

1. 走出马坪关项目

走出马坪关项目主要是针对村民进行能力建设，通过资助村民外出学习感兴趣的内容，具体包括旅游导览、社区文化建设——社戏，民宿运营，中草药种植等，激发村民参与乡建的激情，培育其乡建能力，提高村民的自组织水平。在项目组和所有关注马坪关发展的同仁的共同努力下，“走出马坪关”项目获得了“我决定民生——爱的力量”2016 年 ME 公益创新资助计划 50 万元的资金支持，专门用于帮助村民提升能力和意识，开阔眼界实现梦想。其中，走出马坪关项目的具体流程如图 9 -1 所示。

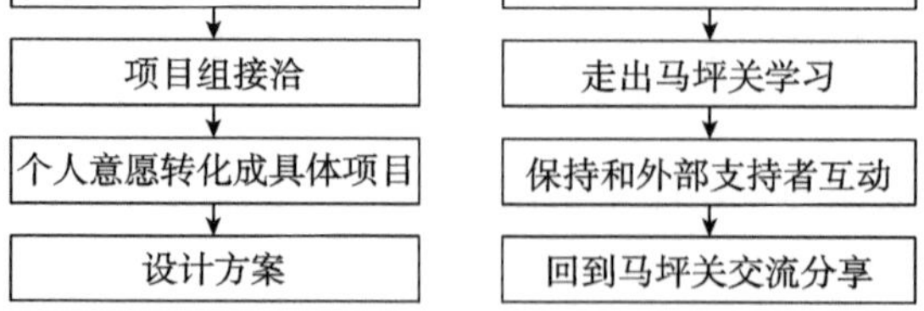

图 9 -1　走出马坪关项目的流程

（1）项目内容。“走出马坪关”项目具体可分为能力建设和社区创业两大部分，两者相辅相成。

首先，能力建设。通过把走出马坪关的每一个子项目转化为社区公益项目或社区创业项目实现城乡互助，助力村民开阔眼界，改变思想意识，提升能力。后期项目组持续性地跟进能力建设工作，帮助村民把能力提升转化为内在发展动力，将潜在的需求转化为现实可能，让村民有意愿、有能力通过自己的努力实现梦想，实现村庄的发展。能力建设不仅能给个体带来发展动力，更重要的是从现实层面让村民看到每个人都可以通过努力实现自己的梦想。能力建设通过提升个体带来的成果激发村民产生提升自我的需求和愿望，进而促进社区的整体发展。

其次，社区创业。支持“走出去”的村民回到村庄进行创业，通过创业解决自身发展，实现通过个体的发展逐步带动整个社区的发展。根据“走出去”村民的学习情况，按照马坪关既有的资源设计可行性强的项目，共支持乡村环保、社区地图、村庄教育、社戏以及旅游导览等 10 个项目，每个项目给予 10000 元的支持费用。

（2）案例：双喜的花园。双喜的家在通往马坪关的半山腰，由于只有三户人家，村里人称为三家村。双喜喜欢花草等植物，经常会去山里转悠，看着觉得漂亮的花草，就会搬回家悉心培育，其中培育的兰花就有好多盆。他之前并没有接触过花草培育领域的知识，凭着兴趣和爱好开始了花草种植。双喜家位于通往山顶的必经之道，是通往山顶的中途休息站，如果在这样的深山里，出现一座被鲜花包围的屋子，将会有空中之城的惊喜感。结合上述个人兴趣和地理位置等因素，项目组将双喜家的花园作为走出马坪关的第一个项目。

项目组通过筹备，将双喜送出大山，走到外面大城市参观并学习园艺知识。通过参观可以了解园艺领域的最新发展成果，并学习园艺领域的专业性知识和技能。参观过程中，通过与园艺工作爱好者深入交流，拓宽自己的视野。双喜逐步开始去学习和尝试，邀请有心人一起和他共同去设计和建造自己的花园，实现他的园艺梦想（在深山里出现一座被鲜花包围的屋子，成为一处安宁的身心休憩之所，让行色匆匆的旅人可以暂停脚步，欣赏自然的美丽，感受岁月静好），推动村庄发展。项目第一步是筹集资金 5000 元，作为双喜走出马坪关的差旅费。经过项目组的努力，三天之内筹集了 7000 多元资金。筹资结束后，项目组开始规划双喜的学习之旅，最终行程确定如表 9－2 所示。

为了让此次学习之旅更有成效，项目组成员提前去双喜家进行实地探勘，与双喜交流和沟通，商讨花园的未来蓝图。最终大家一致认为，应基于马坪关的历史大背景对花园进行设计，需与茶盐古道相呼应，因此大家将其定位为一座驿站花园。

表 9－2 双喜园艺参观时间安排

日期	城市	参观单位	时间安排	备注
4 月 15～19 日	上海	同济大学	4 天	教授双喜园艺类知识
4 月 19～20 日		同济大学	1 天	带双喜观光大上海
4 月 20～21 日	常州	各类园艺博览园以及花木市场	1 天	园艺博览园以及花木市场走马参观
4 月 22～26 日	南京	扬州侯晔家的花园，合肥莫奈家的花园、花店之友见面会	4 天	带双喜去扬州和合肥的花园参观学习

双喜在上海的一周，得到了很多“马帮”内外热心人的帮助：同济大学的刘悦来老师给双喜提供了免费参加朴门工作坊的机会；胡滨老师陪着双喜游览上海美景；雪妮老师和双喜虽然以前素未谋面，却提供自家的花园供双喜参观，还陪双喜参观家庭园艺展；何嘉夫妇带双喜参观有机蔬菜餐厅，还介绍了室内设计的相关知识，并为马坪关的家居设计提供了很多想法。

双喜的花园项目在执行过程中进一步获得捐款 24146.66 元，得以用来建造花园，初步形成马坪关可持续发展的动力之一。

2. 走进马坪关项目

走进马坪关项目主要包含大学生返乡创业和外部专家走进马坪关两大类。项目通过将乡建与外部世界发展相结合，引入外部先进的乡村规划和社区治理理念，内外结合探寻马坪关乡建的路径。项目设计以加强内外部交流为重点，其主要目的在于转变村民发展理念，提高村民对乡村治理和社区营造的认识。

走进马坪关项目的内容之一是返乡大学生创业，主要侧重于邀请马坪关当地大学生返乡加入项目组开展乡建工作。2010～2017 年，络绎不绝的乡建爱好者深入马坪关，越来越多“走出去”的大学生选择返乡发展，刘龙凤就是其中之一。2013 年，刘龙凤毕业于安徽大学，是村里不多的大学生之一，曾任职于昆明的一家企业，从事产品质量管理工作。2015 年 10 月返乡加入马坪关乡建工作，主要负责马坪关社区建设、村民组织化建设、村民文化建设以及村民能力培养等项目。回乡后，她组织成立了亲子阅读小组、环保小组以及戏剧小组等 8 个小组，累计组织了 35 次活动。其中，亲子阅读小组和环保小组已实现常态化运行。

亲子阅读小组每周会组织一次阅读活动，环保小组每周会组织一次“垃圾不落地”活动。刘龙凤还参与了马坪关村民自治委员会的组织工作，并协助村里开展了口述历史资料的汇编和村庄族谱的整理活动。除此之外，她还组织并落实了走出马坪关第一期项目，其中包括组织村民到沙溪镇的民宿进行参观学习，后期还负责马坪关的民宿运营工作。

项目的内容之二是邀请外部专家学者走进马坪关。项目组邀请有“绿色诺贝尔”奖之称的格德曼奖亚洲唯一得主于晓刚及其团队走进马坪关，开展“绿色流域马坪关参与式社区规划”培训，并分享了丽江拉市海流域项目管理经验。于晓刚和他的团队在丽江拉市海深耕十余年，探索了如何利用人类学去帮助原住民协调经济发展与文化保护之间的关系。通过将其丰富的农村社区发展经验与马坪关乡建相结合，为马坪关带来了参与式的整体规划工作坊。其活动内容主要包括：

第一，拉市海流域管理项目的经验推广。

第二，帮助村民梳理马坪关历史事件，提高村民解决村庄问题的能力。

第三，帮助村民梳理村庄的内在资源，协助村民了解村庄与周边自然环境的内在关联。

第四，通过对马坪关乡建参与者实施头脑风暴，并采用问题树框架协助乡建参与者进行梳理，列举出村庄发展面临的关键问题。协助乡建参与者根据实际愿景的重要程度，进行次序排列。

第五，针对马坪关乡建所面临的机遇和挑战，指导村民采用 SWOT 分析框架进行分析。

3. 社区活力建设项目

（1）主要内容。社区活力建设主要是通过对农村社区进行整体营造，激发村民产生自我发展的动力，带动整个社区发展。项目设计以村民个人成长和组织化发展为重点，提高村民学习的意愿和能力，提升村民对社区事务的参与热情，实现村民个体和村庄的全面发展。通过强化社区组织化建设，提升村民对村庄的自豪感，形成村庄凝聚力，实现乡村社区可持续发展。

社区活力建设的具体内容包括协助政府完成村民中心建造，2018 年实现试运营。逐步引导村民尤其是弱势群体开展空间营造工作，缔造社区发展的良好空间，以满足各类村民成长和交流的需求，营造马坪关的社区文化氛围。通过社区活力建设，两年之内至少激发五个社区自组织（如环保小组、妈妈阅读等、合作社、美食小组、戏剧社等）的发展活力，并将其逐步转化为社区公益组织、社区创业组织或社区文创组织等具备可持续发展能力的组织形态。

（2）具体案例：爱娃娃小组的自组织发展。爱娃娃小组在自组织里面是最早完成活动常规化的小组，但是由于家长和志愿者的受教育水平普遍偏低，活动的组织形式较为单一，难以实现组织和孩子的共同成长。在项目组的引导和支持下，爱娃娃小组的妈妈们到大理猫猫果幼儿园进行多次学习交流。通过交流学习，家长与孩子实现了更好的沟通，丰富了小组的组织活动形式，提高了家长和孩子的参与度，改善了活动质量。在此过程中，通过与家长的沟通和交流，调动了家长纷纷参与活动的积极性，家长为活动的多样化组织和发展建言献策，推动爱娃娃小组向自我发展和自我组织管理方向上稳步前进。

（四）马坪关“陪伴式乡建”效果

经过三年的乡建工作马坪关主要发生了以下几个方面的转变：

1. 村民生产技能得到提升，推动了村庄产业发展

项目组通过走进马坪关项目邀请专家团队走进马坪关，结合村民自身的需求，给村民传授了中草药种植、养殖、民宿运营以及旅游导览等方面的知识。与此同时，通过与外部专业机构搭建沟通和交流平台，将村民送到外面开展不同专业技能的培训和学习工作，具体包括活框蜂箱养蜂技术、旅游导览、发酵床养殖、社区营造以及木雕技术等方面。通过学习和培训，村民的视野得到开拓，增长了见识，丰富了阅历，提高了专业技能。三年以来，卡卡果果团队通过培育本地执行团队，共计开展志愿服务 40 余次，针对性邀请专家 11 名，进行了乡村发展基础型知识、种养殖技能、社区资源挖掘等 18 次村民培训，参与村民总计 323 人次，基本覆盖了全村村民。其中，有十余位村民种植重楼、党参、当归、木香等中药材，有两位村民将传统养蜂改造为活框养蜂，有一位村民建立了自己的木工坊，有三位村民开始建设民宿，有一位村民尝试发酵床养猪；激活了村民自主发展的愿望，村民开始根据自己的能力和条件，在旅游接待、餐饮服务、农产品销售、手工艺传承等方面选择适合自己的项目，探索更多的可能。支持“走出去”的“民宿运营”“木雕学习”两个项目的落地推进取得初步成果，段四合的民宿改造已经在进行中。段俊恒的木工坊也初步完成，可以开始小规模的木雕雕刻工作，为马坪关的小朋友制作了许多玩具，同时也帮助村民完成木雕雕工。除此之外，卡卡果果团队还帮助村民销售农产品，户均收入达 1 万余元。

2. 村民自组织化程度得到提高，乡村治理更加有序

在马坪关陪伴式乡村发展项目的推动下，增强了村庄活力，推动了 7 个乡村

自组织的成长和发展，并自行组织了272次活动。2017年3月至今，通过开展项目培育了7个社区自组织，主要为“马坪关村民自治委员会”“剑川县马坪关中药材种植专业合作社”“卡卡果果环保小组”“爱娃娃亲子阅读小组”“马坪关戏剧社”“山之歌林之乐舞蹈小组”“踏歌轻舞舞蹈小组”，基本涵盖了马坪关老、幼、中、青不同年龄阶段的人群，同时也满足了马坪关村民在社会、经济、文化、教育等方面的需求。两年多时间内，共计组织社区活动183次（见表9－3）。马坪关乡建工作提高了村民组织化程度。经过三年多的工作，村民开始逐步重视组织化建设，自行成立各种组织，如亲子阅读小组、文娱小组、社戏小组、摄影交流小组、木雕小组、养蜂学习小组、村民自治委员会以及村民合作社等，旨在发掘社区领袖、挖掘社内生动力，从而能够更好地助力马坪关村的发展。其中，“爱娃娃”亲子阅读小组在项目的引导和支持下，自组织的活动内容和形式有了极大的丰富，很大程度上提升了家长和孩子的参与程度和积极性。家长也逐步提出相关意见建议，进一步丰富了活动的组织形式，该组织正朝自我组织和自我发展的方向上稳步前进。

表9－3　社区小组活动

序号	活动类型	活动时间	活动地点	参与人数	活动主题	参与度
1	周常规活动	每周一次	马坪关	爱娃娃小组成员（11组家庭13个孩子）	幼儿教育相关的绘本故事阅读	100%
				环保小组成员12个孩子	“垃圾不落地”及环保相关的社区活动	100%
2	月常规活动	每月一次	马坪关	“山之歌林之乐”	白族传统歌舞学习排练	100%
				“踏歌轻舞”	白族传统歌舞学习排练	100%
				戏剧社	马坪关传统社戏传习	100%
3	其他	2017年4月18日	—	全体村民	DIY手工牛轧糖	15%
		2017年6月17日	—	爱娃娃、环保小组	DIY发卡	100%
		2017年6月18日	—	爱娃娃、环保小组	“变废为宝”——废旧布料DIY手包	100%
		2017年7月15日	—	环保小组	“变废为宝”——生态砖制造	100%

续表

序号	活动类型	活动时间	活动地点	参与人数	活动主题	参与度
3	其他	2018 年 1 月 15 日		山之歌林之乐	DIY 手工牛轧糖	100%
		2018 年 2 月 26 日		全体村民	DIY 纸花	15%
		2018 年 4 月 22 日		爱娃娃	“和大自然一起做手工”——松果 DIY	

3. 村内基础设施得到改造，与外部交流更加便利

马坪关在各级政府部门的支持和帮助下，在项目组的组织下，村内修建了排污管道，硬化了村内主干道路面（铺设石板路面），将给水、供电线路进行埋地处理，村民房屋得到进一步修缮。项目组将村内每一栋民宅的改造都统一在整个村庄发展的大背景下，因地制宜地将卫生间与排水系统、太阳能与屋顶有机结合。村庄又进一步修复和翻新了智慧庵、风雨桥、魁星阁、本主庙和古戏台等古建筑。同时，项目组将本主庙空置的耳房改造为村史展览馆，将祭祖与村庄历史传承相结合；魁星阁两层楼改造为图书室，将崇文的传统与图书相结合。除此之外，马坪关还恢复了村小学，村小学兼做村民再教育的课堂，将教育和再教育有效结合。除此之外，学校还开通了网络，加强了与外部的联系。

4. 村庄环境得到改善，村容村貌得以重塑

环保小组自成立以来每周举办一次环保活动，并实现常态化运行，村庄的环境卫生得到明显改善。项目组通过开展低碳环保宣传活动，让村民加深了对环保工作的理解和认识。项目组协助村里成立了环保队，每周六都会组织孩子们到村里捡拾垃圾。环保小组通过定期开展环保教育培训，帮助孩子们养成良好的习惯，树立了环保意识。其中，“垃圾不落地”项目已经成为第二季“走出马坪关”的项目之一，以期解决茶马古道的环境问题。项目组经过 3 年的努力，解决了马坪关垃圾清理的问题，并修建了化粪池和圈房，实现了人畜分离，建立了环保机制。与此同时，2016 年马坪关新建了四座垃圾焚烧炉，用于就地解决村内的不可回收垃圾。经过项目组的努力，马坪关小河边垃圾堆放明显减少，村内环境得到治理和改善，村民的环保意识也得到提高。

（五）乡村振兴过程中的经验

1. 注重对村民思想观念的引导和转变

乡建工作是乡村各组成部分共同成长的过程，其中能否转变村民思想观念是乡建成功与否的关键所在。在地项目组在组织乡建项目时，注重引导并转变村民的思想观念和思维方式，由传统的“等靠要”逐步转变为主动提需求和定目标，效果较为显著。具体表现为：项目实施初期，村民不能明确提出自己的需求，即使拥有大量的学习资源，也无法明晰自己的学习目标，需要项目所在地工作人员引导、协助。项目实施后村民能够明确地提出学习需求，并在项目工作人员的帮助下理清学习目标，在学习结束后，还能够主动对所学内容进行梳理、总结，并且结合实际进行运用。具体表现为：总计发生的 11 次“走出马坪关”的活动中有 7 次为村民主动向项目在地工作人员提出需求并获得项目支持，项目内容涉及“种子保育”“旅游导览”“民宿运营管理”“幼儿教育”“自然体验”“养蜂培训”“中草药种植”等方面。项目组总计组织的 187 次社区活动中，前 4 个月的 176 次常规活动由项目组所在地工作人员帮助组织引导，后期的活动均由自组织独立组织完成。其中 7 次非常规活动中的 3 次为项目在地工作人员组织，其余 4 次活动由自组织自行组织完成。

2. 注重乡村发展内生力的培养

马坪关乡建过程中，项目组以培养乡村发展内生力为主，坚持“走出去”和“引进来”相结合的原则，通过不断加强村民的能力建设，为乡村发展提供了源源不断的内生动力。其中，“走出去”的具体内容包括：①组织村民段四合和刘龙凤到大理喜洲喜林苑进行为期一周的民宿服务及运营学习交流，完成学习之后回到村庄向村民进行分享。段四合将学习过程整理为书面记录，在卡卡果果团队的帮助下对自家的民居进行改造，用于民宿经营。刘龙凤主要学习民俗运营方面的知识，能力方面有所提升。②2017 年底，段俊恒通过“走出马坪关项目”外出学习木雕技艺，学习结束后创建了自己的木工坊，并于 2018 年 5 月完成木工坊整体建设工作，开始承接村民民宿家具以及部分木雕工艺品的制作工作。③刘龙宝、刘寿海在完成养蜂培训学习之后，带动村内 7 户村民开始自发推广活框蜂箱养殖技术，并且订购了 54 套活框蜂箱用于首批次活框蜂箱养殖技术实践。④11 位村民代表在完成丽江鲁甸县中药材种植基地参访学习之后，带动村内 21 户村民开展中药材的种植实践，共种植 24 亩中药材，包括木香、当归、党参、重楼（七叶一枝花）等。

“引进来”主要包含两方面：一是对本地外部青年返乡创业的引导，其中，刘龙凤是马坪关第一位返乡大学生。返乡后她发起了亲子阅读活动，并成立了亲子阅读小组，在她的带动下马坪关的父母更加重视孩子的教育，自发成立了幼儿班。后期村民将亲子阅读组改为“爱娃娃”小组，在阅读之外的时间还发起了DIY 手工制作活动，丰富了孩子的视野，提高了动手能力。除此之外，项目组进一步发动了“沙溪马坪关项目改造计划”，致力于实现村民主导的可持续发展模式，让更多的外流劳动力回到农村中去，建设完备的社会及生态体系。二是外部先进经营和管理经验的引进和借鉴；如民宿旅游的经营管理经验、蜜蜂养殖经验、中草药种植、诺邓村的设计经营理念以及双喜花园的设计和经营等。

3. 注重项目执行团队建设工作

项目组成员的素质和执行力是项目成败的决定因素，马坪关乡建过程中，项目组尤其注重对项目执行团队成员的能力建设工作。其主要坚持内部能力培养和外部引进相结合的原则，从以下两个方面开展相关工作：

一方面，通过给现有的执行团队成员进行能力建设，提高其组织管理力和执行能力的同时，扶持村民自组织的发展。项目组将自组织志愿者作为发展对象，通过扶持村民自组织的成长和发展，传授组织管理方面的知识，并给予物质支持。村民自组织经过项目组织和管理的培训后，辅之以项目在地工作人员的引导和资金支持，社区服务意识得到提高，主要表现为所有村民自组织均能推选出团队领袖，并且有三个自组织的团队领袖能够带领小组成员自行组织一些社区活动。例如，爱娃娃小组的小组长带着小组成员制定了小组管理规范以及家长志愿者服务制度；山之歌林之乐小组长带着小组成员组织牛轧糖 DIY、发夹 DIY、手工纸花 DIY 活动，并招募其他小组成员积极参与这些活动；戏剧小组长带着小组成员制定了人员分工管理制度，并带着分工小组朝着表演、奏乐两个方向进行练习，并制定了乐器管理制度。项目组通过利用各自组织团队在村内较高的号召力和组织力，有效地分担了项目组在地的沟通和协调工作，大大减轻了在地执行团队的沟通工作压力。与此同时，自组织团队领袖的出现，预示着自组织内部逐步形成自我管理的格局，自组织开始走向自我管理和自我运营。即村民自组织由初期以外力为主的被动引导和推动，逐步转变为以内生动力为主的自我发展阶段。

另一方面，面向外部社会招募各类专业性较强的志愿者，以期提高团队整体的执行能力，完善项目管理。如旅游导览培训学习结束后，村民回到马坪关绘制社区地图，并在网上公开招募志愿者，成功招募到 6 位来自不同地方、不同领域的志愿者进行绘制。项目组组织志愿者到马坪关与参加过培训的村民一起收集和整理社区地图资料，并绘制社区地图。目前，社区地图初稿已经完成，未来将成为马坪关第一个由村民参与完成的文创产品。

（六）结论与讨论

我国乡村振兴是在进入社会主义新时代，社会主要矛盾发生转变的背景下提出来的重要发展战略。其目的是缩小城乡发展差距，有效解决当前社会所面临的农业发展落后、农民收入低下与农村日渐衰退的问题。但是，受区位因素、资源禀赋、历史背景以及居民需求的影响，乡村振兴的模式会有所差异。因此，乡村振兴需坚持因地制宜的原则，创新性地采用相应的发展模式。马坪关在开展乡村振兴的过程中，创新性地采用陪伴式乡建方式，坚持以培养村民自组织能力为主，有效整合村庄内部优势资源，并与外部社会网络构建有效连接，形成了独特的乡建模式。

1. 创新性地采用陪伴式乡建模式

陪伴式乡建的概念源于乡村规划领域，其提出的初衷是解决乡村规划问题。主要包含两个方面，其一，陪伴式乡村规划；其二，陪伴式乡村发展。其中陪伴式乡村发展又包含两个层面：一是陪伴式乡村服务；二是陪伴式赋能。马坪关乡建过程中，沙溪源乡村合作中心，卡卡果果团队均深度参与，并贯穿乡建始终。其主要包含以下几个层面：①陪伴生活。沙溪源乡村合作中心和卡卡果果团队的成员，将马坪关的发展作为奋斗的事业，常年在地服务，组织了数百次项目活动，围绕“走出马坪关”“走进马坪关”“社区建设”三个方面逐步开展相应活动。其中，黄印武团队从2002年沙溪复兴工程开始就关注马坪关乡建工作，他已将沙溪的发展和马坪关的乡建作为自己的终身事业，常年扎根于马坪关，通过与村民的不断沟通，向村民描绘了马坪关发展愿景，帮助村民逐步实现愿景目标。2015年，卡卡果果团队开始组建，其主要负责“走出马坪关”项目。在项目执行过程中，团队成员作为“走出马坪关”各个子项目的负责人，全程陪同项目发展，并组织走出人员做经验总结和汇报工作。②陪伴规划。陪伴式乡建系统的最初形态即为陪伴式乡村规划。马坪关陪伴式规划内容主要包含马坪关未来发展愿景规划，即通过保护传统的马坪关白族的独特文化，保留马坪关原生态的自然环境，培养村民持续的内生动力，搭建村民的教育体系，借鉴城乡合作互助的共同盈利模式，最终形成马坪关乡村再生机制。具体项目包括双喜的花园规划、段四合的民俗客栈规划以及马坪关乡村公路的规划设计等。③陪伴建设。项目组紧密围绕马坪关的现实需要设定并开展相关项目，如马坪关工作站的修建以及村容村貌重塑工作。其中，卡卡果果团队负责马坪关工作站的设计和修建，并派专人负责工作站全程的设计和建造工作。④陪伴运营。沙溪源乡村合作中心作为马坪关乡村振兴的主要负责单位，其将马坪关乡建作为沙溪复兴工程的重要组成部分，全程参与马坪关的乡建，并负责相关项目的运营和建设工作。⑤陪伴成长。沙溪源乡村合作中心和卡卡果果团队持续跟进马坪关乡建工作，会正视乡建过程中存在的问题，在往后的执行过程中不断进行调整，以达到项目的预期目标。如在乡建过程中不仅需考虑城乡文化差异问题，还得综合评估村民自身对已有资源的接受能力，以及村民将资源转换为自身发展的动力的能力，发现问题及时纠偏，否则会导致资源浪费。

2. 乡建项目注重乡村内部能力培养和资源整合

乡村振兴持续推进的主要动力在于乡村内部能力的培养和资源整合。新时期，乡村振兴的路径应由外生性向内生性转变。全面实现乡村振兴还需培育乡村的内生能力，走内生性发展道路。乡村内部能力的培养主要包括村民生活、生产技能的提高，思想观念和发展意识的转变，村民的管理能力和自组织能力的培养等。乡村的资源则主要指乡村自身所拥有的文化、生态和自然资源。整合乡村资源的核心在于如何促成乡村成员达成集体行动，将分散、闲置的资源整合起来以获取规模报酬。卡卡果果团队通过“走出马坪关”项目转变了村民的态度，从最开始的缓慢接受转变为主动提出需求，并且会明确自己的学习目标，后期的项目均由村民自组织完成，村民的自组织能力得到了有效提升。具体包括爱娃娃小组自行制定的小组管理规范和家长志愿者服务制度；山之歌之乐小组自行组织成员进行 DIY 制作活动；戏剧小组制定了小组人员分工管理制度等。通过“走出马坪关”项目的支持，村民逐步掌握了民宿经营、旅游指引、木雕制作、蜜蜂养殖以及中草药种植等领域的相关知识和技能，村民实现了自我成长。

马坪关拥有丰富的自然文化资源，是茶马古道上保留得比较完整的一个关卡，拥有古戏台、魁星阁、风雨桥等古建筑，具有悠久的历史文化。在沙溪政府的支持下，马坪关进行了基础设施的改扩建以及古文化遗迹的修缮工作，为马坪关打造了独具特色的旅游资源。“走出马坪关”项目组通过去诺邓村参观考察，并与本地村民探讨古建筑保护和规范的知识，将其运用到马坪关村庄整体发展规划中。除此之外，“走出马坪关”项目进一步复兴了马坪关传统的社戏表演，将其与村里现存的传统祭祀仪式与宗教文化进行整合，形成了独特的旅游文化资源。

3. 乡建注重乡村内外社会网络的良性互动

乡村振兴过程中不仅需要整合内部资源，还需通过吸引外部资源的注意力，构建内外部网络关联的良性互动，从而推动乡村实现可持续发展。马坪关乡建项目在实施过程中坚持“走出去”和“走进来”相结合，不仅推出“走出马坪关”项目，还不定期邀请专家学者走进马坪关。具体包括中草药专家李德佑走进马坪关项目，文化遗产保护专家谭金花走进马坪关项目以及环保专家邓仪走进马坪关项目等。项目组通过有效整合马坪关内部资源并通过与外部网络加强沟通交流，推动乡村产业的发展，如经过中草药专家李德佑教授的讲解，村民不仅对已知的中草药品种进行整理，还发掘了数种之前未知的中草药品种。谭金华教授则通过分享“仓东计划”[①] 的经历和感受，让村民学习如何更好地发展自己的村庄，并就马坪关未来发展提出相关建议。除此之外，项目组还吸引外出务工人员返乡创业，返乡创业人员作为乡村内外关系网的连接点，能通过将村庄内部资源与外部环境进行有效连接，实现乡村的良性运转。其中，返乡大学生刘龙凤帮助成立爱娃娃亲子阅读小组，村民自筹经费到大理猫猫果幼儿园参观学习。通过学习其先进的办学理念，即尊重孩子的发展，尊重孩子在个体发展中所需要的条件和环境，让孩子具有“感知幸福的能力”，转变了村民的教育观，提高了村民对孩子教育的重视程度，让村民也全身心投入到孩子的教育工作中。项目组将坚持“走出去”与“引进来”相结合，不仅有助于提升村民自组织能力，也能给村民树立全新的发展观、价值观和世界观。卡卡果果项目组利用互联网进行宣传，使越来越多的人知道了马坪关这个地方，外地来的游客越来越多了，村民们也受到了潜移默化的影响，增强了不少自信心，也学会主动与外来人员沟通交流，村容村貌发生了巨大变化。

三、内蒙古喀喇沁小农生计可持续发展项目的探索

党的十九大提出了“乡村振兴战略”，是党中央对于“三农”工作做出的重大战略决策部署。科学有序推动乡村产业、人才、文化、生态和组织的振兴，稳步推进乡村振兴战略实施，离不开党和政府的坚强领导、科学决策，同时也需要

① 谭金华等在仓东村开展以文化遗产为主题的教育基地——仓东教育基地（又称“仓东计划”）。仓东计划被定位为探索文化遗产保育、活化发展，以及乡村建设等目的的公益性事业。旨在通过借鉴海外文化遗产发展的经验，对仓东村建筑进行修复保护及社区营造，鼓励当地居民保存当地文化及延续传统生活方式，最终达到文化传承的目的。

凝聚全社会振兴乡村的强大合力，发挥社会力量在乡村振兴中的作用。

在乡村振兴的实践中，涌现出了一大批优秀的非公企业和社会组织。2020年3月12日，在国务院新闻办公室举行的新闻发布会上，国务院扶贫开发领导小组办公室主任刘永富介绍决战决胜脱贫攻坚有关情况，并答记者问。刘永富主任特别提到“香港有一个小母牛项目，在内地已经做了快20年了，把基础母牛送给贫困户饲养，让贫困户学养牛的技术，母牛下了牛犊之后，这个基础母牛再换一家。这项工作（2019年）在中国的六个省前前后后惠及了大概2万个农户，其中很多是贫困户”。

香港小母牛自成立以来，长期参与内地脱贫攻坚与农村建设工作。本章以香港小母牛在内蒙古喀喇沁旗实施的小农生计可持续发展项目为例，介绍香港小母牛的主要做法与经验。

（一）项目背景

香港小母牛（Heifer Hong Kong）是一家公益慈善机构，2000年在香港注册成立，2018年注册北京代表处，主要负责在内地项目的实施和管理。香港小母牛本着汇聚爱心和力量，支持国内偏远贫困乡村发展的宗旨，在港筹办各类推广活动、募集资金，扶助内地贫困农村家庭和社区发展。

香港小母牛项目重在通过社区陪伴和共同发展，激发农户的内生动力，弘扬“我助人人，人人助我”的互助精神，在发展经济的同时，提升农户自力更生的能力并关注社区和谐，增强农户的获得感和幸福感。通过传递礼品，项目农户完成了由受助者到助人者的角色转变，也是自信心、自尊心的极大提升，为家庭的可持续发展奠定了坚实的基础。到目前为止，香港小母牛资助项目区域覆盖四川、重庆、云南、贵州、河北、内蒙古、青海、甘肃、西藏、北京、新疆、湖北、安徽和广东14个省、市、自治区的93个县（市），其中接近80%项目都位于国家级或省级贫困县的贫困村镇，覆盖国家划定的14个连片特困地区的其中10个。截至2019年12月31日，香港小母牛在内地93个贫困县资助了96个产业扶贫项目，共帮助88740个贫困家庭脱贫，受助农户收入普遍增加40%～100%。[①]

内蒙古喀喇沁小农生计可持续发展项目是由香港小母牛、四川海惠助贫服务

① 《国务院扶贫办点赞香港小母牛：20年扶贫之路再出发》，香港小母牛北京代表处微信公众号，2020年3月17日。

中心与内蒙古自治区赤峰市喀喇沁旗政府合作开展的农村社区生计发展项目。① 该项目是喀喇沁旗畜牧技术推广服务中心向四川海惠助贫服务中心提出申请，经过近一年的考察，香港小母牛最终决定资助实施，项目落地喀喇沁旗小牛群镇。该镇位于喀喇沁旗政府驻地西北 32 千米处，东邻河北街道新丘村，西接河北省围场县，南邻王爷府镇，北接南台子乡和牛营子镇，东西长约 37 千米，南北宽约 15 千米，总面积 428 平方千米，属七老图山支脉的丘陵区，地势西高东低。

（二）内蒙古喀喇沁小农生计可持续发展项目的主要做法

香港小母牛项目从乡村自身需求出发，充分利用乡村资源，激活乡村内部活力，撬动政府与企业/社会资源投入，合力帮扶乡村新型经营主体（主要以合作社为主）提升产业开发能力、市场拓展能力和补齐乡村公共服务“短板”，带动农户脱贫致富，帮助乡村实现可持续发展（见图 9 – 2）。

香港小母牛项目实施主要包括三个主要环节：项目准备期、项目实施期、项目后期。具体来说，小母牛从访问考察项目社区，到初选社区、宣传介绍、自愿报名、调查核实、收集相关基本资料，再到参与式讨论决定社区活动内容、项目畜种（也包括农作物、经济作物等），进行礼品传递（牛、养或资金），建立社区自我管理小组，推选社区负责人，筛选确定受援农户，张榜公布农户名单，项目基础数据收集，培训，农户准备，签订合同，之后购买和分配畜禽或提供购畜资金，协助联系购买，技术培训，技术服务和指导等，资助方随时访问监督，进行传递的落实，最后总结评估，项目移交。

1. 项目准备期

香港小母牛根据项目区域规划对县级相关单位发出口头或书面邀请，开展潜在伙伴培训，之后指导愿意申请项目的潜在伙伴选择项目社区，并开展为期半年的前期准备工作。在选择项目社区时，贫困不是选择的唯一标准。项目所在社区除了必须具备养殖发展的基本条件之外，农户积极性要高，愿意成立互助组、承诺进行礼品传递。之后，指导社区开展项目规划：由农户自愿联合成立互助组，选举互助组领导，制定完善相关的管理制度，召开小组会议，收取互助金，指导互助组制定社区发展规划（3 ~ 5 年），规划明确哪些是社区可自行解决的（如社

---

① 喀喇沁项目最初由香港小母牛、四川海惠助贫服务中心、喀喇沁畜牧技术推广服务中心三方签订合作协议。2015 ~ 2017 年项目由四川海惠助贫服务中心管理、喀喇沁畜牧技术推广服务中心负责实施。2018 年，根据《境外 NGO 境内活动管理法》的要求，香港小母牛北京代表处设立，2018 ~ 2019 年，项目由香港小母牛北京代表处直接管理，继续由喀喇沁畜牧技术推广服务中心具体实施。

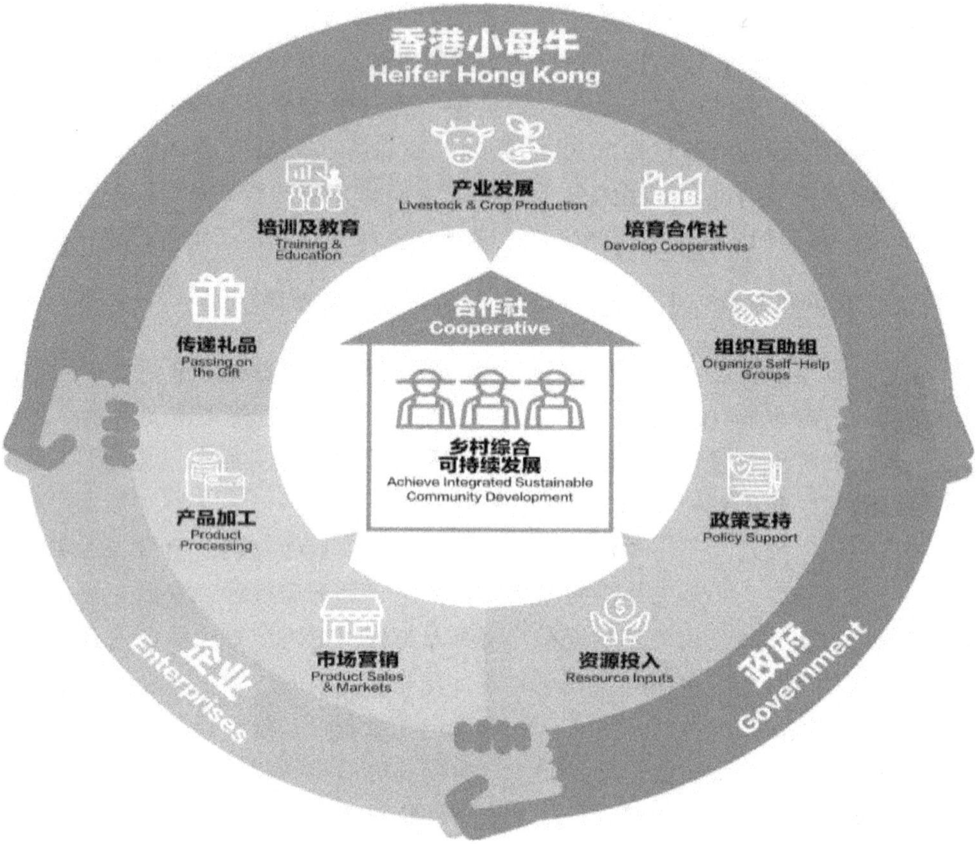

图 9－2　香港小母牛乡村综合可持续发展模式

区卫生、社区文化活动、社区互动等），哪些是需要小母牛支持的（如养殖、种植等产业发展、能力培训）以及哪些又是需要当地政府支持的（如基础设施、修路、水利建设等）。项目伙伴根据社区发展规划制定项目申请计划书。这个过程实际上就是对项目主体培养的过程，为今后可持续的能力建设打下基础。

喀喇沁小农生计可持续发展项目是喀喇沁旗畜牧技术推广服务中心向小母牛申请的项目。接到申请后，四川海惠助贫服务中心随即发给当地政府关于小母牛社区发展项目的相关材料，介绍小母牛社区发展项目的理念、模式以及相关要求。随后，喀喇沁旗畜牧技术推广服务中心应邀派代表参加了小母牛项目华北区域的一个项目伙伴工作会议，进一步学习、认知和理解小母牛的项目模式。小母牛项目在开展项目伙伴培训也邀请了喀喇沁旗代表参加。除此之外，小母牛项目还提供机会请喀喇沁旗代表到临近的河北围场进行实地项目考察。小母牛项目还对喀喇沁旗的旗情民意和畜牧技术推广服务中心的技术服务能力进行了考察。

2. 项目实施期

经过一年多的考察，香港小母牛决定投入10016156元资金，支持喀喇沁旗小牛群镇的农村社区发展。其中，首期630万元礼品金直接资助农户发展产业，每户得到6200元（约合6只母羊）的项目礼品金，由自行购买基础母羊饲养，期间所生羔羊归该农户所有，一年半后传递6200元的礼品金给下一轮的项目农户。小母牛还提供了社区能力建设培训、技术服务、差旅、人员办公等项目运作费用。项目于2015年正式启动，2019年底结束，旨在运用小母牛以价值为基础的社区综合发展模式，引导农户激活和加强社区资本，建立牲畜舍饲育肥产业，以合作社为龙头链接市场，帮助小牛群镇农户实现社会和谐，生计可持续发展，生活健康富裕。进入项目实施期后，香港小母牛和项目伙伴关注的重点向目标聚集。依照项目前期规划，要求到2019年6月，所有项目农户通过有效运用以价值为基础的社区综合发展模式工具和参加合作社，提高社区凝聚力，促进社区和谐；项目农户家庭通过改进畜牧管理和参与合作社以及市场开发运作，家庭收入达到20000元；项目社区通过实践生态、资源友好型农业生产和提升自然灾害管理能力，使社区环境得到改善。为达成预期目标，合作各方主要围绕这三个方面进行开展工作：

（1）开展组织建设。第一，项目农户的选择。近年来，随着党和国家各项惠农政策的出台，农户脱贫致富的渠道也越来越多，路子越来越广。然而，一些地方为了赶进度、图省事，送钱送物，有的地方干脆让贫困人口都吃低保，一兜了之。在目前的各种利好政策下，在一农户看来，“干”太辛苦，不如“等靠要”来得轻松自在，因此，少数农户也丧失了自主脱贫致富的信心，不推不动甚至推了也不动，一味指望上级拨款拨物，只想“受鱼”不愿“求渔”。

在广大农村，大多数村民的经济情况相似又各有特征，很难量化谁比谁更困难，一些软性指标（如信誉度、勤劳度、发展意愿等）也很难量化。一些项目往往选择一些容易测量的硬指标（如有无劳动能力、经济来源等）来划分受益对象，此类做法的好处是容易定位受益人，但也容易引发不公正感和矛盾冲突，资金的使用效率也会降低。

在香港小母牛项目中，有效地选出了最需要帮助的人，而且将软性指标落到实处，让弱势而勤劳的人最先受益，让那些真正想要发展的农户才获得“礼品”奖励。为了让这种机制有效运作，香港小母牛项目实行了“申请审核制”和“三户联保制”，即项目农户在充分了解权利义务后，必须自己提出礼品传递的申请，同时找到两户愿意为自己的信誉提供担保的农户，然后由项目互助组进行审核。在联保环节，那些信誉较差、勤劳度不够的农户，一时很难找到愿意担保的农户，即便是找到了，在审核过程中，项目组在之前了解社区社情民意的基础上，还会有针对性地了解申报农户的具体情况，从而决定是否纳入受益名单。

第二，建立互助组与合作社。项目组始终非常重视农户的参与，包括意见表达、方案设计、行动参与、问题反思等，对农户的自信心、表达力、管理水平等有很大的帮助。一开始就基于农户自愿建立互助组。互助组成员由 15 ~25 户居住在一个自然村落并对项目感兴趣的农户组成，需要有“共同发展意愿”自愿组成互助组，并选举出产生组长带领互助组活动。由初始互助组培养和帮助组建礼品传递互助组。在互助组的基础上成立合作社，合作社实行民主管理，遵循自助、民主、平等、公平和团结的基本价值，社员信奉诚实、开放、社会责任和关心他人的道德价值观，依靠集市场经济意识、集体主义意识、民主管理意识、服务意识、教育意识于一体的思想观念或精神，以实现社员的共同富裕为自身最大的责任。

第三，项目协调员的选拔。项目协调员必须对小母牛项目理念高度认可，并经过小母牛项目的培训。项目以村为单位，每个村设 1 个社区协调员，喀喇沁项目共 13 个社区协调员。项目组要求社区协调员要有初中以上文化程度，具有较强的交流及协调技巧和能力，具备一定的读写能力，在社区有一定的威望，或为社区农户接受，熟悉当地文化和经济发展状况，乐于投身于社区发展及贫困农户的帮扶工作，有责任心、有公心。

社区协调员的主要职责是负责社区动员，互助组组建，互助组间交流互访以及项目活动推进，协助互助组组长开展互助组活动，入户访问与指导，促进互助组参与式自我评估与计划活动开展，确保社区和互助组层面的项目实施，加强互助组建设及能力提升，协助互助组做好互助金缴纳、管理以及合理使用，确保礼品传递。

第四，项目管理委员会的成立。核心成员为互助组代表、社区协调员、项目经理和项目执行人。作为连接小母牛项目、项目伙伴和社区/互助组的桥梁，项目管委会是各相关群体的代表，在项目实施过程中起做决策的作用，其职责还包括：社区兽防员的选择，调集项目资源，监督农户项目资金的管理和使用，确保礼品传递和培训后勤工作安排，参与并保证及时购买高质量的牲畜，负责项目的实施计划及修订。社区项目管委会每月举行一次会议。

（2）开展能力建设。授人以鱼不如授人以渔，项目非常注重项目农户各方面能力的建设。内容包括中华传统文化、互助组管理、参与式小组/社区规划、参与式自我总结与计划、个人领导力与号召力、培训交流技巧、合作社组建、农产品市场开发、公共卫生与健康、生态建设与环境保护等。

一是请具有丰富实践经验的专业技术人员来做培训，每场培训首先制定培训大纲，培训时发放“明白纸”，每场培训后跟进技术服务落实检查培训效果。二是培训骨干，每个项目互助组组长和骨干学员 2～3 名参加培训，由他们去培训互助组组员，让他们辐射带动组员使用先进技术。三是演示和示范，技术人员深入到田间地头和羊舍里进行实地培训和示范，在每个项目村建 10 个示范户。四是不定期组织交流互访，组织技术交流互访活动，组织农户到做得好的农户家参观，互相推动。必要时可组织农户外出参观学习。

同时，项目也对农户进行市场开发技术方面的指导和培训。一是价值链的开发，项目因地制宜，指导项目农户开发舍饲养殖项目，鼓励农户用堆肥替代化肥，弃用农药，种植生态农产品，完成了价值链开发；二是品牌开发，项目组根据合作社生产情况，组织他们讨论品牌定位与设计，并注册商标，协助合作社联系专业机构对产品进行生态指标检测，请专人进行包装培训，鼓励合作社积极宣传并通过多种平台拓展产品销售渠道。

此外，项目组也对项目农户进行环保和公共卫生方面的培训。通过对农户进行人畜共患病防治、垃圾分类等方面的技术培训，提升了项目社区和家庭的卫生健康状况。

3. 项目后期

项目后期是礼品传递。经过 2 年左右的培养，互助组、畜牧产业、社区建设均已见成效。成熟的互助组在本村或邻村寻找农户接受礼品，提前要对准备接收礼品的互助组和家庭进行培训，到期之后在社区农户的见证下把项目理念、学到的知识和牲畜技能传递下去，完成礼品传递，项目组织方慢慢退出。礼品传递扩大了帮扶群体，也提高了扶贫资金的使用效益。

（三）喀喇沁小农生计可持续发展项目主要成效

1. 项目农户生计资本总体水平得到稳步提升

产业兴旺是实施乡村振兴战略的首要任务和工作重点，更是乡村振兴的基础和保障。只有做大做强做优乡村产业，才能保持乡村经济发展的旺盛活力，为乡村振兴提供不竭动力。小母牛围绕项目社区农民群众最关心、最直接、最现实的利益问题，结合当地的实际情况进行产业帮扶，不断增强项目社区的“造血”

功能，提升村集体经济创收新动力，不断提升农民获得感、幸福感。

在3000户小母牛项目户中有333户特困户，礼品传递率达到了100%。小母牛项目对小牛群镇100户项目农户的家庭收入进行了4年的追踪发现，2013年，小牛群镇种植业收入占农户总收入的59.8%，外出打工收入占23%，养殖业占15.8%，家庭平均纯收入为13596元，人均纯收入为3671元，其中有42%家庭人均纯收入低于2300元（国家划定的贫困线）。2018年，小牛群镇种植业收入占农户总收入的30.20%，外出打工收入占26.16%，养殖业占43.64%，家庭平均纯收入为47025元，人均纯收入为12697元，100%家庭人均纯收入高于3200元（国家划定的贫困线）。

目前，项目已经不同程度地培育了13个合作社参与社区产业发展，为农户的生计提升提供持续支持。通过项目提供的信息推广、产品策划、资源链接等帮助，各合作社都注册自己的商标、设计自己的产品包装。在此基础上，进一步与企业对接，形成“企业＋合作社＋农户”产业发展模式。合作社产品销售价格基本上是普通产品的2倍，通过使用有机肥等项目推广技术降低生产成本约20%，目前项目区的合作社各种产品年销售总额达到100余万元。项目组还协助合作社组建了合作联社，专门为各个合作社提供销售支持，以更大的规模来提升场竞争力。

2. 项目社区的自然资源与生态环境得到有效保护

乡村振兴，生态宜居是关键。良好的生态环境是最公平的公共产品，是最普惠的民生福祉，是乡村发展的宝贵财富和最大优势。因此，必须尊重自然、顺应自然、保护自然，推动乡村自然资本加快增值，实现百姓富、生态美的统一。

小母牛项目注重改善环境。项目社区是一个农牧混合区，位于国家AAAA级风景区——美林谷的边缘，生态环境保护很重要。在传统的畜牧业养殖中，农户将牛羊赶进山林散养，给生态造成的压力较大。随着养殖量的增加，自然也避免不了粪污排放量的增加。对此，项目通过培训转变农户的传统养殖观念，给农户推广舍饲养殖技术，同时，将地里的废弃秸秆制成饲料，流转部分土地用于种植青贮玉米，粮改饲既解决了饲草问题也提高了农户收入。此外，项目还带领农户学习堆肥技术，将养殖粪污和垃圾发酵以后还地，鼓励农户用堆肥修复土壤，不使用农药和化肥，开发了附加值含量更高的生态农产品，如生态黑猪肉、生态羊肉、土鸡、土鸡蛋、黑玫瑰土豆、生态小杂粮。

除环境保护之外，项目组对社区的公共卫生与健康意识的培养做了大量的工作，从关乎全家生计的肉牛防疫入手，详细分析了环境脏乱与滋生病菌和牲畜疫情传播的关系，讲授防疫知识，分析人畜共患病原因。在此基础上，进一步组织公共卫生与健康评比活动，表彰了优秀互助组 13 个、优秀家庭 53 个。在这个活动开展的过程中，各社区制定了卫生公约，优秀的项目农户主动承担起打扫公共区域卫生的责任。

3. 项目社区的邻里关系得到融洽和谐发展

乡风文明既是乡村振兴的重要内容，也是乡村振兴的重要推动力量。乡村是优秀传统农耕文明的载体。乡村振兴可以直接解决亲情乡情缺失、熟人社会消失、人与人信任危机问题，也间接清除自由市场经济带来的糟粕，提升社会整体道德水平。

在项目组的指导下，项目村共组建互助组 142 个，每个互助组每个季度都进行讨论学习，加入互助组或兴趣小组的农户达到 100%。各组都制定了章程，缴纳了互助金，在互助金使用章程及借贷制度的规范下互助金使用率达到 50%；一些互助组在生产资料的统购方面走在了前列，他们统购饲料、年货、日常用品，节约生产生活成本 10% 以上；以往农户之间要通过付费请人的方式解决劳动力不足的问题，现在通过互助组成员间的无偿帮助就可以完成，而且互助组的互助行为还会拓展到生产之外的生活的各个方面。

除了建设互助组外，项目还开展了传统文化、婚姻家庭等方面的培训教育和好家庭、好媳妇的评选活动。经过实施项目，村里面打牌的闲人越来越少，发展生产的氛围越来越浓，孝敬老人的儿女媳妇越来越多，村里的文化活动也越来越丰富。有项目村在外工作回家过春节的年轻人听说小组想参加春节文化娱乐活动没有服装，当即捐助 1.1 万元购买了衣服、狮子和小车等。通过小母牛组织的文化娱乐活动，各村组的正能量风气得到传播的同时也提高了各村组的凝聚力和集体责任感。

总体而言，喀喇沁项目已经实现了预定目标。从长远来看，一系列的基础条件和后续的支持安排也为项目的可持续奠定了较好的基础。通过本期项目，社区已经建立了互助组和合作社，将村民“编织”进来，构成了合作网络，为后续生计持续发展奠定了良好的组织基础。此外，新的合作联社的诞生又让合作社之间形成了联合体，为整体市场竞争力的提升提供了新的可能。喀喇沁项目成功将小母牛项目的核心价值理念和行动策略传递给了社区成员，为农户持续进行合作与发展奠定了价值基础。项目实施的过程中培养了一批有能力、有抱负、有情怀的社区积极分子，为社区的可持续发展奠定了人力资源基础。

（四）喀喇沁小农生计可持续发展项目的主要经验、创新及推广

1. 喀喇沁项目的主要经验

综观香港小母牛这些年在内地的实践可知，其项目一直在不断迭代升级。依据其扶贫方式，可以大致划为三个阶段：

第一阶段：畜牧开发扶贫方式（2001～2007 年）。

2001～2007 年，香港小母牛瞄准贫困农村的贫困户，为他们提供良种牲畜、农作物及相关技术培训，包括动物营养、疾病防控和生育繁殖等，帮助贫困家庭透过畜牧业建立可持续生计，实现自力更生脱贫。

第二阶段：综合开发扶贫方式（2008～2012 年）。

2008～2012 年，香港小母牛重点资助贫困乡村综合发展项目，项目以畜牧养殖业为切入点，注重激发贫困社区内生动力，培养社区自我发展机制和能力。通过乡村综合发展项目，推动贫困农户组成互助组，共同讨论制订小组发展规划，互助组除了开展增收活动，还努力争取外部资源，齐心协力改变乡村贫困面貌。

第三阶段：产业开发扶贫方式（2013 年至今）。

自 2013 年以来，香港小母牛主要资助产业扶贫项目。项目在原有畜牧扶贫的基础上，倡导贫困乡村走合作化发展的道路，把产业扶贫作为主攻方向，结合合作社精准施策，通过打造价值链，连接市场，把贫困地区的劣势变为优势，开发消费者信得过的生态农产品，从农产品市场的激烈竞争中获取更多的经济利益，从而帮助农户可持续增加收入，实现精准扶贫。

依据香港小母牛的实践，其成功的经验可以归结为以下三个方面：

第一，以香港小母牛价值理念激发农户的内生动力。香港小母牛项目的指导原则是：诚信友善、互助合作、授人以渔、礼品传递、和谐发展。项目始终以农户为中心，一开始就通过调查、培训、动员等多种形式向农户传递了小母牛项目的扶贫理念、做法和成功案例，不仅向农户展示了项目在可持续发展方面的原则和做法，更让农户看到了未来的发展蓝图，同时实现了对受益对象的初步激活。在实施项目的过程中并没有大包大揽。小母牛选择社区项目初始农户的标准是认可小母牛项目理念，承诺传递礼品，帮助他人，愿意参加互助组、交纳互助金，积极参与互助组和社区活动组织的学习、培训，承诺改善畜牧管理，提高畜群质量，增加经济效益。通过为农户提供中华传统文化、领导力、互助组能力建设等不同方式的培训，提供各方面的信息，点燃农户的发展愿望。这种做法有效避免

了“等靠要”“搭便车”、邻避等负面效应。此外，“礼品传递”的方式一方面让给予者获得巨大的自尊，另一方面也让接受者充满感激。这个过程让越来越多的家庭受益，让资源、知识和技能在社区中实现倍增传播，既弘扬了互帮互助的中华传统文化，也提升了项目农户的诚信意识和责任感。同时，通过互助组开展春节、三八妇女节、文化交流等活动，促进了社区的和谐发展。

第二，基于自愿建立的互助组和合作社是项目成功的组织保障。自组织建设是香港小母牛社区综合可持续发展项目的核心举措，贯穿项目的始末并且在项目结束后依然往后延续。其目标是为农村社区发展提供有效的组织资源，把项目社区所有农户分批次编制到这个组织网络中。这个网络不仅要承担对项目农户的支持功能，包括生计发展的项目推荐、信息传递、技术引进、各类培训和生产销售的组织协调等，更重要的是它将零散的农户个体行为转化为社区集体行动，将社区发展的责任真正转移给农户自身，从而实现“一损俱损，一荣俱荣”。香港小母牛项目的初始自组织是建立互助组，以互助组的形式推动项目建设。随着项目的不断发展，进一步建立合作社。这种建立在互助组基础之上的合作社有别于其他经济组织的基本特征，在基层社会治理新格局中发挥不可替代的作用。随着合作社利润分红、二次返利等模式深入农户心中，合作社作为农村村组中的一种经济组织，在把农民有效联合起来进行农业生产的同时，为了自身的利益以及为了维护和表达社员的利益，也积极主动地参与到乡村治理的各项事务中来，从而推动了农村经济、政治、文化和社会建设的协调发展。

第三，以全程跟踪服务提升项目农户的自主发展能力。与其他项目不同，香港小母牛的特色还在于全程跟踪与陪伴。主要表现在两个方面：一是强化技能技术培训以提升项目农户的自主发展能力。农户贫困，一个重要原因就是没有技术。除了理念和领导力方面的培训外，小母牛项目组主要从生产技术，市场开发技术、环保和公共卫生技术等几个方面进行培训。二是制定项目监测表。在进度监测方面，项目组有统一模板的计划和报告，包括互助组层面的参与式总结与计划（每3个月）、项目伙伴层面的参与式总结与计划（每6个月）、项目进度报告（半年/全年）、项目财务报告（半年/全年）、外部财务审计（每年）。三是项目组还需不定期地通过走访和服务，撰写项目访问报告。四是项目结束后，项目组还需要撰写末期评估报告。香港小母牛项目也会特别邀请第三方进行项目评估。此外，在项目实施的过程中，香港小母牛项目组非常注重资金流向的管理。项目的资金并不是一次到位，而是分期分批拨放，拨放之后采取月报销的制度。一些传统项目，包括政府的一些项目，上级拨了很多钱，但是到了村一级，“最后一公里”资金短缺。小母牛项目不同于其他传统项目，项目非常人性化，分类比较合理。项目安排了专门的培训费、交通费，而且经过严格测算，不多不少，非常科学，让项目实施人员和财务人员比较轻松。这不仅保证了项目的每一分钱都用在刀刃上，而且也激发了项目实施人员和财务人员的积极性。正是基于从计划、管理、监测、评估等各个环节的全程陪伴和跟踪服务，香港小母牛项目才取得成功，也因此得到当地政府和企业的认可，这也为项目的可持续发展奠定了良好的基础。

2. 项目的创新性

香港小母牛项目的创新之处主要体现在服务模式和服务内容两个方面。就服务模式而言，项目突破了小母牛项目一开始就进行礼物传递的传统模式，让出资方、项目农户、地方政府和公益机构的需求都同时得到了很好的满足。在服务内容方面，该项目很好地结合社会主义核心价值观，创造性地将农户改善人际关系的需求、香港小母牛互助合作的理念和当前国家和社会关于“全面复兴传统文化”的倡导有效结合起来。在理念培训中，项目选择了从最能引起老百姓共鸣的“孝文化”切入，开发了一系列的培训课程和激励引导的做法，既有深度也能“接地气”，社会效果明显。

3. 项目的可推广性

总体而言，香港小母牛项目具有较大的推广潜力。一是项目模式有较大推广潜力，香港小母牛项目在内地 20 年的实践证明了模式的可推广性。该项目从技术层面落实了中央提出的“扶贫先扶志，扶贫必扶智”“激发乡村内生发展动力”“授人以渔”等重要原则。二是项目的技术和经验有较好的借鉴价值，香港小母牛项目抓住贫困地区养殖和种植、技术落后的症结，组织农户学习相关先进生产技能，合理利用和开发自然资源，完全可以在同类农村社区中进行借鉴推广。另外，在产业链接、社区动员、自组织建设、人际关系改善等各个环节中的专业技术或经验做法，值得其他农村社区参考借鉴。

（五）结论

香港小母牛项目的核心目标是提升人的可持续发展，始终将人的发展纳入项目实施的全流程中（人的视角），从社区整体发展格局的视角来设计项目，考虑整个社区生态系统中的关系互动以及资源、能源的可循环利用（系统的视角）。通过专业技术引进、项目模式优化等专业方法来实现对人的动员（专业的视角）。项目的实施既能满足当代人的需要，又不对后代构成危害（可持续的视角）。

与其他公益组织不同，香港小母牛项目在能力建设方面的投入比例非常高。大多数公益慈善组织项目资金主要用于产业方面，用于看得见的物方面，而对于软件方面，对人、机构能力方面的投入不足，而这恰恰是香港小母牛项目可持续发展的原因。项目不仅仅是简单的资金方面投入，不能只关注物的投入，而是要重视人的改变，注重人的能力和机构能力的提升。

从项目模式来看，香港小母牛项目采用了全程参与式的工作方法，注重激发农户的内生力，强调分享与关怀。始终以农户为中心，通过“礼品传递”，把农户组织起来，一起梳理问题，讨论问题，进而一起解决问题。项目注重培养互助组以及基于互助组成立的合作社的“领头羊”作用，倡导农户互帮互助，共同发展。项目以产业为切入点，结合当地的自然资源和生产条件，让项目农户“心中有数”“心里有底”，看得见“前景”，充分了项目农户所思所盼、所需所求。在此基础上本着“需要什么，培训什么；缺什么，补什么”的原则传授技术，根据实际需求量身定制、量体裁衣，帮助农户增收。项目农户从被动的“要我干”变成了“我要干”，大家心往一处想，劲往一处使。经过各方高质量的协同，喀喇沁小农可持续发展项目取得了明显的社会经济效益。

附　录

一、清华大学公共管理学院社会创新与乡村振兴研究中心简介

清华大学公共管理学院社会创新与乡村振兴研究中心成立于 2018 年 7 月。中心由韶关市乡村振兴公益基金会资助，是清华大学公共管理学院非常设、非营利性学术研究机构，按照清华大学及公共管理学院相关管理规定和中心章程开展运作。

中心的使命是依托清华大学的平台优势，旨在通过学术研究、人才培养和搭建领域内学术界、政府、企业和社会组织间对话和合作的平台，用创新的理念、方法推动中国乡村振兴。

中心的愿景是成为引领领域内基础理论、实践应用与政策研究的特色智库，促进中国乡村建设的社会创新与变革。

中心的主要任务包括开展课题研究；人才培养；举办社会创新与乡村振兴高端论坛；举办学术沙龙；出版通信、书籍和发表学术论文；影响、推动和参与领域内相关法律法规和政策的研究与制定等。

自成立以来，中心前往河南、河北、江西、四川、云南、贵州、江苏、浙江、福建、广东等地开展脱贫攻坚与乡村振兴调研，积极开展课题研究。同时，中心还资助了社会创新与乡村振兴领域的 4 项课题研究，资助了社会力量参与乡村振兴的数据库建设。在人才培养方面，中心招收了公共管理（乡村振兴方向）的博士后、博士生和硕士生，为国家培养乡村振兴领域的高端人才。中心还积极

参与“乡村振兴”方向的MPA课程体系与案例库建设。在平台搭建方面，中心举办了“清华大学社会创新与乡村振兴论坛”“社会组织参与乡村振兴研讨会”“社会组织参与乡村人居环境研讨会”，举办了社会创新与乡村振兴系列沙龙等，促进学术界、政府、企业和社会组织跨界交流与合作。在社会影响方面，中心多次参与相关部委的政策咨询座谈会，出版或发表社会创新、脱贫攻坚与乡村振兴领域的书籍与学术论文，积极发挥中心在社会创新与乡村振兴领域的作用。

两年多来，中心在理事会的领导下，在学术委员会的大力支持下，在中心各位师生和工作人员的共同努力下，取得了一定的成绩。首先，中心受到了有关部委的重视与肯定，承接了国务院扶贫办、农业农村部、民政部等多个部委委托课题。2019年、2020年，中心承接的国务院扶贫办、民政部委托课题已经圆满完成。中心为此收到国务院扶贫办社会扶贫司的感谢信，相关研究成果为国家民间组织管理局所采用。中心承接的中央农办、农业农村部乡村振兴专家咨询委员会软课题《“十四五”创新体制机制推进乡村组织振兴研究》，已经结题，为农业农村部“十四五规划基本思路和主要任务”献言建策。另外，中心所资助的四项课题已经结题。中心组织参与的《中国社会组织扶贫案例50佳（2019)》《中日韩乡村振兴的创新实践》等书籍已经出版。其次，中心成立以来已招收10余位博士后、5位博士生，积极为国家培养乡村振兴领域的高端人才。一年多来，中心先后在*China Quarterly*、*Public Management Review*、*Voluntas*、*Children and Youth Services Review*等SSCI收录期刊，《社会学研究》《中国行政管理》《学海》《华中农业大学学报（社会科学版)》等CSSCI收录期刊和《中国非营利评论》《学会》等杂志发表或已收录论文20余篇。其中，中心成员在*Public Management Review*发表的学术论文获得2020向光奖年度研究Top3。最后，中心已经成功举办多次大型学术研讨会和十六期社会创新与乡村振兴学术沙龙，特别是疫情期间，通过线上方式持续举办沙龙，国内外发言嘉宾和参会代表累计数千人，中心在社会创新与乡村振兴领域的社会影响不断扩大。

二、责任云研究院简介

责任云研究院是企业社会责任的专业智库。研究院以中国社科院、清华大学、北京师范大学等教研机构学者为依托，汇集国内外顶级专家参与，打造连接政商学界的专业平台。研究院服务国家发改委、国务院国资委、国务院扶贫办、工业和信息化部等国家部委，及华润集团、伊利、三星等世界500强企业。

（一）组织架构

顾　　问：邓国胜、张洪忠、魏秀丽
名誉院长：钟宏武
院　　长：汪　杰
首席专家：张　蒽
执行院长：王娅郦、张闽湘、叶柳红、马　燕

（二）研究领域

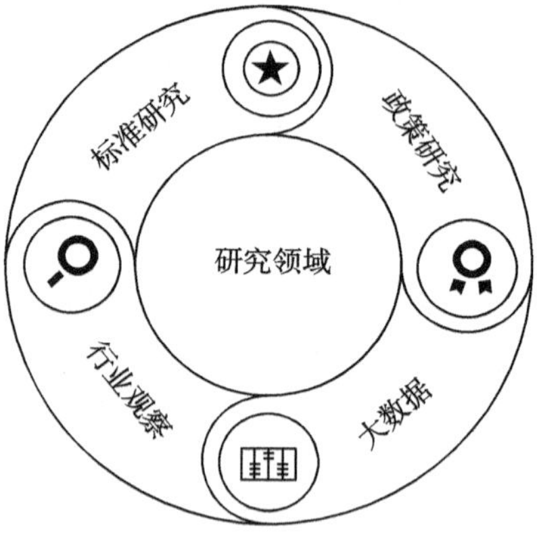

1. 标准研究

制定本土最大报告编写标准——《中国企业社会责任报告指南》，打造国内首个报告评级标准。

2. 政策研究

承接国家发改委、自然资源部、农业农村部、国家市场监督管理总局、国务

院国资委、国务院扶贫办、中国银保监会等部委课题30余项。

3. 行业研究

发布《中国企业社会责任研究报告》，以及汽车、保险、互联网等行业，上海、西三角等区域，中央企业、上市公司等类群企业社会责任研究报告。

4. 大数据研究

研究、管理和运营中国300强企业社会责任数据库和责任云ESG数据库。

（三）代表成果

《企业社会责任蓝皮书（2020）》

中国社科院课题组合作项目，连续12年系统梳理国有企业、民营企业、外资企业以及重点行业企业的社会责任管理水平与信息披露水平

《中央企业社会责任蓝皮书2020》

国务院国资委立项委托课题，系统梳理了中央企业社会责任的时代背景、发展历程、进展成效，功能价值、经验模式和优秀案例

《中央企业海外社会责任蓝皮书2020》

国务院国资委立项委托课题，聚焦中央企业海外社会责任的专著，研究了中央企业海外社会责任管理进展和实践成效，并提出政策建议

《中国企业扶贫研究报告2020》

国务院扶贫办社会扶贫司指导，定量分析上市公司扶贫现状和特征，深入研究梳理了企业扶贫年度十大事件，并遴选纳入企业扶贫典型案例

《中国企业精准扶贫 50 佳案例（2019）》

国务院扶贫办立项委托课题，历经案例征集、实地调研、案例初筛、专家评审、张榜公示、案例写作6阶段，从800多个案例中评选出50个最佳实践

《中国企业抗击新冠肺炎疫情研究报告》

联合中国社科院专家，推出我国第一本聚焦于企业抗击疫情行动与成效的研究专著，对中国企业抗疫捐赠情况进行全方位分析评价

《中国上市公司 ESG 蓝皮书 2018》

建立中国样本量最大（1892家中国A股主板上市公司）、指标体系最完整、信息采集最全面、数据准确度最高的环境、社会与治理（ESG）数据库

《2019 中国互联网企业社会责任研究报告》

联合北京师范大学互联网发展学院推出的我国互联网企业社会责任系列研究报告的开篇之作，首批针对电子商务、社交平台、视频、交通出行、汽车服务、医疗健康、旅游、网络游戏等8个行业推出企业社会责任发展指数

《2019 中国影视明星社会责任研究报告》

联合北京师范大学新闻传播学院推出的聚焦影视明星社会责任的研究报告，提出了好作品、好公益、好品行“三好”影视明星社会责任标准

《西三角地区企业社会责任研究报告 2019》

联合封面新闻推出的针对西三角地区企业的研究报告，从责任管理、市场责任、社会责任和环境责任四个维度评价推出西三角社会责任百强企业

后　记

乡村振兴战略是习近平总书记于 2017 年 10 月 18 日在党的十九大报告中提出的。党的十九大报告指出，农业、农村、农民问题是关系国计民生的根本性问题，必须始终把解决好“三农”问题作为全党工作的重中之重。实施乡村振兴战略对于解决新时代我国社会主要矛盾、实现“两个一百年”奋斗目标和中华民族伟大复兴具有深远意义。在这一背景下，学界理所当然要加强乡村振兴领域的研究，服务于我国乡村振兴战略目标的实现。

社会力量不仅是脱贫攻坚的重要力量之一，也是乡村振兴的重要力量。由于脱贫攻坚具有时效短、特惠性、局部性等特点，而乡村振兴具有周期长、普惠性和综合性等特点。因此，市场与社会在乡村振兴中的作用将更为突出。然而，国内有关乡村振兴的研究中，有关社会力量参与乡村振兴的研究尚未成为主流，甚至被忽略，非常有必要加强这一领域的研究。因此，课题组最初的想法是希望编写一本《社会力量参与乡村振兴蓝皮书》。然而，在撰写过程中我们发现，无论是企业参与乡村振兴，还是社会组织参与乡村振兴，基础数据和资料极为缺乏，写作的难度远远高于预期。目前，国内有关企业和社会组织参与脱贫攻坚的数据相对较多，一是国务院扶贫办有专门的社会扶贫司，有企业、社会组织和志愿者参与脱贫攻坚的台账数据，有企业、社会组织和志愿者参与脱贫攻坚的案例库。二是国资委对央企参与脱贫攻坚有统计与考核，全国工商联也有民营企业的万企帮万村数据，国家社会组织管理局有全国性社会组织参与脱贫攻坚的统计。然而。迄今为止，国内并没有企业、社会组织和志愿者参与乡村振兴的统计数据，也没有企业、社会组织和志愿者参与乡村振兴的案例库。所幸中国社会科学院钟宏武教授及其带领的责任云研究院对企业参与脱贫攻坚与乡村振兴比较熟悉，而清华大学公共管理学院社会创新与乡村振兴研究中心对社会组织参与脱贫攻坚与乡村振兴比较熟悉，有一定的研究基础。

参加本书编写的作者如下：

第一章　陈子真

第二章　杨先情、王猛、钟宏武

第三章　杨义凤、邓国胜

第四章　陈子真、程令伟

第五章　钟宏武、程令伟

第六章　杨义凤、钟宏武

第七章　陈子真

第八章　钟宏武、陈飞扬、程令伟、蓝屹、钱国平、方林美、梅锦方

第九章　程令伟、陈子真、杨先情、赵小平

另外，特别需要感谢的是，沈群红老师所带领的团队曾委托智慧星光公司收集了企业参与乡村振兴的媒体报道信息，委托易善数据公司收集了企业在脱贫攻坚与乡村振兴领域的捐赠信息和基金会参与乡村振兴的项目信息，这些数据为本书的研究奠定了坚实的基础。由于数据公司通过若干关键词抓取的信息还难以达到精度要求，还需要进一步匹配和筛选。例如，媒体对某个企业捐款的报道，有的用的是企业全称，有的用的是企业名称的简称，有的用的是分公司的名称，如何进行数据归总统计就是个难题。在这种情况下，责任云研究院的同事对这些海量的数据进行了认真细致的处理和加工分析。需要特别说明的是，由于数据公司提供的原始数据中，仅仅包括企业通过基金会捐赠的脱贫攻坚与乡村振兴数据，而企业直接给当地政府的捐赠或通过慈善会等社会组织的捐款并没有纳入统计。因此，本书统计的数据和基于数据的排名还存在一定的局限性。尽管存在很多遗憾和局限，好在也算对社会力量参与乡村振兴的研究进行了尝试性的探索，填补了这个领域的一些空白，也期待由此引起学界关注，未来能够开展更多更深入、细致和精准的研究。

本书一开始的定位是社会力量参与乡村振兴，主要阐述我国社会力量参与乡村振兴的基本情况，然而由于相关信息太少，研究显得有些单薄。因此，经过反复讨论，最后还是决定出版《乡村振兴蓝皮书 2020》，全面系统介绍我国乡村振兴的总体情况和全貌。为此，课题组构建了乡村振兴指数，以此来反映地级市的乡村振兴发展情况。由于目前我国大多数统计年鉴的数据仅仅统计到省级层面，市级层面的统计指标数据非常少，这也导致课题组构建的乡村振兴指标体系存在很大局限，一些应该包含的内容与指标不得不放弃，这也有待在未来的研究中不断丰富完善。

总之，本书是我国乡村振兴研究领域的一次尝试，试图描绘我国政府、企业和社会组织参与乡村振兴的全景图。然而，由于时间紧迫、基础数据缺乏和研究能力所限，本书还存在很多不足与局限，希望各界的专家学者、读者朋友不吝赐教，共同推动我国乡村振兴事业的发展。

最后，感谢经济管理出版社的大力支持，没有出版社相关同志的努力，本书难以如期与读者见面。同时，也感谢所有为本书的顺利出版而倾心付出的人！

课题组

2020 年 10 月